아이젠하워

EISENHOWER

KODEF
안보총서
89

EISENHOWER
아이젠하워

존 우코비츠 지음 | 박희성 옮김

플래닛미디어
Planet Media

"나는 아이크를 좋아해I like Ike!" 이것은 1952년 미국을 사로잡은 아이젠하워 공화당 대선 후보의 슬로건이다. 그는 이 슬로건을 내세워 대통령 선거에서 승리했다. 그 당시 미국은 어둡고 불확실한 미래와 마주해 있었다. 2년 동안 한국전쟁은 끝이 보이지 않았고, 유럽에서 소련의 군사적 위협은 심화되었다. 미국인들은 검증된 지도자를 찾았다. 드와이트 D. 아이젠하워Dwight D. Eisenhower 장군이 바로 그 적임자였다.

슬로건은 적중했다. 아이젠하워는 정말 호감 가는 인물이었다. 오히려 그 이상이었다. 그는 가정과 직업을 초월한 의무감을 가진 군 지휘관으로서 제2차 세계대전에서 연합군을 승리로 이끌고 미국에 평화와 번영을 안겨주었다.

존 우코비츠John Wukovits의 이 전기에서 보듯이 아이크Ike(아이젠하워의 애칭)는 많은 사람들에게서 사랑을 받았다. 그는 7형제 중 셋째 아들로 태어났다. 그는 학교에서 아주 지적이지는 않았지만 남다른 정의감과 강인한 성품, 그리고 그에 어울리는 체격을 겸비한 유능한 학생이었다. 어릴 때 친구들은 약자를 괴롭히는 못된 아이들을 혼내주는 아이크를 진짜 사나이로 여겼다. 그는 자신에게 운동선수의 자질이 있음을 알았다. 미식축구는 그가 가장 좋아한 스포츠였다. 그는 거친 경쟁상대이자 뛰어난 운동선수였고, 팀의 리더였다. 대가족인 그의 집안은 형편이 어려웠다. 그래서 무료 교육을 받을 수 있고 최고 미식축구팀이 있는 웨스트포인트 West Point 미 육군사관학교에 입학했다. 종종 부상으로 출전하지 못하는 상황도 생겼다. 그는 학업을 마치고 졸업해 장교로 임관했다. 많은 생도들과 다르게 아이젠하워는 웨스트포인트 육군사관학교에 별 흥미를 느끼지 못했지만, 젊은 장교로서 새로운 도전과 군 복무 기회에 흥분했다. 그는 열심히 일했고, 자신의 부대원들과 유대감을 형성했으며, 리더십과 관리 면에서 뛰어난 역량을 보여주었다. 그는 함께 일한 모든 사람들로부터 지지와 우정, 존경을 받았다. 그리고 그는 스포츠에서 처음 배운 간단명료한 리더십을 육군에 적용한 엄격한 감독관이었다. 하지만 아이크는 초기에는 결정적인 기회를 얻지 못했다. 군 복무 첫해에 미국은 징벌적 원정대를 구성하여 멕시코를 침공했으나(1914년 미국의 윌슨Woodrow Wilson 대통령은 멕시코의 후에르타Huerta 군사정권이 독일에서 무기를 수입하려고 하자 군사를 보내 베라크루스Veracruz를 점령했다-옮긴이), 아이젠하워는 같이 가지 못했다. 그 다음해, 육군은 유럽 전쟁에 참전하기 위해서 총동원령을 내렸다. 그러나 아이크는 많은 웨스트포인트 동기들과 달리 전쟁에 참가하지 못했다. 전투 기록이 부족함에도 불구하고 직업군인으로서 성공하기 위해 헌신적 노력을 하는 한 그에게 아직도 기회는 있었다. 아이크 개인의 성장과 인품은 장교단에 강렬한 유산을 남겼다. 그는 인간에 대한 예리한 본능을 가진 영리한 학생이었으며 많은 경험을 통해 성장한 타고난 리더였다.

　제1차 세계대전과 제2차 세계대전 사이의 기간 동안 대부분의 사람들은 미 육군에 실망했다. 예산이 감축되고 병력은 줄었으며, 부대가 해체되고 조달은 연기되고 훈련은 감소했으며, 제1차 세계대전의 가장 중요한 많은 교훈이 잊혀졌다. 많은 장교들이 다른 기회를 찾아 군을 떠났으나 아이크는 그러지 않았다. 그는 유대관계를 형성하고 연구하고 미래의 자신을 위해 준비하면서 힘든 세월을 버텨냈다. 저자가 잘 묘사했듯이, 아이크가 제2차 세계대전 개전 시 조직이 급속히 커지면서 스트레스가 많았던 미 육군에서 성공하는 데 필요한 전문적인 기초를 닦았던 것이 바로 이 시기다. 그가 중요한 일을 맡게 된 것은 단지 유명하고 사람들로부터 사랑을 받아서가 아니라 그의 뛰어난 능력 때문이었다. 아이크는 조직하고, 사람들을 관리하고, 부대원의 징계 문제부터 큰 전략적 사안에 이르기까지 모든 문제를 해결했다. 그는 명료하게 생각하고 직설적으로 말했다. 이것은 그가 유럽 전역 작전에서 미군을 지휘하는 큰 임무를 맡게 되었을 때 필요한 자질이었다. 여기서부터 아이크의 공식 기록은 잘 알려져 있지만, 피상적인 것에 지나지 않는다. 그는 연합군 총사령관으로서 디데이D-Day에 노르망디Normandy에 상륙하는 오버로드 작전Operation Overlord을 지휘하여 연합군을 독일로 이끌어 나치 독일을 패배시킨 뒤 환영받는 전쟁영웅으로 귀환해 차기 대통령에 선출되었다.

저자가 말한 대로 진실은 훨씬 더 복잡하고 흥미롭다. 아이크는 미군뿐만 아니라 영국군 장교로 팀을 꾸렸다. 대부분은 그보다 연장자였고 많은 경험을 가진 장교들이었다. 그는 전쟁의 예측하기 어려운 변화와 좌절을 통해 성장했고, 초기 중요한 전투에서 패해 자신의 지위를 거의 잃을 뻔했으며, 그사이 정치 지도자들과 군 경쟁자들의 오만한 자존심 대결을 중재했다. 그는 고립감과 외로움을 견뎌야 했고, 가족을 가까이서 돌보지 못했으며, 엄청난 업무량에 시달려야 했다. 그러나 그는 자신만의 기량과 매력, 외향적인 유쾌한 성격으로 이를 극복했고, 결국 대부분의 장군들과 같이 전쟁에서 승리한 장군으로 평가받았다. 유럽 연합군Allied Command Europe, ACE을 승리로 이끌었고, 미국의 가장 강력한 적을 패배시켰다. 하지만 이상하게도 그는 군대에서 '전사戰士'가 아닌 정치군인으로 기억된다. 그것은 아마도 그에게 주어진 업무가 대전략을 처리하고 군 지휘관과 정치 지도자 사이의 간극을 조절하는 것이었기 때문일 것이다. 그리고 인정을 받고 진급하기 위해 성공을 자기 공이라고 주장하는 다른 장군들과 기존의 경쟁자들을 연합군 리더로서 자신을 희생하면서까지 포용한 그의 관대함 때문인지 모른다. 아니면 그의 뛰어난 인격과 따뜻함, 성실함 때문에 거칠고 더러운 허점투성이 전쟁 속에서 그가 리더십을 초월한 사람으로 보여서인지도 모른다. 하지만 이 책의 저자가 분명하게 밝힌 것처럼 아이크는 어느 모로 보나 군대에 대한 열정과 힘든 지휘 결정을 내릴 수 있는 능력을 가진 야전형 지휘관이었다.

기록으로 봐도 알 수 있듯이 그가 그냥 사단장, 군단장, 군 사령관이었다면, 자신의 경쟁자들이 그랬듯이 그도 그들에 못지않게 성공했을 것이라고 생각한다. 그러나 아이크에게는 더 많은 중요한 일들이 요구되었다. 그는 군사적·정치적 지휘 수준에서 군사작전을 펼친 최초의 현대 군 지휘관이었다. 이처럼 그는 모두가 따라야 하는 기준을 세웠다. 이후 그는 대통령이 되었고, 대통령으로서 중요한 결정을 내렸다는 것 또한 사실이다. 그는 한국전쟁을 끝냈으며, 인도차이나에서 호치민Ho Chi Minh과 싸우며 헛된 노력을 하고 있는 프랑스에 힘을 보태지 않았고, 1956년 미국의 동맹인 영국과 프랑스의 이집트 침공에 대해 비난했으며, 다른 중요한 사안을 주체적으로 처리했다. 그러나 무엇보다도 연합군 총사령관으로서의 아이크가 가장 연구할 만하고 모방할 만한 가치가 있다고 생각한다.

그는 신임과 신뢰관계를 구축하고, 훌륭한 팀워크 정신을 육성하고, 성공에 이르는 실용적 계산에서 전략적·정치적 고려사항과 순수한 군사적 고려사항 사이의 균형을 유지하고 최상의 용병술을 구사했다. 캔자스 주 애빌린^{Abilene} 출신인 아이크는 인류에 커다란 공헌을 한 미국의 진정한 영웅이었고, 그의 리더십은 사람들에게 큰 감화를 주었다. 그래서 대부분의 미국인과 많은 세상 사람들은 그를 존경하고 좋아했다.

– 웨슬리 K. 클라크^{Wesley K. Clark} 장군

CONTENTS

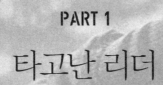

PART 1

타고난 리더

리더십이란 성실하고 고결한 성품 그 자체다.

리더십이란 잘못된 것에 대한 책임은 자신이 지고,

잘된 것에 대한 모든 공로는 부하에게 돌릴 줄 아는 것이다.

― 드와이트 D. 아이젠하워 ―

"여기 아이젠하워가 있다"

1944년 6월 5일 저녁, 영국 그린엄 커먼Greenham Common 공군 기지에서 E 중대 병력들과 함께 대기하고 있던 월리스 스트로벨Wallace C. Strobel 중위는 막중한 임무를 앞두고 있었다. 사상 최대의 상륙작전에서 그와 그의 낙하 산부대원들은 프랑스의 노르망디Normandie 지역에 강하하여 주요 도로와 다리를 장악해야 했다. 1940년 아돌프 히틀러Adolf Hitler가 자랑하는 독일 군이 유럽을 휩저은 이래 처음으로 연합군이 영국해협을 건너 서유럽으 로 진격하는 것이었다. 그로부터 4년이라는 긴 시간이 흘렀고, 연합군은 1940년 이후 겪은 거의 재앙과도 같은 어려움을 딛고 북아프리카와 이 탈리아에서의 작전 성공으로 다시 일어설 수 있었다. 이제 미국, 영국, 캐 나다의 강력한 연합군은 히틀러와 연합군 양측 모두 언젠가 오리라고 예 상했던 그 순간—연합군이 유럽 본토에서 싸우면서 히틀러를 독일까지 추격하는 힘든 전역이 시작되는 순간—과 마주하고 있었다.

스트로벨 중위는 험한 날씨가 예보되어 있었으나 이 작전이 순조롭 게 진행되기를 바랐다. 최근 며칠 동안 강한 비바람이 영국 해안을 휩몰 아쳤지만, 지금은 폭풍우가 다소 잦아들었다. 그는 텐트가 쳐진 집결지 부근에서 자신들을 태우고 갈 비행기가 준비 완료되기만을 기다렸다.

다른 미국 대원들과 마찬가지로 그도 프랑스의 달빛에 쉽게 노출되지 않도록 얼굴과 손을 그을린 코르크, 코코아, 조리용 기름 등으로 검게 칠했다. 그는 다른 대원들과 달리 23이라는 숫자를 목에 걸었다. 제101 공수사단 제502낙하산보병연대의 23번기 강하조장jump master이었던 스트로벨 중위는 대원들이 지정된 항공기 주변에 집결했는지 꼼꼼히 확인했다.

순간 웅성거리는 소리가 그의 생각을 방해했다.

"아이젠하워가 여기 왔다!"

한 대원이 소리쳤다. 이번 상륙작전을 책임지고 있는 연합군 총사령관 드와이트 D. 아이젠하워가 기지를 방문하여 대원들 한 명 한 명과 긴 대화를 나누고 있었다. 스트로벨 중위는 진흙길을 내려다보았다. 아이젠하워가 일단의 대원들과 함께 자신을 향해 걸어오고 있는 것이 보였다.

아이젠하워는 사령부에서 나와야만 했다. 수많은 고위층 사람들과 수많은 요구들로 인해 그는 눈코 뜰 새 없이 바빠 탈진상태였으며 분노와 긴장으로 낙관과 확신이 사라지는 감정의 소용돌이에 빠져들었다. 지난 몇 주간 자신을 해칠 만큼 부담감이 쌓였고 문제들은 결코 풀리지 않을 것 같았다. 아이젠하워는 병참과 날씨 문제에 부딪혔다. 그는 셀 수 없이 많은 브리핑과 회의에 파묻혀 지냈다. 영미 연합군의 취약한 구조를 개선하려 노력했다. 이제 그는 연합군 총사령관으로서 많은 이들이 절대로 돌아오지 못할 전장戰場으로 젊은 병사들을 보내는 명령을 내렸다.

그는 사령부에 있고 싶지 않았다. 그는 장군과 대령들로부터 멀리 벗어나 만약 예측이 맞는다면 몇 시간 이내로 70퍼센트의 희생자가 발생할 제101공수사단 및 다른 공수부대의 병사들과 함께하기 위해 운전병과 참모장교 한 명만 대동하고 차를 타고 멀리 떨어진 뉴베리Newbury 부근으로 향했다.

아이젠하워의 운전병 케이 서머스비Kay Summersby는 출병 순간 연합군 총사령관을 본 대원들이 어떤 반응을 보일지 궁금했다. 훗날 그녀는 이렇게 썼다.

"난 걱정할 필요가 없었다. 그들은 자신들을 만나러 온 '아이크Ike'를 보고 미친 듯 고함치며 환호했다."

그는 전 장병을 모아놓고 그 앞에서 연설하는 것이 아니라 직접 장병한 명 한 명을 만나기 위해 자신 주변에 일단의 장병들을 불러 모았다. 스트로벨은 아이젠하워 장군 쪽으로 걸어가 그 앞에 멈춰 섰다.

스트로벨은 당시 상황을 이렇게 묘사했다.

"아이젠하워는 제 이름과 고향을 물었습니다."

스트로벨이 미시간Michigan에서 왔다고 대답하자, 아이젠하워는 이렇게 말했다.

"오, 미시간이라… 낚시하기 좋은 곳이지… 여러 번 가본 적이 있네. 아주 좋은 곳이지."

아이젠하워는 스트로벨에게 그와 부대원들이 작전 준비가 되어 있는지, 작전에 대한 브리핑은 잘 받았는지 물었다. 스트로벨은 아주 철저하게 훈련을 받았고, 각 부대원은 자신에게 부여된 임무를 잘 수행할 준비가 되어 있다고 설명했다.

다른 부대원들은 눈앞에 다가온 작전에 대해 자신들의 소감을 말했다. 어느 부사관이 말했다.

"젠장, 우리는 걱정하지 않습니다, 장군님. 지금 걱정해야 하는 건 독일

부대원들과 그렇게 편안하게 소통하는 장군의 감동적 모습을 목격한 영국 기자 거론위 로스는 깊은 인상을 받았다.
아이젠하워는 우리 장병들은 독일 공군을 두려워하지 않는다고 말했다.
"만약 여러분 머리 위에서 비행기를 보게 된다면 그것은 우리 비행기일 것이다."
그는 부대원들을 안심시켰다.
스트로벨은 장군이 침착하고 쾌활한 모습으로 대원들 앞에 나타나 엄청난 에너지를 준 것에 주목했다.
"그는 좀 더 대화를 나누었다. 우리의 긴장을 풀어주려는 의도가 있었다고 나는 믿고 있다. 그는 우리를 고무시키고 용기를 북돋아주었다."

놈들입니다."

한 병사가 끼어들며 외쳤다.

"보아라, 히틀러, 우리가 여기에 왔다!"

아이젠하워는 미소를 지었고, 긴장이 풀리기 시작했다. 그는 사령부 부하들의 불만이나 장군들과 국가 고위 관계자들의 불평 대신 걱정하지 마시라고 모든 것이 다 잘될 것이라고 말해주는 고등학교를 갓 졸업한 앳된 병사들의 말에 귀를 기울였다.

부대원들과 그렇게 편안하게 소통하는 장군의 감동적 모습을 목격한 영국 기자 거론위 로스^{Goronwy Ross}는 깊은 인상을 받았다.

"아이젠하워 장군은 대원들과 개인적인 대화를 나누었고, 그들과 농담을 했으며, 항상 그들의 고향이 어디인지 물어보았다……."

아이젠하워는 대원들 사이를 여기저기 옮겨 다녔다.

"나는 장군과 대원들이 중요한 대규모 작전에 긴밀하게 연관되어 있다는 것을 순간 깨달았다. 영국인인 나로서는 그것의 의미를 완전히 이해할 수는 없었으나 그것의 중요성을 느낄 수는 있었다."

●●● 1944년 6월 5일, 연합군 총사령관 드와이트 D. 아이젠하워 장군이 그린엄 커먼 공군기지에서 제101공수사단의 윌리스 C. 스트로벨 중위와 낙하산부대원들과 이야기를 나누고 있다. 아이젠하워의 소통과 공감의 리더십에 용기를 얻은 제101공수사단 병력은 C-47 수송기에 탑승해 노르망디로 향했다. 〈Public Domain〉

새롭게 힘을 얻은 아이젠하워는 우리 장병들은 독일 공군을 두려워하지 않는다고 말했다.

"만약 여러분 머리 위에서 비행기를 보게 된다면 그것은 우리 비행기일 것이다."

그는 대원들을 안심시켰다.

스트로벨은 장군이 침착하고 쾌활한 모습으로 부대원들 앞에 나타나 엄청난 에너지를 준 것에 주목했다.

"그는 좀 더 대화를 나누었다. 우리의 긴장을 풀어주려는 의도가 있었다고 나는 믿고 있다. 그는 우리를 고무시키고 용기를 북돋아주었다."

아이젠하워의 갑작스런 방문으로 부대원들의 사기가 올랐다. 스트로벨은 예상하지 못한 효과를 목격하고 "자신들을 사기충천한 최고의 부대로 거듭나게 한 것은 아이젠하워였다"고 끝을 맺었다.

아이젠하워는 실제로 부대원들로부터 용기와 확신을 이끌어냈다. 그는 웨스트포인트를 졸업하고 소위로 임관한 이후로 29년간 줄곧 군 경력을 쌓아왔다. 아이젠하워가 사람과 계획 중 어느 것이 중요한가를 보여줌으로써 장병들은 잃어버린 자신감과 자존감을 회복해 생기를 되찾았다. 그날 밤 낙하산부대원들이 보여준 긍정적인 태도는 작전에 대한 아이젠하워의 승인을 지지하며 무슨 일이 일어나더라도 자신은 아이젠하워를 믿는다는 그들 나름의 표현이었다. 그들은 준비가 되어 있었다. 많은 부대원들이 아이젠하워로부터 자극을 받고 용기를 얻은 것처럼 아이젠하워 역시 부대원들부터 자극을 받고 용기를 얻었다. 아이젠하워와 그가 지휘하는 보병 사이에는 상호존중이 존재했다.

부대원들은 연합군 총사령관을 만나 사기충천하여 수송기를 향해 힘차게 걸어갔다.

아이젠하워의 운전병은 이렇게 기억했다.

"돌아서는 장군의 어깨는 축 처져 있었습니다. 그는 세상에서 가장 쓸쓸한 남자였습니다."

아이젠하워는 운전병에게 말했다.

"자, 이제 시작이다."

그는 이 젊은 병사들을 위해 그가 할 수 있는 모든 것을 할 수 있기를 기원하며 하늘을 바라보았다. 그리고 한마디 덧붙였다.

"이제는 누구도 막을 수 없어."

CHAPTER 1

"캔자스가 세상의 전부는 아니다"

●

독일 이민자 출신, 캔자스 주 애빌린에 정착하다

아이젠하워의 조상들은 훗날 아이젠하워가 파괴하기 위해 최선을 다했던 독일 출신이다. 역사의 아이러니다. 그의 조상들은 위대한 통치자 샤를마뉴Charlemagne의 중세 기사로서 독일의 바이에른Bayern 지방 출신이었다. 한동안 지속된 평화주의적 경향으로 "철을 자르는 사람"이라는 뜻의 아이젠하우어Eisenhauer라는 성姓에서 볼 수 있듯이 그의 집안의 군사적 성향은 어느 정도 누그러졌으며, 17세기 30년 전쟁(1618~1648년에 독일의 신교와 구교 사이에서 벌어진 종교 전쟁-옮긴이)의 폐허에서 벗어나기 위해 스위스로 이주했다.

1741년 한스 니콜라스 아이젠하우어Hans Nicholas Eisenhauer는 가족과 함께 신세계 미국 필라델피아Philadelphia로 이주했다가 후에 해리스버그Harrisburg(펜실베이니아Pennsylvania의 주도-옮긴이) 근처에 정착했다.

드와이트의 할아버지 리버렌드 제이콥 아이젠하워Reverend Jacob Eisenhower가 가족을 펜실베이니아에서 캔자스Kansas의 멋진 초원지대로 옮기기 전

● ● ● 1902년 아이젠하워 가족. 앞줄 왼쪽부터 아버지 데이비드, 동생 밀턴, 어머니 아이다. 뒷줄 왼쪽부터 드와이트, 에드가, 얼, 아서 그리고 로이.

까지 아이젠하워가※의 남자들은 남북전쟁Civil War에 참전했다. 옥수수 재배와 목축업 같은 수익성 있는 일을 하면서 설교로 사랑을 전파할 요량으로 애빌린Abilene에서 남쪽으로 12마일 떨어진 곳에 160에이커acre 규모의 농장을 매입했다.

제이콥은 1863년에 태어난 아들 데이비드David를 잘 키우는 데 관심이 없었다. 조용하고 학구적이었으나 야망이 없었던 데이비드는 고된 들판 일이나 사교적인 종교활동에는 관심이 없고 그저 조용히 책읽기를 좋아했다. 캔자스 르컴튼Lecompton 근처의 레인 대학교Lane University를 다니는 동안 데이비드는 한동안 책을 멀리할 정도로 의지가 강하고 아름다운 평화주의자인 아이다 엘리자베스 스토버Ida Ellizabeth Stover에게 사로잡혔다. 사랑에 빠진 두 사람은 1885년 9월 23일 결혼했다.

데이비드는 딱히 사업 감각이 없었음에도 불구하고 알 수 없는 이유로 캔자스 호프Hope에 잡화점을 냈다. 3년 후, 데이비드는 그의 농부 고객들이 숨 막히는 가뭄에 허덕이며 물건값을 제대로 치르지 못하고 자신도 회계 장부보다 고전문학을 연구하는 데 빠져 결국 상점 문을 닫게 되었다. 아이다가 두 아들 아서Arthur와 에드가Edgar를 돌보는 동안 데이비드는 다른 일을 찾기 위해 텍사스로 향했고, 1889년에 텍사스 데니슨Denison에 있는 철도회사에 취직하여 가족을 그곳으로 불러들였다.

그곳의 망가진 철로 위 황폐한 오두막에서 1890년 10월 4일 데이비드 드와이트 아이젠하워David Dwight Eisenhower가 태어났다. 아이젠하워가 "주니어Jr."로 불리는 것을 매우 싫어한 어머니는 재빨리 드와이트 데이비드Dwight David로 이름을 바꿨다.

텍사스 주에서 데이비드는 책을 내려놓고 일을 해야 할 정도로 여전히 궁핍한 생활을 이어갔으나, 돈을 많이 벌지는 못했다. 1891년, 처남이 애빌린에 있는 일자리를 구해주자, 수중에 단돈 24달러 15센트밖에 없었던 데이비드는 새 일자리가 첫 번째 일자리보다 돈벌이가 낫기를 바라면서 가족과 함께 얼마 안 되는 가재도구와 소지품을 챙겨 캔자스 주로 되돌아왔다.

●

가난하지만 자유로운 어린 시절

데이비드에게는 그의 가족이 남 부끄럽지 않은 생활을 누릴 수 있게 해야 한다는 의지가 부족했다. 데이비드 일가가 정착한 곳은 유니온 퍼시픽 철도Union Pacific Railroad 철로변의 저소득층 지역으로, 철로 반대편에는 아이젠하워는 자신의 가족이 절대로 가난하다고 생각하지 않았다. 데이비드는 얼마를 벌어오든 간에 가족 농장에서 수확한 작물들을 보태 생계를 꾸려갔고, 아이다는 재치와 사랑으로 부족한 것을 메웠다. 드와이트와 형제들은 허클베리 핀이 캔자스 평원에 온 것처럼 근처 연못에서 발가벗고 낚시와 수영, 운동과 사냥을 하는 등 자유로운 삶을 누렸다. 그들은 대부분의 형제들처럼 서로 싸우고 다퉜지만, 남이 건드릴 때는 다 같이 똘똘 뭉쳤다.

애빌린의 부자 동네가 자리 잡고 있었다. 아이다는 6년 동안 허름한 집에서 아이들을 키웠다. 1898년 마침내 데이비드의 동생이 아담한 흰색 목조 가옥을 빌려주어 형편이 조금 나아졌지만, 여전히 철길 건너편 이웃들보다는 못했다. 키워야 할 6명의 아이들이(로이Roy, 얼Earl, 밀턴Milton, 아서Arthur, 에드가Edgar 그리고 드와이트Dwight 외에 폴Paul이라는 남자아이가 태났으나 생후 10개월 만에 사망했다) 있었기 때문에 아이다는 어떻게든 생계를 꾸려가야 했다.

아이젠하워는 자신의 가족이 절대로 가난하다고 생각하지 않았다. 데이비드는 얼마를 벌어오든 간에 가족 농장에서 수확한 작물들을 보태 생계를 꾸려갔고, 아이다는 재치와 사랑으로 부족한 것을 메웠다. 드와이트와 형제들은 허클베리 핀Huckleberry Finn이 캔자스 평원에 온 것처럼 근처 연못에서 발가벗고 낚시와 수영, 운동과 사냥을 하는 등 자유로운 삶을 누렸다. 그들은 대부분의 형제들처럼 서로 싸우고 다퉜지만, 남이 건드릴 때는 다 같이 똘똘 뭉쳤다.

드와이트는 어릴 때부터 독립심이 남달랐다. 다섯 번째 생일 직전에 친척들이 모두 가족 농장에 모였는데 성질 고약한 거위 한 마리가 드와이트가 어딜 가든지 졸졸 따라왔다. 삼촌 루서Luther는 빗자루를 손에 쥐어

주면서 거위 쫓는 방법을 보여주고는 아이를 다시 놔줬다. 어린 드와이트는 마당으로 성큼성큼 걸어가 자신을 괴롭히던 그 거위를 노려보더니 빗자루로 거위를 정통으로 내리쳐 쫓아버렸다. 훗날 아이젠하워는 그날 일을 회고하며 이렇게 썼다.

"돌이켜보면 이 일은 내겐 유익한 교훈이었다. 유리한 입장에 있는 경우가 아니라면 상대와 절대 협상해서는 안 된다는 사실을 금세 깨달았기 때문이다."

●

정의감에 불타는 최고의 싸움꾼

유년 시절 소년은 미국 기병대와 사나운 인디언 간의 셀 수 없는 전투에서 반드시 승리를 거두는 기병대 장교나, 악명 높은 악당과의 결투에서 승리한 뒤 축배를 드는 거친 서부 보안관의 모습에서 대담성을 배웠다.

그는 서부 개척 시대에 관한 서적을 읽었다. 특히 와이어트 어프Wyatt Earp와 애빌린의 전설적인 보안관 톰 스미스Tom smith를 매우 좋아했다.

아이젠하워는 그의 영혼이 어려 있는 묘비명을 읽기 위해 스미스의 무덤을 자주 찾아갔다.

카우보이가 난무하는 혼돈의 시대에

법의 최고 우위를 획립한

서부 개척 시대의 영웅

1898년 미국-스페인 전쟁(1898년 4월부터 4개월간 쿠바 문제를 둘러

에드가와 드와이트는 가필드 중학교와 애빌린 고등학교의 부유층 학생들과 맨주먹으로 싸워 이긴 것을 자랑스럽게 여겼다. 둘은 끊임없이 싸워 어느 누구도 도전하지 못하게 만들었다. 드와이트가 급우를 괴롭히는 불량학생을 재빨리 해치운 이후로 두 형제는 최고의 싸움꾼이라는 명성을 얻게 되었다.

싸고 미국과 스페인이 쿠바와 필리핀에서 벌인 전쟁-옮긴이)이 발발했을 때, 아이젠하워는 조지 듀이George Dewey 제독, 시어도어 루스벨트Theodore Roosevelt 대령과 다른 영웅들이 이룬 업적을 열심히 흉내냈다. 그와 형제들은 근처 언덕에 올라가 자신들끼리 테디 루스벨트Teddy Roosevelt(시어도어의 애칭이 테디라서 테디 루스벨트라고도 불림-옮긴이)와 그의 러프 라이더스Rough Riders(제1자원기병대-옮긴이)가 되어 함께 싸우는 상황을 만들어 스페인 병사들을 격파했다.

전쟁놀이의 강력한 적은 일상적으로 처리해야 하는 일들이었다. 형제들은 텃밭을 일구거나 나무를 베는 등 각자 맡은 일을 해야만 했다. 그에 따른 보상으로 드와이트와 에드가는 작은 텃밭에서 토마토와 옥수수 등을 수확해 도시의 부촌에 가져가 팔아서 적지만 수입을 얻었다.

아이젠하워 형제들, 특히 에드가와 드와이트는 가필드 중학교와 애빌린 고등학교의 부유층 학생들과 맨주먹으로 싸워 이긴 것을 자랑스럽게 여겼다. 둘은 끊임없이 싸워 어느 누구도 도전하지 못하게 만들었다. 드와이트가 급우를 괴롭히는 불량학생을 재빨리 해치운 이후로 두 형제는 최고의 싸움꾼이라는 명성을 얻게 되었다. 어느 날 운동장에서 한 학생이 금속 볼트가 달린 줄을 휘두르기 시작하자, 어느 누구도 감히 앞으로 나와 그것을 제지하지 못했다. 그때 아이젠하워가 학생들 사이에서 나오더

●●● 1907년 여름 스모키 힐 리버(Smoky Hill River)에서 캠핑을 즐기고 있는 열여섯 살의 아이젠하워(맨 앞).

니 불량학생을 제지하고 돌려보냈다. "'아이크, 아이크'를 외치면 그때부터 학교 운동장에서는 아무 일도 일어나지 않았다"고 같은 반 친구 존 롱 John Long은 말했다.

●

육체적으로 강하고 진지한 생각을 가진 건강한 소년

아이젠하워는 1904년 9월 애빌린 고등학교에 입학했다. 하지만 목재 플랫폼에서 떨어져 부상을 당한 뒤 생명이 위험할 정도로 무릎이 감염되어 1년을 휴학해야 했기 때문에 학교 생활을 할 수 없었다. 그는 그동안 하지 못한 스포츠 활동만큼은 아니지만 책과 지식에 대한 새로운 열정을 아이젠하워는 교실에서 독자적으로 사고하고 토론할 수 있는 수업을 좋아했고, 융통성 없는 수업은 지루해했다. 그는 역사책과 인물 서적을 즐겨 읽었다. 책과 자신의 생각에 대해 교사들과 토론하는 대신 《애빌린 데일리 리플렉터》의 편집장 찰스 하저에게 자신을 소개했다. 편집장은 자신의 말에 열심히 귀 기울이고 핵심을 꿰뚫는 질문을 하는 똑똑한 젊은 소년을 발견했다. 하저는 이렇게 설명했다.

"고등학생 시절 드와이트는 타고난 리더였다. 그는 그룹을 조직했고 선생님들도 그를 좋아했다. 그는 경이로울 정도는 아니었지만 육체적으로 강하고 진지한 생각을 가진 건강한 소년이었다. 자신이 가진 능력을 몰랐지만 그는 세상이 기다리는 그런 사람이었다."

안고 복학했다. 학교에서 첫손에 꼽히는 미식축구 및 야구 스타 플레이어로서 그는 미식축구 경기장에서 상대를 박살내거나 야구장에서 승리할 기회를 놓치지 않았다.

늦은 밤이나 새벽까지 공부하지는 않았지만 그에게는 타고난 능력, 탐구심 그리고 수업시간을 통해 얻은 지식이 있었다. 한 급우는 선생님의 질문에 "그가 '모르겠습니다'라고 말하는 것을 들어본 적이 없다"고 했다. 형 에드가가 덧붙였다. "그의 호기심은 무한하다. 언제나 그랬다."

아이젠하워는 교실에서 독자적으로 사고하고 토론할 수 있는 수업을 좋아했고, 융통성 없는 수업은 지루해했다. 그는 역사책과 인물 서적을 즐겨 읽었다. 그 속에서 조지 워싱턴George Washington, 한니발Hannabal, 페리클레스Pericles, 시오도어 루스벨트 같은 인물의 재능과 대담성을 분석했다. 책과 자신의 생각에 대해 교사들과 토론하는 대신 《애빌리 데일리 리플렉터Abilene Daily-Reflector》의 편집장 찰스 하저Charles M. Harger에게 자신을 소개했다. 편집장은 자신의 말에 열심히 귀 기울이고 핵심을 꿰뚫는 질문을 하는 똑똑한 젊은 소년을 발견했다. 하저는 이렇게 설명했다.

"고등학생 시절 드와이트는 타고난 리더였다. 그는 그룹을 조직했고 선생님들도 그를 좋아했다. 그는 경이로울 정도는 아니었지만 육체적으로 강하고 진지한 생각을 가진 건강한 소년이었다. 자신이 가진 능력을 몰랐지만 그는 세상이 기다리는 그런 사람이었다."

●

독서를 통해 받아들인 존경할 만한 사람들을 롤모델로 삼다

아이젠하워는 미식축구팀이 근교에서 원정경기를 할 때 타고난 리더십을 보여주었다. 애빌린 고등학교 미식축구팀이 막 도착했을 때 몇몇 팀 동료가 경기장에 흑인 선수들이 있다며 경기를 거부했다. 아이젠하워는 팀 동료들의 몰지각함을 비난하면서 경기를 하지 않으려면 팀을 떠나라고 강력하게 말했다. 그의 팀 동료들은 물러섰다. 그리고 경기를 마친 뒤 아이젠하워는 걸어가서 흑인 선수들과 악수했다.

아이젠하워의 이 같은 태도는 그에게 영향을 끼쳤던 사람들을 감안할 때 전혀 놀랄 만한 것이 아니었다. 젊은 아이젠하워는 실생활과 폭넓은 독서를 통해 받아들인 존경할 만한 사람들을 행동의 모델로 삼았다. 그가 후일 고집불통인 동료들을 어떻게 다뤘는지를 보면 학생 시절 그가 존경했던 사람들의 특성을 알 수 있다.

닮고 싶었던 2명의 역사 인물에게서 그는 결단력과 성실함, 그리고 인내를 배웠다. 그가 틀리고 친구들이 대안을 제시한 분명한 이유가 있었을 가능성이 있었지만, 아이젠하워는 미국 독립혁명 기간 중 조지 워싱턴의 대의명분과 자신의 행동에 대한 절대적 믿음을 칭송했다. 아이젠하워는 자신의 회고록에서 조지 워싱턴을 존경한 이유에 대해 이렇게 썼다.

"내가 워싱턴을 존경한 이유는 첫째 역경을 견디는 그의 체력과 인내, 둘째 불굴의 용기와 담대함, 셋째 자기희생 정신 때문이었다."

동시에 아이젠하워는 게티즈버그Gettysburg에서의 조지 미드George G. Meade 장군(남북전쟁 당시 북부군 총사령관-옮긴이)의 이야기를 결코 잊지 않았다. 1863년 7월 2일 남북전쟁의 매우 중요한 국면에서 미드 장군은 로버트 리Robert Edward Lee 장군(남북전쟁 당시 남부군 총사령관-옮긴이)과 맞닥뜨릴 계획을 세우며 홀로 생각하고 의심하면서 들판을 헤매고 다녔다. 훗날 아이젠하워는 자신의 회고록에서 "미드로서는 자신 안의 모든 것, 특히 용기로써 눈앞의 문제에 단호하고 강인하게 대처해야 하는 결정적인 순간이었다. 어떤 전쟁자문회의도 소집할 수 없었고 조사를 위한 어떠한 지연도 허용할 수 없었다. 즉시 결정해야 했다. 결정은 온전히 미드의 책임이었다."

미드는 작전 경로를 결정하자마자 조용히 부관에게 다가가 명령을 내린 뒤, 전투 개시를 기다렸다. 결정을 내려야 할 순간에 극적인 과장 없이 침착하게 적절한 작전 경로를 결정한 미드의 행동은 아이젠하워에게 깊은 감동을 주었다.

"9만 명의 전우와 북군의 운명을 짊어진 한 남자의 고독한 결정이었다. 이 순간 미드가 내린 위대한 결정은 과장됨이 없기 때문에 단연 최고라 할 만하다."

애빌린 너머의 세상을 꿈꾸다

3명의 애빌린 주민 역시 아이젠하워에게 큰 영향을 주었다. 모든 주민들

일부 급우들은 애빌린 근교 30마일 이내에서 자라고 사는 데 만족했지만, 아이젠하워는 더 넓은 세계를 보고 싶어했다. 아이젠하워가 하우에게 말했다.
"전 캔자스 밖에서 일어나는 일을 알고 싶습니다. 캔자스가 세상의 전부가 아니라는 것을 깨닫게 해주십시오."

은 마을의 거친 서부 개척 시대 유산을 대표하는 밥 데이비스Bob Davis를 알고 있었다. 그는 아이젠하워에게 낚시, 사냥, 사격뿐만 아니라 캔자스 평원의 혹독한 야생 환경에서 적응하는 법을 가르쳐주었다. 그리고 무엇보다 중요한 사람과 상황을 빠르게 평가하고 적절히 대처하는 능력을 전수해주었다. 아이젠하워는 밤에 모닥불에 둘러앉아 데이비스에게서 상대의 패와 습관을 동시에 읽어내는 전설적인 포커 기술을 배웠다.

찰스 하저뿐만 아니라 많은 곳을 여행하고 훌륭한 문학 서적이 있는 큰 도서관을 소유한 지역 사업가 조지프 하우Joseph Howe는 지역 고등학생들에게 애빌린 너머의 세상을 열어주었다. 일부 급우들은 애빌린 근교 30마일 이내에서 자라고 사는 데 만족했지만, 아이젠하워는 더 넓은 세계를 보고 싶어했다. 아이젠하워가 하우에게 말했다.

"전 캔자스 밖에서 일어나는 일을 알고 싶습니다. 캔자스가 세상의 전부가 아니라는 것을 깨닫게 해주십시오."

하저와 하우를 통해 아이젠하워는 현재 캔자스나 미국에서 일들이 이런 방식으로 행해진다 해서 반드시 이것이 옳고 다른 시스템의 방식이 잘못되었다는 것을 의미하는 것은 아니라는 믿음을 더욱 강하게 갖게 되었다.

어려운 환경에서도
자식들이 꿈을 설계하도록 격려한 어머니

부모의 영향에 대해 이야기하면, 그는 어머니로부터 큰 영향을 받았다. 무뚝뚝하고 내성적이었던 아버지는 곁에 없었기 때문에 아들의 삶에서 거의 아무런 역할을 하지 못했다. 아버지는 일찍 일하러 나가서 저녁이 되어서야 귀가했고, 곧바로 자신의 방으로 들어가 책을 읽었다. 아이들이 아버지와 같이 있는 시간은 오직 벌 받을 때뿐이었다.

아이다는 남편의 단점을 보충하는 것 이상의 역할을 했다.

"어머니는 지금까지 우리들의 삶에 개인적으로 크나큰 영향을 미쳤다."

훗날 아이젠하워는 이렇게 말했다. 어머니는 공정하게 규율을 정했다. 예를 들면 편애를 막기 위해 매주 해야 하는 집안일, 닭모이주기, 소젖짜기 같은 일을 순번제로 정했다. 형제들은 이내 일을 하는 방법뿐만 아니라 달갑지 않은 일을 줄이는 방법도 알게 되었다. 만약 두 아들이 케이크를 어떻게 나눠야 하는지를 놓고 다투고 있으면, 어머니는 한 사람에게 케이크를 자르고 다른 사람에게 먼저 고르라고 말했다.

확고한 평화주의자이자 성경을 즐겨 읽었던 어머니는 자라나는 아이들을 가르치기 위해 많은 금언들을 들려주었다. 그녀는 어려운 상황에 직면할 때면 언제나 준비해놓은 하나 이상의 금언을 들려주곤 했다. 아이들은 어머니가 어떤 것을 고를지 알 수 없었다. "주님이 카드를 나누어주시면 너희들이 게임한다", "가라앉거나 헤엄치기. 살아남거나 사라지거나", "인생에서 쉽게 오는 것은 아무것도 없다" 등이 많이 사용되었다. 어머니는 자식들이 부모의 도움을 기대하지 않고 독립적이길 바랐다. 그녀는 사

> 어머니는 자식들이 부모의 도움을 기대하지 않고 독립적이길 바랐다. 그녀는 사람은 죄에 대한 두려움 때문이 아니라, 마땅히 옳은 일이기 때문에 옳은 일을 해야 한다고 설명했다. 그녀는 자식들이 꿈을 설계하도록 격려했고, 기꺼이 일하고 희생한다면 어떤 것이든 이룰 수 있다고 강조했다. 무엇보다도 그녀는 자식들이 겸손하게 자신의 성공을 받아들이고, 가난한 사람도 왕과 같은 정도로 가치가 있다는 것을 깨닫기 원했다.

람은 죄에 대한 두려움 때문이 아니라, 마땅히 옳은 일이기 때문에 옳은 일을 해야 한다고 설명했다. 그녀는 자식들이 꿈을 설계하도록 격려했고, 기꺼이 일하고 희생한다면 어떤 것이든 이룰 수 있다고 강조했다. 무엇보다도 그녀는 자식들이 겸손하게 자신의 성공을 받아들이고, 가난한 사람도 왕과 같은 정도로 가치가 있다는 것을 깨닫기 원했다.

벌을 줄 때도 교훈이 될 만한 벌을 선택했다. 부모님이 열 살인 아이젠하워에게 할로윈Halloween 때 큰형과 함께 나갈 수 없다고 말하자, 아이젠하워는 밖으로 뛰쳐나가 주먹에서 피가 나도록 나무를 주먹으로 쳤다. 아버지가 떼를 쓰는 아이젠하워에게 벌을 준 후 어머니가 방에 들어와 그의 침대 맡에 앉더니 아이젠하워에게 불같은 성미를 통제하기 전에는 결코 성공할 수 없다고 말했다.

"자신의 영혼을 정복하는 사람이 도시를 차지한 사람보다 낫다."

어머니는 아들을 타일렀다. 분노와 증오는 그것의 대상이 되는 사람이나 사물을 다치게 하는 것이 아니라 이러한 감정을 갖고 있는 사람만을 다치게 한다고 덧붙였다.

"돌아보건대 어머니와 이 대화를 나누던 때가 내 인생에서 가장 값진 순간 중 하나였던 것 같다."

어머니는 아이젠하워에게 불같은 성미를 통제하기 전에는 결코 성공할 수 없다고 말했다.

"자신의 영혼을 정복하는 사람이 도시를 차지한 사람보다 낫다."

어머니는 아들을 타일렀다. 분노와 증오는 그것의 대상이 되는 사람이나 사물을 다치게 하는 것이 아니라 이러한 감정과 갖고 있는 사람만을 다치게 한다고 덧붙였다.

"돌아보건대 어머니와 이 대화를 나누던 때가 내 인생에서 가장 값진 순간 중 하나였던 것 같다."

아이젠하워는 대통령이 된 후 이렇게 썼다.

그는 또한 어머니를 보면서 외교의 교훈을 배웠다. 한번은 아이다가 망가진 창문 블라인드를 고쳐야 한다고 남편에게 말했다. 무뚝뚝한 남편은 할 수 있는 게 아무것도 없다고 대답한 뒤 자신의 방으로 들어가버렸다. 며칠 후 아이다는 남편에게 가서 말했다.

"데이브, 당신이 이것을 고칠 수 있는지 모르겠네요. 고치기가 쉽지는 않을 것 같아 보여요."

아내의 겸손한 화술이 남편을 움직여 블라인드를 수리하게 했다.

●

무료 교육과 미식축구 스타가 되려는 꿈 때문에 웨스트포인트를 선택하다

1909년 5월 27일, 아이젠하워는 고등학교를 졸업했다. 학교에서는 그가 역사학 교수가 되기 위해 예일Yale 대학에 진학하는 줄 알았다. 그러나 그는 한 살 위 형 에드가와 함께 자신들의 계획을 세웠다. 둘 다 동시에 대학 진학을 하기에는 돈이 부족했기 때문에 드와이트는 애빌린에 남아 1년 동안 일을 하고, 에드가는 미시간 법대에 입학하기로 했다. 그들은 매년 각자의 역할을 바꾸면 8년 뒤 둘 다 졸업을 할 수 있으리라고 생각했다. 아이젠하워는 다섯 형제와 똑같은 하나의 목표를 갖고 있었다. 그것은 바로 아버지의 세계에 갇혀 지내는 것에서 벗어나기 위해 애빌린을 떠나는 것이었다.

그의 절친 에버렛 E. "스웨드" 해즐럿 주니어Everett E. "Swede" Hazlett Jr.가 가능한 해결책을 제시했다. 해즐럿은 아나폴리스Annapolis에 위치한 미 해군사관학교에 입학 허가를 받은 상태였다. 해즐럿은 같이 입학하자고 아이젠하워를 강하게 설득했다. 아이젠하워는 해즐럿의 조언을 따를 경우, 자신이 잃을 것은 아무것도 없다고 생각했다. 그리고 1910년 8월 20일 조지프 브리스토Joseph E. Bristow 상원의원에게 편지를 보냈다.

"아나폴리스 또는 웨스트포인트 둘 중 한곳에 무척 들어가고 싶습니다. 이를 위해 둘 중 한곳의 입학 허가를 받아야 하기에 확답을 바라며 편지를 보냅니다."

스물한 살의 나이는 아나폴리스 미 해군사관학교에 입학하기에는 너무 많다는 것을 알게 되었다. 아이젠하워는 희망 학교를 웨스트포인트 미 육군사관학교로 정했다. 아이젠하워는 자격시험에서 2위에 그쳤지만, 1위를 한 지원자가 체력시험에서 불합격하자 브리스토에게 선택되었다. 대체 후보로 선택된 아이젠하워는 1911년 6월 14일 웨스트포인트 미 육군사관학교로부터 입학 허가를 받았다. 아이젠하워는 납세자의 세금으로 운영되는 웨스트포인트 미 육군사관학교에서 미식축구를 할 수 있다는 기대에 미소를 지었다.

가족과 친구들에게 작별인사를 한 아이젠하워는 캔자스에서 뉴욕행 기차에 탑승했다. 그는 형 에드가를 만나기 위해 미시간 주 앤아버Ann

Arbor에 들러 유쾌한 시간을 보냈다. 특별히 여학생들이 그에게 관심을 보여 미시간 대학에 지원했으면 어땠을까 하는 생각을 하기도 했으나 무료 교육의 유혹을 떨쳐내지는 못했다.

●

창의성과 독립적 사고가 설 자리 없는 웨스트포인트

웨스트포인트에서 첫째 날 아이젠하워는 육체적·정신적 능력 테스트를 받았다. 그를 향한 모든 곳에서 목청 높여 새로운 것을 주문하는 상급생들이 있는 것같이 느껴졌다. 그러나 아이젠하워는 엄격한 규율을 사랑했다. 아이젠하워를 비롯한 신입생들이 사관생도로서 바람에 펄럭이는 국기 앞에서 선서한 그날 저녁, 아이젠하워는 조국을 위해 복무하는 첫 순간임을 깨닫고 감동했다.

그러나 그 감동은 오래가지 못했다. 학교에서 강요하는 바보 같은 훈육 방식은 좋아할래야 좋아할 수 없었고, 수업은 고문과도 같았다. 대부분의 교수들은 그들이 공부했던 것과 같은 교육과정을 그들이 배우고 암기했던 것과 같은 방식으로 가르치는 선배 졸업생들이었다. 그들은 군사 문제에 대한 '일반화된' 웨스트포인트식의 해답을 원했고, 율리시스 그랜트 Ulysses S. Grant(1822~1885. 웨스트포인트 출신으로 남북전쟁 당시 북군 총사령관을 거쳐 제18대 미국 대통령 역임-옮긴이) 시절의 대대나 연대의 질서 속에 생도들을 가두려고 했다. 이와 같은 융통성 없는 경직된 구조에서는 창의성이나 독립적 사고가 설 자리가 없었다. 아이젠하워는 괜찮은 성적을 받을 만큼 공부했지만, 미식축구에 더 재미를 느끼게 되자 자신이 불필요하다고 생각되는 것에 더 이상의 시간을 투자하지 않았다.

> 아이젠하워는 육군을 지휘하고 적을 물리치겠다는 불타는 열정으로 웨스트포인트를 선택하지 않았다. 학비가 안 들고 미식축구 경기장에서 스타가 되고 싶다는 이유로 거기에 있었다. 아이젠하워는 웨스트포인트에서 누릴 수 있는 경험을 즐겼다. 그는 그곳에서 나라 곳곳에서 온 매력적인 사람들을 만날 수 있었을 뿐만 아니라, 세상을 볼 수 있는 미래를 마음속에 그릴 수 있었다.

그 결과 아이젠하워는 보통 아침식사에 늦거나 방에서 담배를 피우는 것과 같은 경미한 위반으로 많은 벌점을 받았다. 그는 사소하다고 생각되는 것들에는 신경을 쓰지 않았다. 미식축구를 하고 무료 교육을 받는 것에 비하면 이런 것들은 별거 아니었다. 아이젠하워는 육군을 지휘하고 적을 물리치겠다는 불타는 열정으로 웨스트포인트를 선택하지 않았다. 학비가 안 들고 미식축구 경기장에서 스타가 되고 싶다는 이유로 거기에 있었다. 아이젠하워는 웨스트포인트에서 누릴 수 있는 경험을 즐겼다. 그는 그곳에서 나라 곳곳에서 온 매력적인 사람들을 만날 수 있었을 뿐만 아니라, 세상을 볼 수 있는 미래를 마음속에 그릴 수 있었다. 시간이 흘러 그가 장군과 대통령으로서 수십년간 명성을 쌓고 임종을 눈앞에 두고 누워 있을 때, 그의 인생에서 유일하게 말하고 싶었던 것은 히틀러를 패배시킨 자신의 리더십도, 디데이D-day 공격 전 지친 시간 속에서 내린 자신의 결정도, 대통령으로서의 업적도 아닌 웨스트포인트에서 보낸 시간이었다. 그가 훗날 뛰어난 장교들과 근무하면서 비로소 군사적 소양을 쌓았다는 것을 생각할 때 애정을 갖고 그 시절을 회상한 것은 의외였다. 웨스트포인트 교수들은 거의 영향을 주지 못했다. 그가 얻은 대부분의 지식은 우연히 또는 개인적인 관찰과 경험을 통해 얻은 것이었다.

예를 들어 1912년 여름, 1학년 생도 한 명이 선배가 된 아이젠하워와 우연히 마주쳤다. 짜증이 난 아이젠하워는 운 없는 신입생을 몰아붙인 뒤 그에게 웨스트포인트에 들어오기 전에 보았던 하찮은 이발사와 다를 바 없어 보인다고 소리를 질렀다. 1학년 생도는 본인이 실제로 이발사였다고 대답했다. 당황한 아이젠하워는 재빨리 자리를 피했다. 다른 사람의 직업을 조롱했다는 양심의 가책을 느낀 아이젠하워는 자신의 룸메이트에게 말했다.

"나는 어리석고 용서받을 수 없는 짓을 했네. 나는 한 사람의 생계를 위한 직업을 수치스럽게 만들었어."

그는 다시는 다른 사람에게 굴욕감을 주지 않겠다고 맹세했다.

●

팀 플레이, 자신감 그리고 열정을 통해
승리를 거둘 수 있다는 것을 가르쳐준 미식축구

미식축구장에서는 이와 같은 일은 거의 일어나지 않았다. 어떤 경기장에서도 그는 당황하는 법이 없었다. 그는 필드에 늦게까지 남아 펀트punt(손에 쥔 공을 떨어뜨려 공이 바닥에 닿기 전에 길게 차는 것-옮긴이) 연습을 하는 바람에 팀 트레이너가 아이젠하워 때문에 해가 진 뒤에도 공을 회수해와야 한다며 불평할 정도였다.

아이젠하워는 철두철미한 스타일로 감독의 사랑을 받았고, 상대편을 두렵게 만들었다. 아이젠하워는 그와 팀 동료들이 전설적인 미식축구 선수 짐 도프Jim Thorpe를 사납게 밀쳐서 부상으로 퇴장시켰던 것을 떠올리며 즐거워했다. 또한 그는 노트르담Notre Dame 선수단을 상대로 한 1913년 경기 관람을 회상했다. 그 당시 거스 도레Gus Dorais와 크누트 로큰Knute

●●● 1912년 웨스트포인트에서 미식축구 경기 중 키킹(kicking)을 하는 아이젠하워.

아이젠하워는 스포츠—특히 미식축구—를 아주 중요하게 생각해서 종종 어떤 사람이 스포츠를 했다고 하면 그 사람을 긍정적으로 생각했다. 그가 경험한 것 중에서 스포츠만큼 팀워크와 리더십 개발을 강조하는 것은 없었다.

"나는 어떤 스포츠보다도 미식축구가 거의 노예에 가까운 고된 훈련과 팀 플레이, 자신감 그리고 열정을 통해 승리를 거둘 수 있다는 생각을 사람들에게 심어준다고 생각한다."

자신의 군 생활 내내 아이젠하워는 그의 부하들이 이런 자질과 능력을 갖추기를 바랐다.

Rockne 듀오가 전진 패스를 처음으로 사용하여 육군 팀을 상대로 35 대 13으로 뜻밖의 역전승을 거두어 전 국민적 관심을 불러일으켰다.

아이젠하워는 스포츠—특히 미식축구—를 아주 중요하게 생각해서 종종 어떤 사람이 스포츠를 했다고 하면 그 사람을 긍정적으로 생각했다. 그가 경험한 것 중에서 스포츠만큼 팀워크와 리더십 개발을 강조하는 것은 없었다.

"나는 어떤 스포츠보다도 미식축구가 거의 노예에 가까운 고된 훈련과 팀 플레이, 자신감 그리고 열정을 통해 승리를 거둘 수 있다는 생각을 사람들에게 심어준다고 생각한다."

자신의 군 생활 내내 아이젠하워는 그의 부하들이 이런 자질과 능력을 갖추기를 바랐다.

아이젠하워의 미식축구 경력은 1912년 가을에 끝이 났다. 터프트 Tufts와의 경기에서 조금이라도 더 전진하려다가 무릎 인대가 손상되었다. 그 뒤 승마훈련 직후에 무릎 상태가 더 악화되면서 그는 제일 좋아하는 미식축구를 포기해야 했다. 다른 사람들이 그를 "글루미 페이스Gloomy Face(그늘진 얼굴)"라고 부를 만큼 웨스트포인트에 대해 몹시 화가 나 있었다. 심지어 아이젠하워는 웨스트포인트를 떠날 생각까지 했다. 하지만 결국 다시 회복한 아이젠하워는 신체를 덜 쓰는 스포츠로 관심을 돌렸다. 적어도 그는 대학 교육을 마쳐야겠다는 생각을 했던 것이다.

아이젠하워는 미식축구에서 입은 부상 때문에 육군이 자신의 임관에 의문을 가지고 있다는 것을 1915년 졸업 직전에서야 알게 되었다. 학교 외과 군의관인 헨리 쇼Henry A. Shaw 중령은 만약 아이젠하워가 작전이나 진급의 가능성이 거의 없는 한직인 해안 포병대에 지원한다면, 그를 추천하겠다고 제안했다. 아이젠하워는 그 제안을 거절했고, 모든 가능성을 찾기 시작했다. 며칠 후, 쇼 중령은 수정된 제안을 가져왔다. 아이젠하워가 기병대에 지원하지 않겠다고 약속한다면, 적합한 직책을 추천할 것이라고 했다. 아이젠하워는 동의했고, 보병에 지원했다.

●

"별들이 쏟아진 기수"

1915년 6월 12일 아이젠하워는 졸업해 소위로 임관했다. 훗날 그는 제2차 세계대전에서 오마 브래들리Omar N. Bradley를 포함한 아주 많은 장군이 배출되어 "별들이 쏟아진 기수"라는 별명이 붙은 기수 중의 한 명인 것을 자랑스러워했다. 모두가 브래들리가 성공을 거둘 것이라고 내다본 데 반해, 아이젠하워가 그러리라고 생각한 사람은 거의 없었다. 어느 웨스트포인트 출신 장교는 이렇게 결론지었다.

"우리는 그가 다른 것은 중요하게 여기지 않고 자신의 직업에 그렇게 완전히 헌신하는 인물인 줄 몰랐다."

아이젠하워의 기록을 근거로 볼 때 이것은 공정한 평가였다. 그는 장군이 되거나 조국을 위해 복무하겠다는 소중한 꿈이 있어서가 아니라, 미식축구 경기를 하기 위해, 그리고 무료 교육이었기 때문에 웨스트포인트에 입학했다. 4년 동안 포상보다는 벌점을 더 많이 받은 아이젠하워는 학업 성적은 164명 중 61등이었고, 훈련 성적은 125등이었다.

그럼에도 불구하고 그는 학위를 받고 소위로 임관했다. 이제 캔자스 출신의 젊은이는 그가 어디로 갈지 알았다. 그는 환상을 갖지 않았다. 이 시점에서 그에게 군대는 다른 무언가를 얻기 위한 수단이지, 평생의 꿈은 아니었다. 그러나 그의 인생관은 도전의 연속에 직면하면서, 특히 몇 명의 멘토를 만나면서 바뀌었다. 아이젠하워의 배움터는 야전임이 입증되었다.

PART 2

교육훈련 장교

병사들이 판에 박힌 총검술 훈련을 매우 싫어한다는 것을 알게 된 아이젠하워는

그들에게 생기를 불어넣으려고 대학 미식축구 방식을 차용했다.

그들은 마치 하프백이나 쿼터백이 된 것 같았다. 훗날 어느 병사는 이렇게 썼다.

"나는 우리의 새 지휘관 아이젠하워가 우리나라에서 가장 유능한 육군 최고 장

교 중 한 명이라고 생각한다……. 그는 우리에게 훌륭한 총검술을 가르쳐주었다.

그는 병사들의 상상력을 자극하고 소리 지르고 고함쳐서 마치 우리가 창공을 뚫

고 날아오를 것처럼 진지하게 소리치고 발을 구르게 만들었다."

CHAPTER 2

"나는 해외 파병을 원한다"

●

제19보병연대의 소위로 군인의 삶을 시작하다

아이젠하워는 졸업 뒤 첫 번째 임무를 기다리면서 짧은 휴가를 보내기 위해 애빌린으로 돌아왔다. 그는 사랑의 감정을 키워온 고등학교 동창 글래디스 하딩Gladys Harding과 함께 대부분의 시간을 보냈고, 마침내 자신과 결혼해줄 수 있는지 물어보았다. 하딩은 음악 경력을 쌓기를 원했고 그녀의 아버지 역시 아이젠하워가 제 구실 하기에는 글렀다며 반대해서 청혼을 거절했다. 실망한 아이젠하워는 관심을 다른 데로 돌렸다.

먼 극동의 매력적인 임무에 이끌린 아이젠하워는 필리핀으로 가기를 바랐다. 그러나 텍사스-멕시코 국경 분쟁이 발생하면서 그의 첫 번째 임무가 결정되었다. 1915년 9월, 그는 텍사스 주 샌안토니오San Antonio 부근 포트 샘 휴스턴Fort Sam Houston으로 발령을 받고 제19보병연대의 소위로 군인의 삶을 시작하게 되었다.

제1차 세계대전 이전의 상비군 생활은 거의 매력이 없었다. 5,000명도 안 되는 장교들이 10만 명이 조금 넘는 병사들을 감독해야 했다. 이는 국가가 일류가 아닌 이류 적군을 상대로 소규모 작전을 간신히 수행할 수 있음을 의미했다. 적은 급여와 열악한 환경으로 인해 병사들은 술에 젖어 살았고 탈영비율은 높아만 갔다. 장교들은 혼란 상황이 발생하지 않도록 질서를 잡기 위해 엄격한 규율에 의존해야 했다.

아이젠하워는 새로운 군 생활을 시작하면서 웨스트포인트에서보다 더 많은 노력을 하기로 결심했다. 스포츠를 할 때처럼 아주 뛰어나게 잘하려 는 불타는 욕구를 가진 것은 아니었으나 군 복무를 해야 한다면 그것을 최대한 이용하는 편이 낫다는 생각을 했던 것이다.

야전에서의 시작은 순조롭지 못했다. 초기 임무 중 하나는 헌병대장으로서 질서를 유지하는 것이었다. 포트 샘 휴스턴 부대 내에서는 별 다른 문제가 없었다. 그러나 병사들은 매춘부와 술집이 많은 샌안토니오 시내 로 나갔다. 여기에서 수시로 벌어지는 싸움판이 아이젠하워에게 새로운 문젯거리였다. "훈련이 안 된 병사들에게 자유시간이 많이 주어져 질서를 유지하기가 어려웠다"라며 아이젠하워는 군 생활의 시작을 회상했다. 그 는 부하들과 함께 마을 거리를 직접 순찰하면서 그 문제를 해결했다.

●

메이미와의 결혼

아이젠하워가 병사들을 관리하느라 애를 먹는 동안 사랑이 찾아왔다. 1915년 10월, 아이젠하워의 친구 레너드 게로Leonard Gerow가 메이미 제니 버 다우드Mamie Geneva Doud를 소개해주었다. 그는 바로 그녀에게 매료되었 다. 아이젠하워는 그녀가 다른 남자와 데이트하고 있음에도 불구하고 그 녀의 집 앞에서 기다리곤 했다. 메이미에게 깊은 인상을 심어주고 자신의 행동이 어떤 의미인지 경쟁자에게 보여주기 위해 그녀가 없을 때는 그녀가 돌아올 때까지 현관에 앉아 있었고, 그녀의 아버지를 만나기도 했다. 장교인 아이젠하워의 결심을 반긴 메이미의 아버지는 딸이 튕기며 비싸게 구는 걸 알고는 마침내 그녀에게 말했다.

"이렇게 변덕 심하고 말도 안 되는 짓은 그만해라. 그렇지 않으면 그 군인 녀석이 역겨워서 포기할지도 몰라."

메이미는 마침내 데이트를 허락했다.

아이젠하워는 메이미에게 공식적인 프러포즈를 하지 않았다. 1916년 밸런타인데이에 간단하게 웨스트포인트 임관 피앙세 반지를 그녀에게 끼워준 것이 전부였다. 이것은 결혼을 앞둔 웨스트포인트 졸업생들의 전통이었다.

비행의 매력과 50퍼센트의 봉급 인상에 마음이 끌린 아이젠하워는 신생 항공대에 지원했다. 조종사들의 놀랄 만한 사망률에 충격을 받은 메이미의 아버지는 자신의 딸이 조만간 과부가 될 수도 있는 일은 허락하지 않을 것이라고 말했다. 아이젠하워는 모험 대신 사랑을 선택해 항공대 지원을 철회하기로 했다. 1916년 7월 1일 그는 메이미와 결혼식을 올렸고, 같은 날 아이젠하워는 중위로 진급했다.

아이젠하워는 친구들과 그들의 배우자들에게 신혼집을 개방했다. '클럽 아이젠하워Club Eisenhower'는 아이젠하워와 친한 젊은 장교들의 모임을 위한 둥지가 되었다. 장교들은 이곳에서 얘기를 나누고 경험을 비교했으며, 군사이론을 토론하거나 카드 게임을 즐겼다. 클럽 아이젠하워는 서로에게 배울 수 있는 통로였을 뿐만 아니라 경제적 상황이 좋지 않은 장교들이 비교적 저렴하게 여흥을 즐길 수 있는 곳이었다. 메이미의 아버지가 신혼 초 매달 100달러의 생활 지원금을 보내주지 않았다면 처음 몇 년 동안은 생활이 어려웠을 것이다.

●

"나에게는 조국이 첫 번째이고, 당신은 두 번째요"

포트 샘 휴스턴의 남쪽 국경은 계속되는 분쟁으로 평화가 위협받고 있었다. 멕시코의 무법자이자 정치 지도자인 판초 비야Pancho Villa가 1916년 3월 뉴멕시코 주 컬럼버스Columbus를 급습했다. 미국 시민 18명이 살해되자, 우드로 윌슨Woodrow Wilson 대통령은 침입자들을 끝까지 추격하기 위해 존 J. 퍼싱John J. Pershing 준장이 이끄는 토벌 원정대를 파견했다. 열망하던 전투 기회가 오자, 아이젠하워는 퍼싱의 부대로 전출해줄 것을 요청했다. 그러나 군 생활 내내 그랬던 것처럼, 상급자들은 그의 요청을 거절했다. 그런 요청이 많았지만 그것을 전부 다 들어줄 수는 없었던 것이다. 대신 아이젠하워는 텍사스 주 오스틴Austin 근처 캠프 윌슨Camp Wilson에서 주로 시카고 지역 아일랜드인으로 구성된 일리노이 국방경비대를 훈련시키는 임시 임무를 부여받았다. 메이미는 어떻게 새신랑이 결혼하자마자 떠날 수 있느냐며 낙담했다. 그녀는 아이젠하워의 대답을 듣고 안심할 수 없었다. 하지만 이제 지휘 책임을 진 젊은 아이젠하워는 자신의 직업에 더욱 충실해지기로 했다. 그가 아내에게 말했다.

"당신이 이해해야 할 것이 하나 있소. 나에게는 조국이 첫 번째이고 항상 그럴 것이오. 당신은 두 번째요."

전투에서 제외되어 실망했지만 아이젠하워는 감정을 드러내지 않고 자신이 맡은 훈련 임무에 최선의 노력을 다했다. 철저하게 훈련시키고 사소한 일에도 관심을 기울이며 공평했기 때문에 부하들로부터 존경과 사랑을 한 몸에 받았다. 또한 그는 자신의 실망감을 퍼싱과 함께 전쟁터에 있었다면 느끼지 못했을 또 하나의 자극으로 활용했다. 그는 다음번 기회는 놓치지 않겠다고 다짐했다. 군 경력에서 처음으로 자신의 직업을 진지하게 받아들이기 시작했다. 훗날 그는 이렇게 썼다.

"되돌아보건대, 1916년은 초기 군 생활에서 소중한 준비 기간이었다. 나는 나의 직업을 위해 공부와 독서에 더 많은 시간을 쏟기 시작했다."

그는 계속 정진한다면 언젠가 전투 임무를 맡게 될 거라고 확신했다.

●
제1차 세계대전 발발, 연이어 거부당한 참전 요청

독일 잠수함이 미국인의 생명을 앗아가자, 윌슨 대통령이 분노하며 의회에 전쟁 선포를 요청했다. 1917년 4월 아이젠하워는 드디어 기회가 왔다고 생각했다. 그는 해외 주둔 부대로 전출을 요청했다. 하지만 그가 훈련시킨 국방경비대에 깊은 인상을 받은 상관은 또다시 그가 미 본토 기지에 있는 것이 좀 더 효율적이라고 생각했다. 프랑스 전장에서 부대를 지휘하면서 자신들의 군 경력을 쌓고 있는 대부분의 동기생들과 함께하지 못한 채, 아이젠하워는 텍사스에 소집된 새로운 연대의 편성에 참여했다. 5월에 대위로 진급해 다소 마음이 누그러진 아이젠하워는 자신의 책임에 집중했다. 그러면서도 늘 전선으로 갈 수 있기를 희망했다.

9월이 되자, 아이젠하워는 유럽으로 파병되는 장교들을 훈련시키는 조지아Georgia 주 포트 오글소프Fort Oglethorpe로 전출되었다. 아이젠하워는 포화 속에 있어본 경험이 없었고, 비 내리는 프랑스의 진흙탕에서 벌어지는 전투 상황에 대한 지식 또한 없었다. 그래서 장교들이 앞으로 경험하게 될 상황에 대비하는 데 도움이 될 만한 정보를 주기 위해 신문을 샅샅이 뒤졌다. 그는 장교들이 실전과 같은 훈련을 받을 수 있도록 포트 오글소프에 완벽한 참호, 교통호, 그리고 철조망이 갖춰진 정교한 모의 전장^{戰場}을 설계해 만들었다. 실제 전장의 정보를 전달하기 위한 모의 전장에 불과했지만 가능한 한 실제 전장에 가깝도록 정교하게 만들기 위해 노력했다.

1917년 9월 24일 장남 다우드 드와이트^{Doud Dwight}가 태어나면서 전투에서 배제되었다는 괴로움을 덜 수 있었다. 아이키^{Icky}라는 애칭을 가진 아기는 전투 임무를 부여받지 못한 젊은 장교 아이젠하워에게 자신감과 만족감을 불어넣었다.

1917년 12월에 포트 오글소프가 폐쇄되자, 아이젠하워는 캔자스 주 포트 리븐워스^{Fort Leavenworth}로 가서 그곳 육군 훈련소에서 병사들을 훈련시키라는 명령을 받았다. 대서양 건너편에서 독일군과 싸울 수 있는 기회를 또다시 얻지 못한 데 짜증이 난 아이젠하워는 또 해외 파병 요청서를 제출했다. 포트 리븐워스의 사령관이 명령을 따르지 않는 젊은 장교를 사무실로 불러 호되게 꾸짖었다. 이를 분하게 여긴 아이젠하워는 장교가 참전을 원하는 것이 왜 잘못된 것인지 설명해달라고 상관에게 대들었다. 사령관은 어떻게 설명할지 몰라 난처해하며 기꺼이 참전하려는 아이젠하워의 의지를 높이 샀지만, 상황은 바뀌지 않았다. 웨스트포인트 동기생들이 가치 있는 전투 경험을 얻는 동안, 아이젠하워는 멀고 먼 캔자스의 초원에서 꼼짝할 수 없었다. 이 사건으로 인해 전선으로 가고자 했던 아이젠하워의 요청을 매번 거부했던 워싱턴 D. C.의 참모장교를 향한 그의 분노는 극에 달했다.

"수천 마일 떨어진 책상 앞에 앉은 한 사람이 내가 가진 군사적 능력과 아이젠하워의 열정과 전투 상황에 대한 정확한 지식을 접한 모든 사람들은 그에게서 배운 것이 훗날 전투에서 자신에게 큰 도움이 되리라고 확신했다. 한 중위는 이렇게 썼다. "아이젠하워는 정말 멋진 사내다. 나는 이곳에서 3일 동안 훈련받으면서 이전에 배운 것보다 훨씬 더 많이 전투에 대해 배웠다."

또한 병사들은 자신들을 공평하게 대하는 아이젠하워를 존경했다. 그들은 가끔 혹독한 훈련 스케줄과 모든 것을 제대로 수행해야 한다는 그의 주장에 대해 불평하기도 했지만, 그가 진심으로 최선을 다하고 있음을 알고 있었다.

재능에 대해 나보다 더 잘 알고 있다니……!"

그는 몇 년 후 비꼬면서 이렇게 썼다. 그는 다른 사람에게 과도한 영향력을 행사한 참모장교들을 평생 의심했다.

●

훈련병들에게 사랑받은 훈련 담당 장교

그러나 순종적인 군인이었던 아이젠하워는 자신의 감정을 속으로 삭였고, 새로운 임무에 적응해나갔다. 그는 육군에서 가장 잘 훈련받은 병사들을 만들겠다는 생각으로 캔자스에서 훈련 담당 장교로 복무했다. 그는 군인들을 엄격하게 훈련시켰고, 모든 세부사항에서 완벽을 요구했으며, 열정적이고 흥미롭게 모든 훈련을 시행했다.

병사들이 판에 박힌 총검술 훈련을 매우 싫어한다는 것을 알게 된 아이젠하워는 그들에게 생기를 불어넣으려고 대학 미식축구 방식을 차용했다. 그들은 마치 미식축구의 하프백halfback이나 쿼터백quarterback이 된 것 같았다. 훗날 어느 병사는 이렇게 썼다.

"나는 우리의 새 지휘관 아이젠하워가 우리나라에서 가장 유능한 육군

한번은 부대원들 앞에서 병사를 야단치고 있는 부하 장교를 보게 되었다. 아이젠하워는 웨스트포인트에서 신입 생도를 난처하게 만든 일을 떠올리며 그 문제에 대해 논의하기 위해 중위를 사무실로 불렀다. 그는 장교는 난처한 상황 속에서는 결속력 있는 부대를 결코 만들 수 없다고 초급 장교에게 말해주며 그 대신 공평함, 적절한 대우, 그리고 본보기를 통한 리더십이 필요하다고 강조했다.

최고 장교 중 한 명이라고 생각한다……. 그는 우리에게 훌륭한 총검술을 가르쳐주었다. 그는 병사들의 상상력을 자극하고 소리 지르고 고함쳐서 마치 우리가 창공을 뚫고 날아오를 것처럼 진지하게 소리치고 발을 구르게 만들었다."

아이젠하워는 훈련병들한테만 많은 사랑을 받은 것이 아니다. 한 중위는 엄청난 노력을 하는 그의 독특한 훈련 방식을 좋아했다. 아이젠하워의 열정과 전투 상황에 대한 정확한 지식을 접한 모든 사람들은 그에게서 배운 것이 훗날 전투에서 자신에게 큰 도움이 되리라고 확신했다. 한 중위는 이렇게 썼다.

"아이젠하워는 정말 멋진 사내다. 나는 이곳에서 3일 동안 훈련받으면서 이전에 배운 것보다 훨씬 더 많이 전투에 대해 배웠다."

또한 병사들은 자신들을 공평하게 대하는 아이젠하워를 존경했다. 그들은 가끔 혹독한 훈련 스케줄과 모든 것을 제대로 수행해야 한다는 그의 주장에 대해 불평하기도 했지만, 그가 진심으로 최선을 다하고 있음을 알고 있었다.

한번은 부대원들 앞에서 병사를 야단치고 있는 부하 장교를 보게 되었다. 아이젠하워는 웨스트포인트에서 신입 생도를 난처하게 만든 일을 떠올리며 그 문제에 대해 논의하기 위해 중위를 사무실로 불렀다. 그는 장교는 난처한 상황 속에서는 결속력 있는 부대를 결코 만들 수 없다고 초급 장교에게 말해주며 그 대신 공평함, 적절한 대우, 그리고 본보기를 통한 리더십이 필요하다고 강조했다.

●

훈련을 잘 시키면 시킬수록
육군은 그가 미국에 남아 있기를 더욱더 원했다

아이젠하워는 짧은 시간에 깊은 인상을 남겼다. 그리고 두 달 후 포트 리븐워스를 떠나 메릴랜드Maryland 주 캠프 미드Camp Meade로 전속되었다. 그는 육군의 최신 무기 중 하나인 '전차'를 운용하는 교육을 맡게 되었다. 명예훈장을 받은 아이러 웰본Ira Welborn 중령은 조지아Georgia에서 실시된 훈련에서 아이젠하워의 전문성을 목격했다. 당시 미 육군은 참호전의 수렁에 빠져 있던 유럽의 교착상태를 타개할 중요한 무기로 고려되고 있던 전차의 초급 훈련을 감독할 재능 있는 장교를 찾고 있었는데, 웰본은 이 젊은 대위를 추천했다.

아이젠하워는 간절히 소식을 기다렸다. 전차 팀원을 훈련시키던 그는 이번에 전차가 해외로 보내질 때 자연스럽게 함께 동행할 수 있으리라고 생각했다. 게다가 전차는 너무나 혁신적이어서 그가 달성하는 거의 모든 임무에서 신기원을 이룩할 게 분명했다. 그는 마침내 프랑스 전장으로 갈 날이 머지 않았다고 생각했다.

프랑스 파병을 기대했기 때문에, 이전 근무지에서보다 제301전차대대에서 한층 더 열심히 준비했다. 1918년 3월, 제301전차대대의 해외 파병이 결정되었다는 소식을 들었을 때 그의 노력이 결실을 맺는 것같이

● ● ● (위) 메릴랜드 주 캠프 미드에서 전차 앞에 서 있는 아이젠하워. 그는 이곳에서 전차 운용 교육을 맡았다.

(아래) 1918년 게티즈버그 근처 캠프 콜트 숙소 밖에서 메이미와 어린 아이키를 안고 있는 드와이트 아이젠하워.

보였다.

그러나 다시 한 번 아이젠하워의 희망은 날아가버렸다. 더 많은 교육훈련을 위해 그는 게티즈버그^{Gettysburg} 근처 캠프 콜트^{Camp Colt}로 보내졌다. 아이젠하워는 악순환의 희생자가 되었다. 그는 실전 경험을 하지 못하는 것에 대해 실망했지만, 해외 파병의 기회를 높이기 위해 교육훈련 임무에 더욱 충실하게 매진했다. 그러나 그가 훈련을 잘 시키면 시킬수록 육군은 그가 미국에 남아 있기를 더욱더 원했다. 그는 회고록에 이렇게 썼다.

"몇몇 동기들은 이미 프랑스에 있었다. 다른 동기들은 출국을 준비하는 중이었다. 나는 단조로움을 느꼈고, 원하지 않는 안전한 실내 공간에 처박혀 있는 것 같았다."

아이젠하워는 동기들이 전쟁터에서 영광을 얻고 있는 동안, 자신의 군 경력은 잇따른 참모 업무와 교육 임무로 허물어져가고 있다고 여겼다.

"전투 기회를 거부당한 자는 전쟁이 끝나면 육군을 떠나는 편이 나을 것 같아 보였다."

임무에 충실한 아이젠하워는 좌절감을 뒤로한 채 자신의 부대를 미국 최대의 전차훈련센터로 만들기 위해 최선을 다했다. 소량의 전차만이 프랑스 평원을 가로지르며 달리고 있을 뿐 훈련용 전차는 단 한 대도 없는 상황에서 그는 자동차들을 끌어 모아 기관총을 달고 기동 훈련을 위해 게티즈버그 인근 전원 지역으로 향했다.

1863년 게티즈버그 전투에서 기억에 남을 유명한 전투가 벌어졌던 리틀 라운드 탑^{Little Round Top}에서 사수에게 사격을 명령하자, 그들의 트럭은 울퉁불퉁한 길에서 튕겨져나갔다. 아이젠하워는 이것이 실제 전투와 똑같을 수는 없다는 것을 알고 있었지만, 그래도 유럽에 도착해서 그들이 맞닥뜨릴 상황에 대한 정보를 줄 것이라고 생각했다.

●

외부의 압력에도 굴하지 않는 엄격한 원칙주의자

아이젠하워는 부대를 훈련시키면서 자신의 지휘 방식을 만들어내기 시작했다. 그는 엄격한 규율을 강조했으나 부하들에게 관심을 보여야 부하들이 군사적 또는 개인적인 문제를 의논하러 자신의 사무실로 찾아온다는 걸 알고 있었다. 그는 자신이 지시한 모든 임무에 대해 생각하지 않고 그저 열심히 수행하기만 하는 순응적인 장교들을 싫어했다. 한 중위가 아이젠하워에게 캠프에는 아무 문제가 없다고 말하자, 아이젠하워는 다음과 같이 말하면서 좀 더 세밀하게 확인하도록 지시했다.

"나는 이 캠프에서 무엇이 잘못되었는지 자네가 알아내길 바란다. 자네가 항상 내 말에 동의만 한다면, 내 기분이 좋지는 않을 거야. …… 그건 자네가 생각하는 것을 말하지 않거나, 나처럼 아주 어리석은 사람이거나 둘 중 하나니까!"

단호한 행동이 필요할 때 아이젠하워는 절대로 흔들리지 않았다. 그는 부대원들에게 금주를 지시했다. 마을의 한 호텔 주인은 금주 조치에도 불구하고 아이젠하워의 부대원들에게 계속 술을 제공했다. 아이젠하워가 호텔에 경비병을 두고 부대원들의 출입을 막자, 술집 주인의 이윤이 줄어들게 되었다. 호텔 주인은 하원 의원과 함께 아이젠하워의 사무실에 난입했다. 젊은 장교가 쉽게 무너질 것이라고 생각했던 하원 의원은 경비병을 치우지 않으면 전쟁성으로 가겠다고 아이젠하워를 협박했다. 아이젠하워는 쏘아붙였다.

그는 자신이 지시한 모든 임무에 대해 생각하지 않고 그저 열심히 수행하기만 하는 순응적인 장교들을 싫어했다. 한 중위가 아이젠하워에게 캠프에는 아무 문제가 없다고 말하자, 아이젠하워는 다음과 같이 말하면서 좀 더 세밀하게 확인하도록 지시했다.

"나는 이 캠프에서 무엇이 잘못되었는지 자네가 알아내길 바란다. 자네가 항상 내 말에 동의만 한다면, 내 기분이 좋지는 않을 거야. …… 그건 자네가 생각하는 것을 말하지 않거나, 나처럼 아주 어리석은 사람이거나 둘 중 하나니까!"

"의원님 꼭 그렇게 하십시오. 이 직책에서 물러나는 것보다 저에게 더 좋은 일은 없습니다. 저는 해외 파병을 원합니다. 여기서 물러나면 해외로 가게 되겠지요."

아이젠하워의 사무실에서 떠밀려 나온 두 사람은 그의 군 경력을 망쳐놓겠다고 협박했다. 그러나 전쟁성은 정치인의 술책을 간파했다. 심지어 전쟁성 차관보는 젊은 장교가 사건을 잘 처리했다며 아이젠하워를 칭찬하는 편지까지 보냈다.

아이젠하워가 캠프 콜트에서 하원 의원을 만난 것이 이것이 마지막은 아니었다. 어느 날 아이젠하워는 어느 젊은 장교가 포커 게임을 하면서 속임수를 쓰는 것을 알게 되었다. 아이젠하워는 그에게 사임이나 군법회의 중 하나를 선택하라고 요구했다. 장교는 직책에서 물러났다. 하지만 며칠 후 자신의 아버지와 하원 의원과 함께 돌아왔다. 세 사람은 아이젠하워에게 처벌을 완화해줄 것을 요청했다. 그러나 정직하지 않은 장교는 쓸모가 없다고 믿고 있던 아이젠하워는 자신의 결정을 번복하지 않았다. 또한 요청대로 해당 장교를 새로운 자리로 옮기게 해준다는 것은 단지 동료 장교들에게 문제를 떠넘기는 것이라고 설명했다. 하원 의원의 영향력으로 해당 장교는 다른 부대로 전출되었다. 하지만 아이젠하워는 자신의 논리를 지켜냈다. 그 장교는 더 이상 아이젠하워의 부대에서 복무하지 못했다.

아이젠하워 부대의 클로드 해리스Claude J. Harris 원사는 캠프 콜트에 있는 몇 개월 동안 자신의 지휘관을 관찰할 기회가 있었다. 장교들과 긴밀하게 협력하면서 병사들을 훈련시켜야 한다는 독특한 견해를 가진 해리스는 아이젠하워의 강점을 요약한 귀중한 자료를 제공했다. 아이젠하워의 전기 작가인 스티븐 앰브로스Stephen Ambrose에 따르면, 해리스는 "아이젠하워는 엄격한 원칙주의자이고 타고난 군인이었지만 아주 인간적이고 사려 깊은 사람이었다. …… 젊었음에도 조직에 대한 이해력이 뛰어났고 개인의 능력을 고려해 그에게 적합한 직책을 부여했다"라고 말했다고 한다. 그리고 "그의 지휘 방식은 그 어떤 지휘관과도 비교할 수 없을 만큼 큰 존경심과 충성심을 자아냈다"고 덧붙였다.

●
제1차 세계대전 종전과 또다시 잃은 참전 기회

7개월 만에 아이젠하워는 1만 명의 병사와 600명의 장교를 훈련시켰다. 그는 자신의 임무를 잘 수행해 소령으로 진급했다. 웰본 대령이 아이젠하워에게 그가 훈련시킨 전차연대와 함께 해외 파병이 결정되었다는 사실을 알려주었을 때, 그는 두 배로 보상을 받았다고 생각했다. 1919년 미국은 전차가 중요한 역할을 하는 대규모 춘계 공세를 계획하고 있었다.

흥분한 아이젠하워는 마침내 유럽 최전선에서 웨스트포인트의 동기들과 함께할 준비를 했다. 그러나 1918년 11월 전쟁이 종료되면서 그는 뜻을 이루지 못했다. 아이젠하워가 동료 장교 노먼 랜돌프Norman Randolph 대위와 이야기를 나누고 있을 때 종전 소식이 도착했다. 이로써 그는 참전 기회를 잃고 말았다.

전선에서 수천만 마일 떨어진 곳에서 근무했음에도 불구하고 아이젠하워는 전쟁 기간 동안 유용한 기술을 연마했다. 그는 병력을 조직하고 이끄는 능력을 보여주었고, 철저한 훈련의 가치를 깨달았다. 그리고 정치인 및 민간인과 관계를 맺으면서 귀중한 경험을 얻었다. 상관 중 한 명은 그가 웨스트포인트를 나온 지 고작 3년밖에 지나지 않았는데도 준장의 명령을 책임 있게 실행한 것을 칭찬했다.

아이젠하워는 그 결과 수훈근무훈장Distinguished Service Medal을 받았다. 하지만 훈장은 장교 경력에 큰 의미가 없었다. 그는 참전 기회를 놓쳤다. 그리고 다른 기회가 오리라는 것을 알았다. 하지만 그는 괴로움을 삼켜야 했고, 좌절의 순간에도 자신의 방식대로 일하기로 결심했다. 전쟁이 끝났다는 소식을 들은 후, 굳은 결심을 한 아이젠하워는 랜돌프에게 말했다.

"오, 이런! 지금부터 나는 이것을 만회하기 위해 나 자신을 갈고 닦아야겠군."

CHAPTER 3
"헤아릴 수 없는 빚"

●

아주 좋은 준비 기간

1920년대와 1930년대는 아이젠하워에게 아주 좋은 준비 기간이었다. 다른 장교들은 평화로운 시기에 군대를 떠날 것인지 고민했지만, 아이젠하워는 자신에게 부여된 임무에 매진했고, 이는 제2차 세계대전에서 보여주었던 그의 지휘 스타일 형성에 도움을 주었다. 웨스트포인트 교실 안에서 항상 지루해했던 아이젠하워는 야전에서 실시되는 작전과 폭스 코너Fox Conner와 같은 유능한 지휘관을 통해 리더십 교훈을 받아들이게 되었다. 이 시기 그는 자신의 군 경력을 만들어가는 데 큰 영향을 준 사람들과 유대관계를 형성했다.

●

대륙횡단 차량 원정대

아이젠하워는 여전히 유럽 전쟁에 참전하지 못한 것에 대해 애석해하고 있었다. 1919년 그는 대륙횡단 차량 원정대에 자원했다. 이 원정은 미국을 횡단하여 이동하는 군사적 능력을 테스트하고, 도로 개발의 필요성을

At the Firestone Homestead, Columbiana, Ohio
Sunday, July 13, 1919. A Rest Halt

Major Brett   Colonel Eisenhower
        Harvey Firestone, Jr.

●●● 1919년 대륙횡단 차량 원정대가 오하이오 주 컬럼비아나(Columbiana)에 있는 파이어스톤 (Firestone)의 주택에서 잠시 휴식을 취할 당시의 모습. 아이젠하워 대령(오른쪽)이 하비 파이어스톤 주니어(가운데)와 세레노 브레트 소령(왼쪽)과 함께 앉아 있다.

보여주며, 평화 시기의 미국에서 빠르게 잊혀질 수도 있는 군대를 홍보하기 위해 기획되었다. 자동차와 타이어 회사의 후원 하에 전쟁성은 장병 280명이 자동차 72대에 나눠 타고 80번 주간고속도로Interstate 80를 따라난 경로를 하루하루 이동해 워싱턴 D. C.에서 샌프란시스코까지 간다는 계획을 수립했다.

1919년 7월 7일, 원정대는 출발했다. 예상했던 대로 많은 길들이 포장이 거의 안 돼 먼지와 진흙투성이였고, 그로 인해 1시간에 겨우 몇 마일밖에 이동하지 못했다. 시속 6마일의 속도로 하루에 58마일을 이동한 원정대는 62일이 지나서야 퍼레이드 무대와 환영회가 기다리고 있는 마을에 도착할 수 있었다.

아이젠하워는 이 여행을 휴가라고 생각했다. 그와 동료장교 세레노 브레트Sereno Brett 소령은 원정대와 함께한 민간인들에게 짓궂은 농담을 하는 것을 아주 좋아했다. 와이오밍Wyoming 주에서는 민간인들을 속여서 적대적인 인디언들이 공격할 거라는 농담을 믿게 만들기도 했다. 이번 여행으로 아이젠하워는 전쟁 기간 중 참전하지 못하고 미국에 남아 있었다는 괴로움에서 벗어나 기분전환이 되었다.

경솔한 행동임에도 불구하고 아이젠하워는 원정대장이 부하들을 너무 해이하게 만들었다고 생각했다. 그는 원정대장이 적절한 규율을 대원들에게 요구하지 않고, 정규 훈련과 연습을 실시해서 대원들이 방심하지 않게 해야 하는데 그러지 않았다고 결과 보고서를 작성했다. 그는 이와 더불어 미국 도로망의 열악한 상태에 대해 많이 알게 되었다. 그 지역을 방어하는 군인의 입장에서는 물론이고 나라의 여러 곳을 여행하는 여행객의 입장에서도 도로 상태는 개선되어야 한다고 생각했다. 아이젠하워는 무언가를 배운다든가, 문제가 심각하다고 느낀다든가 하는 경우를 제외하고는 좀처럼 군사적 활동에 참여하지 않았다.

●

아들 아이키의 죽음과 함께 찾아온 절망의 시기

열악한 국가 도로 체계는 전후戰後 미국의 군사적 상황을 잘 보여주고 있었다. 먼 유럽에서 벌어진 끔찍한 군사적 충돌과 죽음 때문에 미국인들은 오직 고요와 평화를 원했다. 그 결과 제1차 세계대전 이후 1920년대에는 아이젠하워 같은 헌신적 장교들의 핵심 집단이 빠르게 붕괴되어 대부분의 주요 국가보다 수적으로 뒤처지게 되었다. 1922년 미 의회는 육군의 규모를 장교 1만 2,000명과 병사 12만 5,000명으로 제한했고, 이 수치는 1930년대 중반까지 오르지 않고 그대로 유지되어 미 육군의 규모는 세계 17위를 기록했다.

아이젠하워는 개인적으로나 군인으로서 이 같은 혼란의 시기에 도망치지 않았다. 그가 생에서 제일 행복했던 순간은 1917년 아들 다우드 드와이트가 태어났을 때였다. 아이젠하워는 아들을 아이키라는 별명으로 부르며 아주 예뻐했다. 아들은 아이젠하워의 부하들과 시간을 보내는 것을 매우 좋아했다. 부하들은 아이키에게 군복을 사주었고, 아이젠하워의 허락을 받고 가벼운 훈련을 시켰다. 자부심에 찬 아버지 아이젠하워는 아이키가 인기 있는 남자라며 자랑했다.

그러나 이 시기는 오래가지 못했다. 1920년 크리스마스에 의사가 아이키가 성홍열猩紅熱에 걸렸다고 진단하자, 아이젠하워는 세상이 무너져 내리는 것 같았다. 당시 난치병이었던 성홍열은 증세가 호전되더라도 결국엔 아이가 병약해지거나, 증세가 악화되어 아이가 죽을 수도 있다고 의사는 말했다. 그는 나중에 회고록에 다음과 같이 기록했다.

"아이에게 강한 정신력이 전달되기를 기원하며 하염없이 병원 복도를 서성거렸다."

병세는 수막염髓膜炎으로 악화되었고, 크리스마스트리 옆에 작은 빨간 자전거를 남겨둔 채 아이키는 1921년 1월 2일 죽었다.

"아이의 죽음은 내 생애 가장 절망적인 재앙이었다. 나는 이것을 완전히 잊을 수 없다."

아이젠하워는 1967년에 이렇게 썼다. 그가 공개적으로 처음 언급한 가슴 아픈 사연이었다.

"내가 글을 쓰고 있는 이 순간에도 그 일을 생각하면 1920년 크리스마스 직후부터 오래도록 지속된 지독한 쓰라린 상실감이 생생하게 다시 되살아난다."

이 같은 고뇌의 시기에 부부는 고통을 함께 치유하지 않고 자신의 내부로 숨겼다. 두 사람 모두 자신의 느낌과 감정, 말을 깊숙이 숨겼다. 아이젠하워는 자신의 회고록에서 털어놓았다.

"아들의 죽음 앞에서 나는 무엇을 해야 하는지 알지 못했다. 나 자신만을 비난했다……"

어쨌든 매년 어김없이 아이키의 기일은 찾아왔고, 아이젠하워는 아이키의 생일에 메이미에게 노란색 장미를 보냈다. 노란색은 아이키가 가장 좋아하던 색깔이었다.

아들의 죽음은 늘 침착하던 아이젠하워를 뒤흔들어놓았다. 어떤 친구들은 그가 아이키가 죽은 뒤부터 사람들과 거리를 두게 되었다고 말했다. 또 다른 이들은 그가 어디에서도 찾을 수 없던 위안을 군대에서 찾고자 모든 에너지를 군 생활에 쏟아부었다고 말했다.

고통의 세월은 계속되었다. 진급을 위해서 그는 조지아 주 포트 베닝Fort Bening에 위치한 보병학교에 지원했는데 육군이 이를 승인하지 않았다. 아이키가 죽은 뒤 힘든 여름이 계속되었다. 아이키가 아프기 전 아이젠하워는 육군에서 부양가족 지원금으로 250달러를 수령했다. 그런데 이것이 문제가 되었다. 당시 아이는 친할머니와 함께 아이오와에 살고 있었다. 아이젠하워는 다른 장교들과 마찬가지로 자신의 아들이 친할머니와 함께 사는 동안 부양가족 지원금을 수령하는 것이 잘못된 것인지 알지 못했다. 이런 이유로 처벌이 필요한 어떤 범죄도 저지르지 않았다고 생각했고, 그래서 어떤 정식 군법회의도 필요 없으리라고 생각해서 이에 대한 수사관의 조사를 허용했다. 군법회의는 아이젠하워의 군 경력을 끝낼 수도 있었다. 그가 무죄로 밝혀졌다는 사실은 조금도 중요하지 않았다. 이 사건은 그를 너무나 괴롭혀서 그는 이후로 다시는 이 일에 대해 언급하지 않았다.

아이젠하워는 이 절망적인 시기를 군 생활의 막다른 길로 보았고, 군대를 떠나 공공 부문에서 일자리를 찾아야만 하는 건 아닌지 고민했다. 수입이 좋은 민간 직업을 얻은 많은 동료 장교들이 같은 길을 가보라고 설득도 했지만 결국 그는 거절했다. 메이미는 미래에 대해 토론하면서 아이크가 군대를 사랑한다는 점을 강조했다.

"글쎄요, 아이크. 나는 당신이 (군을 떠난다면) 행복하지 않을 것 같아요. 이건 당신의 인생이고, 당신도 이 점을 잘 알고 있어요. 게다가 당신은 이 일을 좋아하잖아요."

아이젠하워는 아내의 현명한 얘기를 받아들여 제대를 선택하지 않았다.

1922년 아들 존John이 태어나면서 아이키의 죽음으로 인한 아이젠하워의 고통은 어느 정도 완화되었다. 이와 동시에 아이젠하워는 조지 패튼George Patton이나 폭스 코너와 같은 유능하고 지적인 사람들과 유대관계를 이어갔다. 그들은 군대의 역할에 대한 아이젠하워의 관점에 영향을 끼쳐 그가 상급 지휘관이 되기 위한 준비를 하도록 했으며, 그만의 군사적 특성을 형성하는 데 도움을 주었다. 아이젠하워는 이들 각자로부터 값진 교훈을 얻었다.

●

또 다른 열렬한 전차 신봉자 조지 패튼과의 만남

1919년 9월, 대륙횡단 차량 원정 임무를 마친 뒤 아이젠하워는 소규모 전차부대의 직책을 맡아 메릴랜드 주 캠프 미드로 돌아왔다. 그는 또 다른 유망한 장교 조지 패튼과 빠르게 친해졌다. 패튼 역시 아이젠하워처럼 전차가 미래 전쟁에서 중요한 역할을 할 것이라고 믿고 있었다. 이때부터 두 사람의 평생 동안의 우정이 싹트기 시작했다. 그들은 전차의 적절한 사용에 대해 논쟁했고, 훈련장에서 육중한 덩치로 느릿느릿 움직이는 전차를 테스트하면서 하루하루를 보냈다. 심지어 전차의 작은 세부사항까지 완전히 이해하고야 말겠다는 열정으로 전차 한 대를 분해한 후 힘들게 조립하여 운행하기도 했다.

전차에 대한 둘의 애정은 육군의 기본 전술과 상충했다. 당시 전쟁에서 전차의 주요한 역할은 보병을 지원하고, 무인지대를 돌파하는 것이었다. 교리에 의하면, 전차는 일반적인 보병의 전진 속도인 시속 3마일보다 천천히 이동해야 했다. 아이젠하워와 패튼은 전차가 빠른 속도로 보병보다 먼저 전진해 적을 돌파하거나 포위하고, 그 혼란을 틈타 보병들이 따라와야 한다고 주장했다. 그들에게 전차는 한낱 지원 무기가 아닌 공격 무기였던 것이다.

"다루기 힘들고 불편하며 달팽이처럼 느리게 움직이는 구식 전차는 잊고 그 대신 빠르고 신뢰할 수 있으며 파괴에 효과적인 엔진을 단 전차를 머릿속에 그려야 한다."

아이젠하워는 1920년 11월 《보병 저널Infantry Journal》에 게재한 논문에서 공개적으로 전차를 지지했다. 그는 힘든 싸움에 직면했다는 것을 알고

●●● 1919년 메릴랜드 주 캠프 미드에 있을 당시 임시대령이었던 조지 패튼. 캠프 미드에서 아이젠하워와 패튼은 빠르게 친해졌다. 패튼 역시 아이젠하워처럼 전차가 미래 전쟁에서 중요한 역할을 할 것이라고 믿고 있었다. 이때부터 두 사람의 평생 동안의 우정이 싹트기 시작했다.

있었다. 그도 동일한 논문에서 다음과 같이 인정했다.

"많은 훌륭한 장교들이 전차를 참호전의 와중에 개발된 기형아로 그 생명이 다했다고 비난하고 있다. 전차에 대한 관심이 없어서 전차를 옹호하지도 반대하지도 않는 사람들이 대다수인 것으로 보인다. 그들은 미래 전장을 계산하고 머릿속에 그릴 때 전차를 너무 쉽게 무시한다."

아이젠하워는 이 기간에 격렬하고 자신감 넘치는 패튼에게서 동료의식을 발견하고 기뻤다. 두 사람은 자신들의 공격 무기에 전차를 포함시킬

아이젠하워는 이 기간에 격렬하고 자신감 넘치는 패튼에게서 동료의식을 발견하고 기뻤다. 두 사람은 자신들의 공격 무기에 전차를 포함시킬 것인지에 대해 의견을 나누거나 전차를 고치면서 시간을 보냈다. 훗날 그는 이렇게 썼다.

"조지와 나는 전차에 광적으로 열광했다."

아이젠하워와 패튼은 전차가 빠른 속도로 보병보다 먼저 전진해 적을 돌파하거나 포위하고, 그 혼란을 틈타 보병들이 따라와야 한다고 주장했다. 그들에게 전차는 한낱 지원 무기가 아닌 공격 무기였던 것이다.

것인지에 대해 의견을 나누거나 전차를 고치면서 시간을 보냈다. 훗날 그는 이렇게 썼다.

"조지와 나는 전차에 광적으로 열광했다."

열정으로 뭉친 두 사람은 기회가 있을 때마다 전차를 홍보했다. 메이미를 열렬히 원했던 것과 같이, 아이젠하워는 자신이 믿는 것에 한결 같은 마음으로 헌신했다. 한번 확신하면 목표를 달성하기까지 쉽게 단념하지 않았다.

패튼과 아이젠하워는 제1차 세계대전 종전 시 독일에게 강요된 베르사유 조약Versailles Peace Treaty의 가혹한 조항으로 인해 필연적으로 또다시 전쟁이 일어날 것이라고 믿었다. 패튼은 다음 전쟁에서 둘이 성공적인 남북전쟁 듀오의 현대판이 될 수 있을 것이라고 선언하듯 말했다. 패튼은 자신의 친구 아이젠하워에게 말했다.

"나는 스톤월 잭슨Stonewall Jackson(미국 남북전쟁 당시 유명한 남부 연합 장군으로, 로버트 리 장군의 심복이었다-옮긴이)이고, 자네는 로버트 리 Robert E. Lee가 되는 거야. 나는 많은 생각을 하고 싶지 않아. 자네가 적군 속에서 달아나면, 나도 그럴 거야."

아이젠하워와 패튼은 전차 교리를 개발하는 데 있어서 육군 동료들보다 20년은 앞서 있었다. 유명한 폴러J. F. C. Fuller나 리들 하트B. H. Liddelll Hart 같은 소수의 군사이론가들이 영국에서 유사한 개념을 정립했지만, 그것은 아직까지 미국에 전해지지 않았다. 아이젠하워와 패튼이 아는 한, 그들은 독창적인 분야를 개척하고 있는 중이었다.

●

소중한 멘토 폭스 코너와의 만남

그러나 최고의 전차 신봉자였던 아이젠하워는 제1차 세계대전에서 성공했던 무기와 병력 운용 방식이 미래의 전투에서도 또다시 성공할 것이라고 주장하는 상급자와 충돌했다. 육군은 독자적으로 운용하는 무기가 아니라 무인지대를 가로지르며 보병을 도울 수 있는 보병 지원용 무기를 원했다. 전차가 단순히 보병 지원용 무기가 아니라 독자적인 공격 무기가 될 수 있다는 아이젠하워의 주장에 보병학교장 찰스 판스워스Charles S. Farnsworth 소장은 너무 화가 난 나머지 1920년 가을에 아이젠하워를 사무실로 불러 그런 주장을 계속한다면 군법회의에 회부될 것이라고 경고했다. 패튼 역시 판스워스로부터 비슷한 비난을 받았다. 이후 두 사람은 그들의 주장 강도를 조절했지만, 그런 질책들은 오히려 서로를 더 가까워지게 만들었다.

아이젠하워는 포트 미드에서 했던 전차 관련 업무로 인해 상관의 분노를 불러일으키는 했으나, 기이하게도 이 일로 인해 1919년에 그의 군 생활에 아주 큰 영향을 미친 한 사람을 만나게 된다. 육군에서 가장 훌륭한 인물 중 한 명이었던 폭스 코너 준장이 아이젠하워와 패튼과 함께 캠프 미드를 돌아보면서 그들의 업무를 관찰하겠다고 요청했다. 코너가 아이젠하워와 패튼과 함께 학교 내 교장을 함께 걸으면서 복잡한 질문을 하자, 두 젊은 장교는 쉽게 대답했다. 상급자의 형식적인 방문에 익숙했던 아이젠하워는 자신과 패튼이 하는 일에 관심을 보이는 코너에게 깊은 인상을 받았다.

얼마 지나지 않아 폭스 코너는 아이젠하워에게 연락을 해 파나마Panama에서 자신의 참모장교로 근무하자고 요청했다. 군 경력의 중요한 기회로 여긴 아이젠하워는 기뻐했고, 전차 문제는 판스워스 장군에게 슬쩍 밀어 넘겨버렸다. 1921년 12월 아이젠하워는 파나마 근무 명령을 받았다.

1922년 초 아이젠하워와 아내는 파나마로 향하는 병력 수송선에 승선했다. 병력 수송선에 탄 병력을 이끌 지휘관으로서 그에게 배정된 선내 숙소는 마음에 들었으나 곧 그와 메이미는 비좁고 꽉 막힌 곳으로 자리를 옮겨야 했다. 아이젠하워와 같은 공식적인 임무를 맡은 것도 아닌 2명의 장군이 좀 더 호화로운 공간을 제공해달라고 요구했기 때문이었다. 그들의 뻔뻔한 권력 남용에 분노한 아이젠하워는 자신은 절대로 이런 행동을 하지 않겠다고 맹세했다.

배에서 새로 배정받은 공간보다 더 나빴던 것은 파나마의 주거 환경이었다. 그와 메이미는 실제로 판잣집보다 더 작은 누추한 집에서 살았다. 비만 오면 물이 샜고, 박쥐 떼 때문에 메이미는 공포에 떨어야 했다. 대부분의 육군 기지와 달리 그들의 단조로운 삶에 활기를 불어넣어줄 여흥거리마저 없었다. 유일한 탈출구는 수요일 밤의 브리지 클럽과 금요일의 댄스뿐이었다. 메이미는 지루함과 숨 막힐 듯한 더위를 해결할 수 있는 것이 거의 없었다. 이와 같은 우울한 상황은 결혼 생활의 부담을 더욱더 가

●●● 아이젠하워에게 지대한 영향을 미친 폭스 코너 소장. 대화의 주제가 뭐든지 코너는 언제나 문제를 한 방향에서만 보지 말고 다각도로 보면서 모든 대안을 고려해야 한다고 자신의 제자에게 조언했다. 조지 패튼이 아이젠하워의 동료이자 친구였다면, 폭스 코너는 그를 가르치고 그의 군 경력을 한층 넓혀준, 가치를 따질 수 없는 소중한 멘토였다.

"파나마에서의 복무는 내 인생에서 가장 흥미롭고 건설적인 것 중 하나였다. 가장 큰 이유는 폭스 코너라는 한 군인이 존재했기 때문이다."

폭스 코너 장군은 명령의 속성, 군사 전술과 전략, 역사에서 배우는 교훈들에 대해 아이젠하워와 많은 의견을 나누었다. 아이젠하워가 혐오했던 웨스트포인트의 강요식 교육과는 다르게 이러한 방식의 학습은 코너의 안내로 과거의 전역들을 여행하는 것 같았고 예전에는 지루하기만 했던 것들에 활기를 불어넣어주었다.

중시켰다.

아이젠하워에게는 적어도 자신의 우울함을 덜어줄 수 있는 부대 업무가 있었다. 아나폴리스 해군사관학교 출신인 애빌린의 친한 친구 스웨드 해즐럿은 자신이 근무하고 있는 잠수함이 파나마 운하 지대를 지나갈 때면 아이젠하워에게 잠수함을 구경할 기회를 제공했다. 해즐럿은 아이젠하워가 잠수함에 매료되었다고 회상했다.

"그는 잠수함을 돌아다니며 비공식적으로 내 동료들과 이야기를 나누었고, 승조원들은 그가 물으면 바로 대답해주었다. 나는 그가 배를 떠날 때 거의 내가 아는 만큼 잠수함에 대해 알게 되었다고 확신한다."

호기심 많고 친근한 아이젠하워에게 해즐럿과 동료들은 깊은 인상을 받았다.

불편함, 더운 날씨 그리고 멀리 떨어진 전초기지의 고된 임무에도 불구하고 아이젠하워는 훗날 이렇게 결론을 내렸다.

"파나마에서의 복무는 내 인생에서 가장 흥미롭고 건설적인 것 중 하나였다. 가장 큰 이유는 폭스 코너라는 한 군인이 존재했기 때문이다."

폭스 코너 장군은 명령의 속성, 군사 전술과 전략, 역사에서 배우는 교훈들에 대해 아이젠하워와 많은 의견을 나누었다. 아이젠하워가 혐오했던 웨스트포인트의 강요식 교육과는 다르게 이러한 방식의 학습은 코너의 안내로 과거의 전역戰域들을 여행하는 것 같았고 예전에는 지루하기만 했던 것들에 활기를 불어넣어주었다. 코너는 아이젠하워가 자신의 서재에 있는 많은 책들을 읽을 수 있게 해주었고, 책 속에 등장하는 다양한 인물과 그들의 결정 그리고 만약 자신이 그 자리에 있었다면 어떻게 행동했을지에 대해 물었다. 그는 아이젠하워에게 어느 한 시대의 분위기를 알기 위해서는 그 시대의 역사소설과 그 시대 중요한 사람들의 전기와 회고록을 읽는 것이 좋다고 조언했다.

운하를 방어하는 부대를 점검하면서 두 사람은 파나마의 정글 속을 달리며 자주 토론했다. 코너와 아이젠하워는 하루 일과를 마치면 캠프파이어에 둘러앉아 밤늦게까지 대화를 나누었다. 셰익스피어William Shakespeare, 플라톤Plato, 클라우제비츠Carl von Clausewitz 등 그들이 읽은 이 모든 것들이 그들이 서로를 완전히 이해하고 분석하기 위한 밑거름이 되었다. 그들이 나누는 대화의 주제가 뭐든지 코너는 언제나 문제를 한 방향에서만 보지 말고 다각도로 보면서 모든 대안을 고려해야 한다고 자신의 제자에게 조언했다. 또 그는 훌륭한 지도자는 항상 진지하게 자신의 일을 하는 반면, 자신에 대해서는 진지하게 생각하지 않는다고 설명했다. 조지 패튼이 아이젠하워의 동료이자 친구였다면, 폭스 코너는 그를 가르치고 그의 군 경력을 한층 넓혀준, 가치를 따질 수 없는 소중한 멘토였다.

코너는 베르사유 평화조약으로 인해 독일이 한 세대 이내에 피할 수 없는 전쟁을 또다시 일으킬 것이라고 강조했다. 그 전쟁에 미국은 다시 빨려들어가게 될 것이며, 지휘관들은 연합국들과 유연하게 전쟁을 수행하는 방법을 배워야 할 것이라고 했다. 코너는 제1차 세계대전 최고사령관이었던 프랑스 지휘관 페르디낭 포슈Ferdinand Foch 장군이 충분한 힘을 갖지 못했기 때문에 연합국들과 함께 전쟁을 수행하는 데 어려움을 겪었다고 주장했다. 그는 똑같은 상황을 피하기 위해서는 다음 전쟁의 총사령관은 두 가지 사항, 즉 충분한 힘을 가지고 있어야 하며, 자국의 이익보다 연합국의 이익이 우선임을 요구할 수 있어야 한다고 강조했다.

그는 아이젠하워에게 제1차 세계대전에서 영국, 프랑스 연합군과 함께 근무해 전문 지식을 함께 나눌 수 있는 또 다른 뛰어난 장교인 조지 마셜George Marshall 과 교류할 것을 제안했다.

어머니가 어린 시절의 아이젠하워를 만들었듯이, 코너는 청년 아이젠하워를 만들었다.

"코너 장군과 함께한 시간은 군사학 및 인문학 대학원 과정에서 공부하는 것 같았으며 인간의 지식과 행동을 경험한 코너의 담론과 비평을 통해 나는 생기를 얻었다."

1967년에 아이젠하워는 이렇게 썼다. 국왕, 외교관, 장군, 총리 같은 국제적인 사람들과 교류할 기회를 가진 이후에도 아이젠하워는 "코너는 내가 헤아릴 수 없이 많은 빚을 진 사람"이라고 말했다.

●

도전의식을 갖게 해준 진정한 배움터 포트 리븐워스

파나마에서 3년간 근무한 뒤 캠프 미드로 돌아온 아이젠하워는 다시 포트 베닝의 보병학교 고군반에 지원했다. 하지만 지난번처럼 지원을 거절당했다. 보병학교장은 아이젠하워의 전차 옹호론을 여전히 반대하며 그의 지원을 거절했다. 모든 장교들에게 상급 지휘관이 되기 위한 디딤돌

치열한 경쟁에도 불구하고 아이젠하워는 웨스트포인트에서 하지 못했던 학급 1등으로 과정을 수료했다. 아이젠하워는 자신의 능력을 실제로 테스트할 수 있는 시간이 올 때까지 기다려야 했다. 배움의 장(場)으로서 포트 리븐워스는 웨스트포인트보다 훨씬 더 도전의식을 갖게 만들었다. 아이젠하워는 상황이 힘들면 힘들수록 자신의 임무를 잘 수행하는 위기에 강한 사람이었다.

이었던 포트 베닝과 포트 리븐워스의 지휘참모대학Command and General Staff School은 상급 지휘관이 되려는 장교들이 꼭 거쳐야 하는 곳이었으며, 아이젠하워 역시 진급하기 위해서는 꼭 입학해야 했다. 포트 베닝에서 거절당한 아이젠하워는 아무 데도 갈 곳이 없었다.

하지만 아이젠하워의 편이 한 명 있었다. 아이젠하워가 곤경에 처한 것을 알게 된 코너는 자신의 제자에게 전보를 보내 보병에서 육군 모병관으로 전과되어 콜로라도로 가라는 전출 명령서를 전쟁성으로부터 곧 받게 될 것이라고 알려주었다. 보병에서 이러한 이동은 사실상 좌천이었으나, 아이젠하워는 묻지 말고 전출 명령을 받아들이라는 멘토의 요청에 따랐다.

보병학교장의 영향력이 적은 다른 육군 부대로 아이젠하워를 전출시키기 위해 코너가 조치를 취한 것이었다. 코너는 아이젠하워가 속하게 될 인사처의 통제권을 가지고 있고 포트 리븐워스 학교의 장교로 직접 발령을 낼 수 있는 육군 부관참모를 알고 있었다. 아이젠하워는 일단 적합한 근무처로 이동했고, 1925년 1월에 코너는 아이젠하워에게 지휘참모대학 입학 발령을 내리도록 부관참모를 설득했다.

이에 고무된 아이젠하워는 포트 리븐워스로 출근할 준비를 했다. 그러나 포트 베닝에서 배우지 못해 학교 수업을 제대로 소화할 수 있을지 걱정이었다. 코너는 아이젠하워가 자신의 참모로서 지낸 3년 동안 포트 베닝에서 가르치고 있는 여러 종류의 보고서를 작성한 경험이 있기 때문에 수업에 필요한 모든 준비가 되어 있다고 확신했다.

멘토는 그가 말하는 것이 무엇인지 잘 알고 있었다. 아이젠하워는 그들의 지휘 기술을 테스트하는 엄격한 과정에서 275명의 다른 장교들과 경쟁했다. 육군은 압박감을 느끼면서도 생각할 수 있는 사람, 피곤하고 지쳐도 전진할 수 있는 사람을 가려내길 원했다. 육군은 평화 시기에는 젊은 장교들을 전쟁터에 배치할 방법이 없었다. 그러나 포트 리븐워스에서는 그들을 장시간 근무하게 하고 엄격한 야전 군사작전에 투입함으로써 그들이 실제 전투에서 겪게 될 피로와 그 강도를 모의실험할 수 있었다.

치열한 경쟁에도 불구하고 아이젠하워는 웨스트포인트에서 하지 못했던 학급 1등으로 과정을 수료했다. 아이젠하워는 자신의 능력을 실제로 테스트할 수 있는 시간이 올 때까지 기다려야 했다. 배움의 장場으로서 포트 리븐워스는 웨스트포인트보다 훨씬 더 도전의식을 갖게 만들었다. 아이젠하워는 상황이 힘들면 힘들수록 자신의 임무를 잘 수행하는 위기에 강한 사람이었다. 웨스트포인트는 진짜 시험을 치르기 전에 거쳐야 하는 예비 단계에 지나지 않았다.

포트 리븐워스에서 우수한 성적을 거둔 아이젠하워는 행정 장교로서 포트 베닝으로 돌아가 제24보병연대의 부지휘관으로 근무하라는 명령을 받았다. 코너는 아이젠하워를 보병으로 재배치하기 위해 자신의 영향력을 다시 한 번 사용했다. 이력서에 지휘참모대학이 기록되면서 아이젠하워의 앞날은 밝아졌다.

1927년 그는 워싱턴 D. C.에 있는 미 육군 대학원US Army War College에 다 님으로써 경력 하나를 추가했다. 그곳에서 그는 육군의 조직과 전쟁 계획 에 대해 집중적으로 배웠다. 대학원생들은 국가의 관점에서 문제들을 검 토하고 해결 방법을 찾았으며, 그 해결 방법은 육군의 교리를 만드는 데 도움이 되었다. 포트 리븐워스에서 그랬던 것처럼 아이젠하워는 1928년 6월 학급 1등으로 수료했다.

1920년대 후반 육군 대학원에 다니던 시기 전후로 아이젠하워는 미 국 전쟁기념물관리위원회American Battle Monuments Commission에서 일을 하면 서 육군의 가장 선구자적인 장교로 꼽히는 존 퍼싱John Joseph Pershing 장군 을 만날 수 있었다. 아이젠하워의 업무는 제1차 세계대전 전투 지역 가이 드북을 위한 글을 작성하는 것이었는데, 이를 위해 그는 유럽에서 시간을 보냈다. 이것은 훗날 그가 대규모 군대를 지휘할 유럽의 지형에 익숙해지 는 계기가 되었다.

1920년대 아이젠하워에게는 포트 리븐워스, 파나마, 워싱턴 D. C. 등 에서 잇따른 도전의 기회가 주어졌고, 코너와 퍼싱 같은 영향력 있는 사 람들과 만날 수 있었다. 이러한 임무와 인간관계는 이후 10년간 아이젠 하워가 계속 진급할 수 있는 발판이 되어주었다.

CHAPTER 4

"훌륭한 장교가 진급해야 한다"

●

맥아더로부터 인정받다

1930년대 초, 야망 있는 장교들의 미래는 절망적이었다. 아이젠하워는 병사들과 함께 있지 못하고 육군 참모총장과 함께 수도에 있는 전쟁성에 갇혀 있었다. 1920년대 초 이후 아이젠하워의 계급은 소령에 머물러 있었다. 평화 시기 육군의 진급 기준은 연공서열이었기 때문에 진급은 느리기만 했다. 아이젠하워는 미소와 온화함 속에 언젠가는 뛰어난 상급 지휘관이 되겠다는 불타는 야망을 감추고 있었다.

워싱턴 전쟁성에서의 다음 업무는 평화 시기에서 전시경제戰時經濟로의 이행 과정에서 미국 산업의 전환을 위한 동원 계획을 수립하고 작성하는 것이었다. 이 업무를 수행하면서 그는 훗날 제2차 세계대전 동안 그에게 중요한 분야에 대한 소중한 지식을 얻을 수 있었다. 그것은 모든 전쟁에서 지휘관들에게 의미 있는 유용한 지식이었다. 그는 국가의 군대와 경제적 목표 사이의 복잡한 관계에 대해 이해하게 되었고, 전시 편성으로 원활하게 전환할 수 있는 성공적인 방법을 조사했다.

아이젠하워는 공장을 견학하고 거물 기업가를 인터뷰했으며, 영향력 있는 경제계 지도자들과 접촉하고 군대와 산업 영역 사이의 관계를 이해하기 위해 나라 구석구석을 돌아다녔다. 1930년 6월 16일, 전쟁성에 보낸 보고서에서 아이젠하워는 다음과 같이 분명히 말했다.

"우리의 목적은 간단하다. 모든 인적·물적 자원이 요구되는 고유의 역할을 함으로써 우리가 참전하는 모든 전쟁에서 승리하는 데 최대한 기여하도록 조치를 취하는 것이다."

그의 보고서는 적대적 행위가 발생해 미국이 즉시 강력한 대응을 해야 할 때 경제적·군사적으로 준비가 되어 있어야 한다는 점을 강조했다. 그는 "적절한 방어 준비는 평화를 보장하는 최상의 방법 중 하나다. …… 전쟁 발발 시 모든 국가의 목표는 즉각적이고 완벽한 승리이다"라고 썼다.

아이젠하워는 미국 역사에서 표면화되어 다음 세기까지 계속될 쟁점 하나를 거론했다. 제1차 세계대전이 발발하기 전과 그가 살고 있는 1930년대와 같은 평화 시기에 미국은 군사력 면에서 다른 국가들보다 뒤떨어져 있었다. 1917년과 또다시 1941년에(그리고 일부 사람들은 아프간 전쟁이 발발한 2001년을 덧붙여 말기도 한다) 전쟁이 발발했을 때, 국가는 새로운 도전에 대응하기 위해 고군분투했다. 아이젠하워는 미국이 이처럼 계획 없이 되는 대로 접근하기보다는 불가피한 충돌이 일어나기 전에 군대와 산업 영역이 협력하는 계획을 미리 세워야 한다고 주장했다.

허버트 후버Herbert Hoover 행정부는 그의 보고서를 묵살했다. 후버 대통령이 충돌에 관여할 의도가 없었기 때문에 이 안건은 자신에게 아무 의미가 없다고 말했다. 후버 대통령은 아이젠하워의 연구를 무시한 반면, 육군 참모총장 더글러스 맥아더Douglas MacArthur는 아이젠하워의 연구 결과에 주목했다. 맥아더는 그렇게 복잡한 안건을 간결한 요약으로 압축해

> 육군 참모총장 더글러스 맥아더는 아이젠하워의 연구 결과에 주목했다. 맥아더는 그
> 렇게 복잡한 안건을 간결한 요약으로 압축해낸 아이젠하워의 능력에 강한 인상을 받
> 았다. 또한 기업가들과 일하는 아이젠하워의 재능에 감탄했다. 그 결과, 맥아더는 그
> 에게 연설문과 보고서 작성 같은 더 많은 과제를 부여하기 시작했다.
> 맥아더는 아이젠하워를 "민간 부문과의 접촉에 아주 적합한 사람"이라고 칭찬했다.

낸 아이젠하워의 능력에 강한 인상을 받았다. 또한 기업가들과 일하는 아
이젠하워의 재능에 감탄했다. 그 결과, 맥아더는 그에게 연설문과 보고서
작성 같은 더 많은 과제를 부여하기 시작했다. 맥아더는 아이젠하워가 작
성한 보고서를 읽은 후에 이렇게 썼다.

"아이젠하워에게. 대단히 고생 많았네. 내가 하는 것보다 훨씬 더 낫군."

그 뒤 맥아더는 아이젠하워를 "민간 부문과의 접촉에 아주 적합한 사
람"이라고 칭찬했다.

●

직언을 서슴지 않다

1932년 7월, 2만 명에 달하는 제1차 세계대전 참전용사들이 워싱턴 D.
C.에 모였다. 그들은 1945년에 지급하기로 약속된 참전 보너스를 즉시
지급해달라고 요구했다. 언론에 의해 보너스 군대BONUS ARMY라는 꼬리표
가 달린 참전용사들은 대공황 동안 두 배의 박탈감을 느꼈다. 조국을 위
해 희생한 참전용사들은 깊은 불황에 빠진 경제 상황 속에서 고용에 대
한 작은 희망조차 없다는 또 하나의 난관에 직면했다. 당시 미국에는 실
업정책이 없었고, 어떠한 사회적 안전망도 없었다. 많은 이들은 약속된

보너스를 지급하는 것이 적절한 경제 부양책이 되리라고 생각했다. 7월 28일, 지역 경찰이 의회 의사당에서 시위대를 쫓아내는 과정에서 폭력사태가 발생했다. 후버 대통령은 육군 참모총장 맥아더에게 육군 부대를 직접 지휘하라고 명령했다.

아이젠하워는 맥아더에게 참전용사들에 맞서는 책임을 대신 짊어질 부하를 파견할 것을 건의했다. 그는 정복 차림의 육군 참모총장이 직접 참전용사들의 해산을 감독하는 것은 부적절하다고 생각했다. 하지만 주목의 대상이 되고 싶은 맥아더는 그의 충고를 거절했다. 그 결정은 역효과를 초래했다. 기병도騎兵刀를 빼 든 기병대를 포함한 병력은 맥아더가 근처에서 지켜보는 가운데 강압적으로 참전용사들을 의회 의사당 멀리 쫓아냈다. 군인들이 참전용사들을 몰아붙이자, 그것을 본 사람들은 군인들에게 비난의 소리를 퍼부었다. 그로 인해 맥아더와 군인들은 언론의 쓰디쓴 비난을 받아야 했다. 몇 년 뒤 인터뷰에서 아직 화가 가시지 않은 아이젠하워가 설명했다.

"나는 그 일을 해서는 안 된다고 말했습니다. 나는 그곳은 육군 참모총장이 계실 자리가 아니라고 말했습니다."

다른 부서에서 근무하고 있음에도 직언을 서슴지 않은 아이젠하워는 맥아더 장군에게 깊은 인상을 심어주었다.

●

맥아더와의 인연의 시작:
육군 참모총장 특별보좌관에 임명되다

맥아더는 아이젠하워에게 자신의 참모로 일해달라고 요청했다. 1933년

2월 20일, 아이젠하워는 육군 참모총장 특별보좌관에 임명되었다. 이로부터 10년 동안 아이젠하워는 맥아더와 운명을 함께하게 되었다.

맥아더는 아이젠하워를 놀랍고도 당혹스럽게 만들었다. 아이젠하워는 감탄하며 이렇게 썼다.

"맥아더는 논의 주제가 무엇이든 언제나 놀라울 정도로 해박하고 정확한 지식을 갖고 있었으며, 청산유수같이 말을 쏟아냈다."

또한 모든 대화에서 위압적이었던 맥아더의 성향을 지적하기도 했다.

"'토론'은 정확한 표현이 아니었다. 토론은 서로 대화를 주고받는 것인데, 장군은 언제나 혼자만 얘기했다."

아이젠하워는 맥아더의 천재성과 달변에 감탄하면서 또 다른 한편으로 그의 단점에도 주목했다. 아이젠하워는 맥아더가 너무 지나치게 주목받기를 원한다고 생각했고, 종종 스스로를 그분이라 칭하는 맥아더의 오만함도 발견했다. 아이젠하워는 나중에 농담 반 진담 반으로 이렇게 말했다.

"나는 워싱턴에서 5년, 필리핀에서 4년 동안 그의 아래에서 연극과 같은 과장된 행동을 배웠다."

한편 정치인들과 많은 국민들이 군 감축을 요구하던 시기에 육군 예산 삭감 정책과 싸우는 맥아더의 결정을 아이젠하워는 존경했다. 맥아더는 군의 요구보다 파괴된 경제의 회복을 우선시하는 관료들을 이해하기는 했으나, 육군이 단순한 그림자로 축소되는 것은 허락할 수 없었다. 비록 어려운 시기라고 해도 국가는 외국의 위협으로부터 국민을 보호하기 위한 강한 군대가 필요했다. 아무도 공격의 시간, 방법, 장소를 예측할 수는 없었지만, 군인으로서 맥아더는 이에 대비하기를 원했다.

정적들이 군국주의자라는 가시 돋친 말로 그를 비난했지만, 맥아더는 물러서지 않았다. 맥아더는 육군의 예산 증대를 지지하기 위해 자주 의회에 나타났다. 그는 아이젠하워가 작성한 보고서와 서류를 이용했다. 마치 혼자서 육군 예산을 지키기 위해 국가 권력과 맞서는 것처럼 보였다. 아이젠하워는 이러한 그의 대쪽 같은 모습을 보고 동질감을 느꼈다.

●

정치 지도자들과 교류하고
설득과 협상의 기술을 배울 수 있는 기회

두 사람이 복잡한 관계로 지내는 동안, 아이젠하워는 맥아더로부터 얻은 경험에 감사했다. 훗날 아이젠하워의 아들 존은 "맥아더는 아버지가 하신 많은 일들에 대해 관심을 보였으며 아버지의 조언에 귀기울였다"라고 썼다. 아이젠하워가 작성한 수많은 연설문과 보고서는 군대 업무는 물론 산업 세계에 대한 풍부한 정보가 담겨 있었다. 더 중요한 것은 의원들이 군 관련 데이터와 기타 정보를 얻으려고 아이젠하워의 사무실을 들락거렸다는 것이다. 이것은 그에게 정치 분야를 다루는 데 필요한 기술을 익히고 강력한 영향력을 행사하는 정치 지도자들과 교류하는 기회가 되었다. 1930년대는 1940년대에 절실히 필요하게 될 설득과 협상의 기술을 훈련할 수 있는 기회가 주어진 시기였다.

신문 발행인 윌리엄 랜돌프 허스트William Randolph Hearst는 아이젠하워에게 맥아더의 사무실을 떠나 자신의 군사전문기자가 되어준다면 세 배 더 많은 급여를 주겠다는 제안을 해왔다. 하지만 아이젠하워는 그 제안을 거절했다. 그는 돈이 절실히 필요했지만 언젠가 미국이 유럽의 대규모 전쟁에 뛰어들게 될 것이라는 폭스 코너의 말을 떠올렸다. 미국의 입장에서는 다행스럽게도, 아이젠하워는 기회가 오면 국가가 필요로 하는 곳에 있겠다는 의무감을 갖고 있었다. 자신의 직업에 불타는 열정을 갖고 있지 않는 한 개인이 그런 경제적 횡재를 거절하기는 거의 힘들다. 하지만 아이젠하워는 그렇게 했다. 그런 매력적인 제안을 거절한 것은 아이젠하워가 군에 얼마나 헌신했는지를 잘 보여준다. 허스트는 유능한 기자를 놓친 셈이었지만, 국가는 큰 이익을 얻은 셈이었다.

●

맥아더와 함께 필리핀으로

4세기 동안 스페인의 지배를 받았던 필리핀은 1946년 미국으로부터 독립하게 된다. 1935년, 필리핀 대통령 마누엘 케손Manuel Quezon은 맥아더에게 필리핀 군대의 창설과 훈련을 맡아달라고 부탁했다. 이를 수락한 맥아더는 아이젠하워에게 동참을 요청했다. 아이젠하워는 병사들과 함께 복무하는 것이 더 좋았기 때문에 또다시 맥아더 장군의 참모가 되는 것을 사양하고 싶었다. 그러나 맥아더는 아이젠하워가 필요하다고 주장했고, 아이젠하워는 마지못해 받아들였다. 메이미는 유쾌하지 못했던 파나마 생활을 떠올리며 당장 필리핀으로 가지 않고 남편이 편안한 자리를 마련할 수 있을 때까지 미국에 남기로 했다.

아이젠하워와 맥아더는 효율적인 필리핀 전투부대를 창설하는 데 있어 거의 극복할 수 없는 난관에 부딪혔다. 필리핀은 효율적인 군대를 조직할 자금이 부족했을 뿐만 아니라 대공황의 고통에 시달리고 있었고, 미국은 약간의 지원만을 하고 있었다. 여러 장애물에도 불구하고 맥아더는 가능한 자금을 마련하고 제1차 세계대전 때 사용했던 사용연한이 지난

● ● ● 1935년 필리핀 말라카낭 궁전(Malacanang palace)에서 더글러스 맥아더(가운데)와 함께한 보좌관 아이젠하워(오른쪽)와 데이비스(T. J. Davis)

무기를 동원해 미약하나마 군대를 세웠고, 실현 가능한 방어 전략을 만들었다.

　머나먼 땅에서 군대를 건설하는 임무는 엄청났다. 하지만 아이젠하워는 필리핀 정부 및 민간 부문의 사람들과 우호적인 관계를 발전시켜야 할 필요성이 있음을 재빨리 간파했다. 그는 무대 뒤에서 자신의 친화력을 활용해 맥아더와 케손 사이에서 일어나는 모든 오해를 수습했다. 그리고 지치지 않는 에너지로 필리핀인들을 훈련시켰다. 예상한 대로 맥아더는 케손이 자신에게 다가오도록 만들려는 노력은 조금도 하지 않고 케손을 "교만한 작은 원숭이"라고 불렀다. 그래서 아이젠하워는 자신이 기꺼이 케손의 사무실을 방문해 업무에 대해 토론하고 오후에는 그의 요트에

> 아이젠하워는 무대 뒤에서 자신의 친화력을 활용해 맥아더와 케손 사이에서 일어나는 모든 오해를 수습했다. 예상한 대로 맥아더는 케손이 자신에게 다가오도록 만들려는 노력은 조금도 하지 않고 케손을 "교만한 작은 원숭이"라고 불렀다. 그래서 아이젠하워는 자신이 기꺼이 케손의 사무실을 방문해 업무에 대해 토론하고 오후에는 그의 요트에서 브리지 게임을 하거나 낚시를 했다. 케손은 아이젠하워의 상냥한 성격과 자신 및 자신의 나라를 존중하는 그의 태도에 마음을 열었다.

서 브리지 게임을 하거나 낚시를 했다. 케손은 아이젠하워의 상냥한 성격과 자신 및 자신의 나라를 존중하는 그의 태도에 마음을 열었다.

맥아더는 자신이 요구하는 수준의 효과적인 보고서를 작성하는 아이젠하워의 도움에 매우 고마워하며 "훌륭한 장교이다. …… 전시라면 바로 장군으로 진급시켜야 한다"라고 말했다. 육군의 상급자들도 그 말에 동의했다. 아이젠하워는 소령으로 진급한 지 약 16년 뒤인 1936년 7월 1일 중령으로 진급했다.

●

맥아더와의 관계 악화

아이젠하워와 맥아더 사이의 관계가 악화된 것은 1937년의 일 때문이었다. 그해 케손이 맥아더에게 필리핀 육군 원수 계급을 제안하자, 맥아더는 이를 받아들였다. 아이젠하워가 그 결정을 비난하자, 맥아더는 노여워했다. 아이젠하워는 준장 계급을 제안받았으나 거절했다. 아이젠하워는 맥아더에게 퉁명스럽게 물었다.

"도대체 왜 이놈의 나라가 주는 육군 원수 지위를 원하십니까?"

화가 난 맥아더는 아이젠하워의 질문이 건방지다고 생각했고, 이 일을 결코 잊지 않았다.

더 심각한 사건이 군사 퍼레이드를 계획할 때 발생했다. 맥아더는 자금이 부족한 필리핀 무장경비대가 주목을 받기 위해서는 마닐라Manila를 가로지르는 멋진 퍼레이드를 실시하는 것이 좋은 아이디어라고 생각했다. 맥아더는 아이젠하워에게 준비를 시작하라고 지시했다. 이 사치스러운 행사에 대해 듣게 된 케손은 화를 내며 자신의 군대에 필요한 자금을 허비하는 이 행사를 준비하는 책임자가 누구인지 알고 싶어했다. 케손이 퍼레이드 계획을 이미 알고 있다고 생각한 아이젠하워는 맥아더에게 연락을 해보라고 말했다. 케손은 맥아더에게 연락했고, 맥아더는 그 일에 대해 자신은 아무것도 몰랐다고 답했다. 게다가 아이젠하워에게는 확실히 어리석었던 아이디어에 대한 열정을 버리라고 간단히 말했다.

아이젠하워는 더 이상 맥아더를 신뢰하지 않았다. 그는 배신감을 느꼈고, 맥아더가 자신의 명성에 빠져 있다고 믿게 되었다. 그는 맥아더에게 본국으로 보내달라고 요청했다. 하지만 맥아더는 그저 한 번 웃고는 자신의 팔로 아이젠하워를 감싸면서 그 사건은 잊어버리라고 말했다. 1967년에 아이젠하워는 이렇게 썼다.

"이 갈등은 상당한 분노의 원인이 되었다. 그리고 우리 사이에 따뜻하고 진심어린 대화는 다시는 없었다."

아이젠하워는 필리핀에서 맥아더의 명령을 수행하며 많은 시간을 보내면서 보병으로 돌아갈 방법을 찾았다. 그의 군 생활에서 병사들과 함께 야전에서 보낸 시간은 겨우 6개월뿐이었다. 또한 더 높이 올라가기 위해서는 장군이 아니라 병사들과 보내는 시간이 더 많이 필요하다는 것을 느꼈다. 하지만 그러한 상황은 멀고 먼 필리핀에서는 일어날 것 같지 않았다.

그가 전출을 요청할 때마다 맥아더는 아이젠하워를 보내기에는 너무 소중하다고 말하면서 이를 막았다. 아이젠하워는 맥아더가 전출에 동의하도록 모든 이유를 대며 설득했다. 가끔은 맥아더가 왜 자신을 자르지 않는지 모르겠다고 떠벌이며 지나치게 나가기도 했다. 그럼에도 불구하고 맥아더는 번번이 그의 전출 요청을 거부했다. 아이젠하워는 보고서를 작성하고 참모들을 조직하는 일에 너무나도 적합한 인물이었다.

아이젠하워는 자신이 적어도 4년간 지금의 자리에 남아 있어야 한다는 상황을 체념하면서 받아들였다. 그는 몹시 떠나고 싶었다. 하지만 맥아더가 이것을 인지하고 있다는 것을 알았다. 1937년 7월 9일 전출 요청이 받아들여지지 않자, 그는 자신의 일기에 이렇게 썼다.

"그러나 나는 이때부터 언젠가 미 육군의 자리로 돌아가겠다고 나 자신에게 선언했다. 맥아더 장군은 자신이 알고자 하는 모든 것을 알고 있었다. 그래서 나는 이 사안을 다시 꺼내어 문제의 소지를 만들고 싶지 않았다."

●

소문난 조직 전문가

마닐라에 있는 유대인 모임은 군대 안팎으로 접촉하여 아이젠하워가 조직 전문가라는 사실을 익히 들어 알고 있었다. 1938년, 그들은 아이젠하워에게 제안했다. 유럽에서 이주한 유대인이 거주할 아시아 지역을 찾고 있는데 그 일을 돕는다면 그에게 연간 6만 달러와 추가 수당까지 제공하겠다는 것이었다. 심지어 유대인 모임의 책임자는 5년간의 급여를 예탁증서로 발행해주겠다고 보장했고, 5년이 되기 전에 그 일이 끝난다 하더라도 임금이 지불될 거라고 약속했다. 아이젠하워는 이 제안을 곧바로 거절했다. 그는 자신의 가족을 부양하고 그가 성심을 다해 근무하고 있는 육군에서 전역할 수는 없었다.

그가 떠나려는 또 다른 이유는 리처드 서더랜드^{Richard K. Sutherland} 소령이 맥아더의 참모로 들어왔기 때문이다. 뻔뻔하게 자기자랑이 심한 서더랜드는 맥아더 장군의 신임을 얻기 위해 지근거리에서 일했으며, 아이젠하워를 험담했다. 1938년, 아이젠하워는 필리핀에 대한 경제적 지원을 얻기 위해 워싱턴으로 왔다. 그사이 서더랜드는 맥아더가 시키는 대로 일하고, 맥아더가 얼마나 천재인지 얘기하면서 그의 허영심을 자극했다.

1938년 11월 필리핀으로 돌아온 아이젠하워는 서더랜드가 자신의 군 경력을 위해 무슨 일을 했는지 알아차리고 보병 부대의 지휘권을 얻을 가능성이 있는 미국으로 돌아가야만 한다는 결론을 내렸다.

●

제2차 세계대전 발발과 동시에 필리핀을 떠나 본국으로

1939년 9월, 유럽에서 전쟁이 발발하자 아이젠하워에게는 필리핀을 떠나야 하는 또 다른 이유가 생겼다. 그는 단지 조국을 지켜야 하는 것뿐만 아니라 한 개인을 파멸시켜야 하는 중대한 의무가 있다고 느꼈다. 그는 바로 아이젠하워가 "권력에 도취된 이기주의자"라고 이름 붙인 광기로 가득한 독일의 지도자 히틀러^{Adolf Hitler}였다. 아이젠하워는 히틀러가 권력을 쟁취하는 과정을 자세히 들여다보고 공포정치를 하는 히틀러는 제거되어야 한다는 결론에 도달했다.

그는 개전 당일 일기에 이렇게 썼다.

"오늘 저녁 우리는 영국이 독일과 전쟁 상태에 들어갔다고 설명하는 체임벌린Arthur Neville Chamberlain의 연설 방송을 들었다. 지난 몇 개월간 독일의 미치광이 통치자를 달래 전쟁을 피하려는 헛된 유화정책에 매달렸지만 영국과 프랑스는 코너에 몰려 그들이 할 수 있는 유일한 것이 전쟁임을 깨달았다. 오늘은 유럽과 모든 문명 세계에 슬픈 날이다. 하지만 오랫동안 세계가 문명화되었다고 말해온 것은 터무니없어 보인다."

아이젠하워는 분노를 표출하며 히틀러의 광기에 대해 말했다.

"한 사람 때문에 수억 명의 인류가 빈곤과 굶주림으로 고통받을 것이고 수백만 명이 죽거나 다칠 것이다. …… 히틀러의 유대인 관련 기록들, 오스트리아 및 체코인, 슬로바키아인, 폴란드인에 대한 유린은 암흑시대의 어느 야만인이 자행한 것만큼 처참하기만 하다."

아이젠하워는 자신을 비롯해 자유를 사랑하는 사람들은 "독일을 해체해 멸망시켜야 한다"는 단 하나의 목표를 가져야 한다고 결론 내렸다. 아이젠하워에게 전쟁의 목표는 간단했다. 그 목표는 한 사람을 제거해 많은 폐해가 사라지게 하는 것이었다. 히틀러는 사라져야 하는 악의 주인공이었다.

적이 한 개인으로 대표되지 않고 선악의 경계가 불분명했던 베트남전과는 달리, 아이젠하워와 미국에게는 확실한 악의 실체가 있었다. 이제 절대로 용서할 수 없는 나라를 멸망시키기 위해 모든 노력을 해야 할 때가 되었다.

그는 마침내 맥아더를 설득해 필리핀을 떠날 수 있었다. 아이젠하워는 미국이 전쟁을 피할 수 없다고 믿었다. 그리고 미국이 참전할 때 본국에 있기를 원했다. 훗날 말했던 것과 같이 그는 맥아더에게 말했다.

> 아이젠하워를 더 행복하게 만든 것은 위험한 시기에 조국을 위해 일할 수 있다는 기대였다. 케손과의 마지막 만남에서 그는 이렇게 말했다.
> "저는 군인입니다. 저는 본국으로 갑니다. 우리는 전쟁을 할 것이며, 저는 그 속에 있을 겁니다."

"장군님, 제 생각에 미국은 조만간 이 전쟁에 참전할 것으로 예상됩니다. 저는 빨리 본국으로 돌아가 진지하게 참전 준비 임무에 참여하고 싶습니다."

아이젠하워는 수천 마일 떨어진 필리핀보다는 권력의 핵심부에 가까운 본국에 있게 된다면, 미래의 전쟁에서 중요한 역할을 하게 될 기회가 생길 거라는 사실을 알고 있었다.

맥아더는 동의했다. 아마 서더랜드가 그의 역할을 할 수 있을 것이라고 생각했을 것이다. 케손 대통령은 그처럼 유능한 장교를 잃는 것이 싫었기 때문에 그를 눌러 있게 하기 위해 백지수표라도 주고 싶은 심정이었을 것이다. 하지만 케손 역시 아이젠하워의 국가에 대한 충성심을 존중했다.

1939년의 마지막날 아이젠하워는 본국으로 향하면서 국가를 위한 복무를 갈망했다. 맥아더는 환송 선물로 스카치위스키 한 병을 그에게 주면서 항구까지 배웅했다. 아이젠하워를 더 행복하게 만든 것은 위험한 시기에 조국을 위해 일할 수 있다는 기대였다. 케손과의 마지막 만남에서 그는 이렇게 말했다.

"저는 군인입니다. 저는 본국으로 갑니다. 우리는 전쟁을 할 것이며, 저는 그 속에 있을 겁니다."

그는 자신이 전쟁에서 얼마나 큰 역할을 하게 될지 생각지도 못했다.

CHAPTER 5

"나는 싸울 준비가 된 사람을 원한다"

●

규정에 얽매이지 않고 자신의 판단과 상식에 따라 지휘하다

아이젠하워가 복귀했을 때의 미 육군은 적에게 공포를 안길 수도, 히틀러가 자랑하는 군대를 패배시킬 능력도 갖추지 못했다. 모든 사단은 병력과 장비가 부족했다. 공군은 겨우 1,000대의 항공기를 가지고 있었고, 육군은 1개 기갑사단도 보유하지 못했다. 독일군이 폴란드를 돌파했을 때, 미국의 군사력은 세계 17위에 불과했다. 그야말로 해야 할 일이 산적해 있었다.

1940년 1월, 아이젠하워는 워싱턴 주 포트 루이스Fort Lewis 외곽에 위치한 제15보병연대의 1대대장에 임명되었다. 그가 항상 원했던 직책이었다. 그는 병사들에게 강한 인상을 남기는 데 시간을 허비하지 않고 야전에서 부대를 지휘할 준비로 더 많은 시간을 보냈다.

아이젠하워의 지휘 스타일은 누가 봐도 분명했다. 육군의 규정을 따르기보다는 자신의 판단과 상식에 따라 병력을 지휘했다. 그는 많은 장교들이 부대를 훈육하는 데 의존했던 지침서인 『육군 규정Army Regulations』을 읽은 적이 없고, 대신 자신이 결정해야 하는 특별한 상황에서는 적절한 평

가를 통해 결정했음을 훗날 친구들에게 자랑했다.

한번은 이병 2명이 싸워 징계가 필요했다. 아이젠하워는 그들을 내무반에 구류하는 대신에 둘에게 막사의 모든 유리창을 닦으라고 명령했다. 한 명은 안쪽에서 유리창을 닦고, 또 다른 한 명은 같은 유리창을 바깥쪽에서 닦았다. 처음에 둘은 얼굴을 찌푸리며 서로 경멸의 눈빛을 주고받았다. 그러나 찌푸린 얼굴은 곧 웃는 얼굴로 바뀌었다. 둘은 이내 웃음이 터졌다. 날이 저물 무렵 둘은 싸웠다는 사실을 잊어버렸고, 대대는 화합을 되찾았다. 그리고 그들은 아이젠하워라는 독특한 장교를 만났다는 것을 알게 되었다.

또 다른 일화로, 취사장을 검사하던 때의 이야기다. 취사장 검사를 마칠 때 아이젠하워는 조리되지 않은 간 쇠고기와 양파를 한 움큼 집어 날로 먹었다. '맙소사, 대단한 사람이군!'이라고 생각한 취사병은 대대 전체에 재빨리 말을 퍼뜨렸다. 아이젠하워의 부대원들은 새로운 지휘관의 훈육 방식이 창의적일 뿐만 아니라 까다로운 규정보다는 뭐든 주어진 것을 이용하는 임기응변이 뛰어난 사람이라고 생각했다.

아이젠하워는 엄격했으나 부대를 통솔할 때는 자신을 포함한 모든 장교들에게 공정할 것을 요구했다. 어느 날 아침, 그는 한 이병에게 병사들의 화기 사격 결과를 기록하는 스코어 북score book을 달라고 했다. 그 이병이 갖고 있지 않다고 대답하자, 아이젠하워는 곧장 소대장 버튼 바Burton S. Barr 중위에게 갔다. 소대장은 무엇이 지휘관을 화나게 했는지 전혀 알지 못했다. 아이젠하워는 기록 관리를 제대로 하지 않은 장교에게 모욕적인 말들을 마구 퍼부으며 그를 호되게 꾸짖었다. 훗날 바 중위는 이렇게 회상했다.

"나는 잡아먹히는 줄 알았다. 이해가 갔지만 이번은 달랐다. 단순히 잡아먹히는 정도가 아니었다. 아이젠하워에게 나는 저녁 뷔페였고, 완벽한 식사거리였다."

아이젠하워는 중위들이 자신의 임무를 이해하길 원했다. 그리고 무엇보다도 모든 사람이 실수를 한다는 것과 그 실수로부터 배워야 한다는 것을 깨닫길 원했다. 어느 날 아이젠하워가 바 중위와 다시 그 이야기를 하면서 왜 그를 꾸짖었는지 설명했다. 바 중위가 그 사건으로 교훈을 얻어 같은 실수를 반복하지 않았기 때문에 아이젠하워는 그 문제를 그렇게 처리한 것에 만족했다. 이야기 말미에 아이젠하워는 그 일은 이제 다 지난 이야기라고 덧붙이며 바 중위에게 이렇게 말했다.

"다 끝난 일이네. 지금은 어떠한 유감도 남아 있지 않아."

●

왜 싸워야 하는지 병사들에게 이해시켜라

마침내 대대장이 된 아이젠하워는 자신의 대대가 육군 최고의 부대가 되기를 바랐다. 그는 매일같이 하루 종일 부대원들을 연습시키고 훈련시켰으며, 전쟁이 곧 시작될 것이고 훈련을 더 많이 받을수록 살아남을 확률이 높아질 것이라고 말해주었다. 전장이 아닌 훈련장에서 범하는 실수는 오히려 생명을 구하게 해줄 것이라고 주장했고, 장교들과 병사들이 자신의 임무에 더욱 집중할 것을 강조했다.

아이젠하워는 명령만 내리고 부하들이 명령을 수행하는 동안에는 사라져버리는 그런 장교가 아니었다. 그는 하루에 18시간, 1주일에 7일을 누구보다 열심히 일했다.

> 아이젠하워가 다른 동료 장교들과 크게 다른 점은 병사들을 전투에 대비해 만반의 준비를 하도록 만들려면 먼저 훈련을 받고 싸우는 이유를 병사들에게 이해시켜야 한다는 것을 인식했다는 점이다. "미국인들은 자신에게 하달된 명령이 왜 그리고 무엇을 위한 것인지 이해하지 못하면 최선을 다해 싸우지 않거나 싸울 수 없게 된다"라고 그는 말했다. 그래서 그는 명료한 명령을 내리고 부하 장교들에게 명령의 이유를 설명해주었다. 그런 뒤 장교들이 병사들에게 그 이유를 분명히 전달하기를 바랐다.

아이젠하워가 다른 동료 장교들과 크게 다른 점은 병사들을 전투에 대비해 만반의 준비를 하도록 만들려면 먼저 훈련을 받고 싸우는 이유를 병사들에게 이해시켜야 한다는 것을 인식했다는 점이다. 민주국가의 국민은 설명을 요구한다. 설명이 없다면 노력은 현저히 줄어든다. 설득력 있는 설명이 있다면 작업량은 획기적으로 증가한다. "미국인들은 자신에게 하달된 명령이 왜 그리고 무엇을 위한 것인지 이해하지 못하면 최선을 다해 싸우지 않거나 싸울 수 없게 된다"라고 그는 말했다. 그래서 그는 명료한 명령을 내리고 부하 장교들에게 명령의 이유를 설명해주었다. 그런 뒤 장교들이 병사들에게 그 이유를 분명히 전달하기를 바랐다.

실제로 싸워야 하는 이유를 이해한 군인들이 훨씬 더 목적의식을 가지고 싸웠음을 미국 독립혁명American Revolution과 같은 수많은 역사적 사례에서 볼 수 있다. 물론 우리 역사에는 참전 이유가 명확하지 않았던 베트남전과 같은 사례도 있기는 하다. 독재자는 전장에 군인을 보내야 하는 이유 같은 것은 걱정할 필요가 없다. 그러나 민주국가에서는 병사들의 능력을 최대한 끌어올리기 위해서 자신이 스승이 되어 상황을 병사들에게 설명해야 한다는 것을 아이젠하워는 알고 있었다.

공정하고 철두철미한 야전 지휘관

아이젠하워는 사무실에서 보낸 시간만큼 야전에서도 많은 시간을 보냈다. 그는 직접 병사들을 방문하면서 생기와 활력을 얻었다. 답답한 사무실은 그에게 결코 어울리지 않았다. 그는 병사들의 관심사를 파악하고 그들의 역할을 교육하는 데 시간을 할애했다. 방치와 편애에 의해 병사들의 사기가 가장 심각하게 저하된다고 생각해 그런 느낌을 부대에서 확실히 지우는 데 많은 시간을 보냈다. 그는 직접 많은 대규모 훈련과 연습을 시찰했고, 가능하면 항상 부대원들과 어울리려고 했다. 아이젠하워는 자신과 부대원들 사이에 거대한 협곡이 있는 것처럼 행동하는 무관심한 장교가 되고 싶지 않았다.

그가 엄격하게 훈련시킨 데에는 또 다른 이유가 있었다. 그는 어떤 장교와 병사가 긴장을 늦추지 않고 명령을 잘 수행하는지, 어떤 사람을 교체해야 하는지 알기 원했다. 전쟁이 개인에게 요구하는 것은 너무나 많았다. 아이젠하워는 부대원들을 전투로 이끌기 전에 자신에게 어떤 부하들이 있고 교체 병력으로 누구를 데려와야 하는지 알고 싶었다. 그는 폭스 코너의 말을 염두에 두면서 자신의 장교들에게 말했다.

"전쟁터에 가지 않으려고 하는 사람은 우리 대대에 필요 없다. 우리는 전쟁터로 간다. 조국은 전쟁을 향해 가고 있다. 그리고 나는 이 전쟁에서 싸울 준비가 된 사람을 원한다."

아이젠하워는 웨스트포인트 동기에게 부대원들과 함께 보내는 시간에 대해 이렇게 말했다.

"나는 이제껏 경험하지 못했던 의미 있는 시간을 보내고 있네."

> "자기확신을 가져야 한다. 양심에 따라 문제를 정직하게 잘 검토했다면 너의 최종 결정을 결코 굽히지 말거라. 그리고 만약 그것에 대한 행동이 필요하면 두려움 없이 실행해라."

만약 그가 결정할 수 있다면 다시는 참모 사무실에서 근무하고 싶지 않았다. 부대원들은 아이젠하워에게 동일한 열정으로 화답했다. 그들은 훈련할 때 공정하고 철두철미한 아이젠하워를 매우 존경했다. 대대의 유일한 행진군가는 아이젠하워가 제일 좋아하는 〈맥주통 폴카Beer Barrel Polka〉였다. 그들은 아이젠하워를 전우로 느꼈고, 아이젠하워가 명성이나 영광을 위해 육군을 선택한 것이 아니라고 생각했다. 아이젠하워는 훌륭한 군인이 되어 국가를 위해 싸울 수 있도록 그들을 도왔다.

●

"자기확신을 가져야 한다"

1940년까지 아이젠하워는 자신의 선견지명을 보여주고 자신이 주목할 만한 사람임을 상급자들에게 납득시킬 만한 여러 원칙들을 만들어냈다. 아이젠하워는 일단 어떤 아이디어의 가치를 확신하면 기회가 있을 때마다 그것을 발전시켰다. 얼마나 많은 장애물이 자신의 앞에 있는지는 중요하지 않았다. 그 예로 1920년대 초 그는 상급자가 받아들일 때까지 전차 옹호론을 포기하지 않았다. 1940년 5월 10일 그는 17세 아들 존에게 보낸 편지에서 이렇게 충고했다.

"자기확신을 가져야 한다. 양심에 따라 문제를 정직하게 잘 검토했다면 너의 최종 결정을 결코 굽히지 말거라. 그리고 만약 그것에 대한 행동이 필요하면 두려움 없이 실행해라."

그러나 목적에 지나치게 집착해서 타인을 소원하게 만들지는 말아야 한다고 아들에게 경고했다. 설득은 과장된 행동이 아닌 건전한 논리와 조직적 사고에서 오는 것이라고 아이젠하워는 믿었다. 그리고 존에게 덧붙여 말했다.

"하지만 누구나 자신의 의견이 있게 마련이니 목청 높여 소리쳐서는 안 된다……"

아이젠하워는 전쟁이 임박했으니 군대가 국가의 시민과 군인 모두를 잘 준비시켜야 한다는 자신의 생각을 거침없이 피력했다. 부대에 명령을 내린 이유를 분명하게 설명할 수 있는 그의 능력을 고려할 때, 히틀러로부터 비롯된 위협을 분명하게 설명하는 것은 그와 패튼과 같은 다른 군 동료들의 몫이었다. 1940년 11월 26일, 아이젠하워는 친구 에버릿 휴즈 Everett Hughes에게 보내는 편지에 다음과 같이 썼다.

"우리는 지금 전쟁을 하지 않을 수도 있다. …… 그러나 우리가 어떻게 최종적으로 전쟁을 피할 수 있을까? 미국인들은 정말로 화가 나면 자신만만해지고 무모해지며 눈사태처럼 빠르게 움직인다. …… 그리고 준비된 군대가 속도를 더 내게 하는 것이 우리의 직업이다!"

아이젠하워는 대부분의 동시대인 이상으로 대중들이 위협을 이해해야 하며 위협에 빠졌을 때 군대는 빨리 작전을 수행할 준비를 해야 한다고 생각했다.

이를 성취하려면 모든 장교가 전쟁을 위해 자신의 부대를 준비시키는 역할을 해야 한다고 아이젠하워는 주장했다. 그는 1940년 11월 친구에게 보내는 편지에 이렇게 썼다.

"특히나 정규군에서 현명하고 열정적으로 자신의 모든 일을 해내야 하는 우리 각자의 필요성에 대해 내 인생에서 이렇게 심각하게 생각해본 적은 없다. 내가 가장 걱정하는 것은 겉으로 드러난 무기력이다. 그리고 아주 많은 우리 장교들이 기존의 국제 정세에 대해 너무나도 무관심하다. …… 지금이야말로 우리가 그동안 정부가 우리에게 지급한 봉급만큼의 가치가 있다는 것을 증명할 때다."

"특히나 정규군에서 현명하고 열정적으로 자신의 모든 일을 해내야 하는 우리 각자의 필요성에 대해 내 인생에서 이렇게 심각하게 생각해본 적은 없다. 내가 가장 걱정하는 것은 겉으로 드러난 무기력이다. 그리고 아주 많은 우리 장교들이 기존의 국제 정세에 대해 너무나도 무관심하다. …… 지금이야말로 우리가 그동안 정부가 우리에게 지급한 봉급만큼의 가치가 있다는 것을 증명할 때다."

미국이 해외 테러리스트의 위협에 직면한 21세기 초에도 이러한 아이젠하워의 말들은 의미하는 바가 크다. 시민과 군대의 세계 정세에 대한 무관심과 지식 부족이 어떤 식으로 사담 후세인Saddam Hussein 몰락 이후 바그다드Baghdad 대혼란이나 아부 그라이브Abu Ghraib 논란(1960년대 말에 이라크 사담 후세인Saddam Hussein이 정치범과 반대세력을 고문하고 처치하기 위해 세운 수용소였으나, 2003년 4월 미군이 바그다드Baghdad를 점령한 후 연합군에 대한 공격에 가담하거나 공격 가능성이 있다는 이유로 이라크인들을 이 시설에 구금했다. 미군은 여성 포로에 대한 성폭행 및 학대는 물론 남성들을 모욕하는 각종 고문을 행하면서 이를 촬영해 유포해 큰 논란을 불러일으켰다-옮긴이)의 원인이 되었는지는 짐작만 할 수 있는 문제지만, 아이젠하워가 자신이 지휘한 병사들에게 하려 했던 것처럼 잘 준비되고 교육받은 군대와 시민이라면 다른 결과를 도출했을지도 모른다.

"출신이 아닌 자질과 능력으로 평가해야 한다"

독일과의 전쟁을 피할 수 없다고 판단한 아이젠하워는 육군이 무능력한 장교들을 가차 없이 정리해야 한다고 생각했다. 훈련 시 지휘관의 실수는 경험을 통한 학습으로 해석될 수 있지만, 전쟁터에서의 실수는 죽음을 의미하기 때문이다.

아이젠하워는 1941년 9월 25일 전쟁계획국War Plans Division 국장 레너드 게로Leonard T. Gero 준장에게 보내는 편지에 이렇게 썼다.

"가장 큰 갈등을 야기하는 것 중 하나는 모든 계급과 부서에서 부적격 장교를 배제시키는 일입니다. 이 일은 매우 어렵습니다. 대부분의 경우 이 일을 맡은 일부 담당자들은 너무나 힘들어합니다. 그러나 반드시 해야만 하는 일입니다."

아이젠하워는 장교들이 개인적인 사항을 고려하기 이전에 부대원들과 국가를 더 깊이 생각해야 한다고 믿었다. "자신의 경력과 진급에만 초점을 맞추고 병사들의 훈련은 등한시하는 장교들은 전쟁에 나설 자격이 없다"고 아이젠하워는 말했다. 그는 부대원과 임무에 대해 생각하지 않는 장교는 곧바로 교체되어야 한다고 생각했다. 진급보다 자신의 임무에 충실한 사람만이 전쟁에서 최고가 될 수 있기 때문이다. 오직 웨스트포인트 졸업생만이 지휘관이 되어야 한다고 생각했던 정규군의 일부 동료들과 달리, 아이젠하워는 주방위군National Guard 장교도 진급에 문제가 없다고 보았다. 그는 출신이 아닌 자질과 능력으로 평가했다. 그는 1941년 10월 24일 메이미의 삼촌 조엘 칼슨Joel F. Carlson에게 보내는 편지에 이 문제에 대해 이렇게 썼다.

"자신의 경력과 진급에만 초점을 맞추고 병사들의 훈련은 등한시하는 장교들은 전쟁에 나설 자격이 없다"고 아이젠하워는 말했다. 그는 부대원과 임무에 대해 생각하지 않는 장교는 곧바로 교체되어야 한다고 생각했다. 진급보다 자신의 임무에 충실한 사람만이 전쟁에서 최고가 될 수 있기 때문이다.

"국가 안보와 그들의 자녀와 형제들의 삶은 위태로워질 것입니다! 때문에 출신과 계층에 대한 얘기는 이제 그만해야 합니다. 우리는 우리에게 주어진 임무가 무엇인지 알아야 합니다. 그리고 그것을 수행할 수 있는 사람을 모집해야 한다고 요구해야 합니다. 정규군이든 주방위군이든 상관하지 않아야 합니다. 임무를 바르게 수행하면 됩니다. 그렇지 않다면 제거되어야 합니다! 기량 부족, 무지, 무경험은 도저히 참을 수 없습니다."

아이젠하워는 "소위부터 장군까지 모든 계급에서 도덕적 용기, 군대의 효율성, 그리고 자기희생에 대한 요구는 매우 큽니다. 우리는 이런 것들을 찾아보기 어렵습니다"라고 분명히 말하며 편지를 마쳤다.

아이젠하워는 지휘관이라면 최고로 숙달된 군대로 만들어야 하고, 최고의 자질을 갖춘 군인을 선택해야 한다고 배웠다. 그에게 지휘하는 병력을 효율적인 전투부대로 육성하려는 목표 이외에 동료 장교들 사이에서의 인기, 교육과 배경, 군 경력은 아무것도 아니었다.

●

전술과 전략을 경험하는 최고의 자리

1940년 가을, 패튼이 자신이 현재 편성하려는 신생 기갑사단의 연대장으로 아이젠하워를 임명하고 싶다는 편지를 보내오자, 아이젠하워는 꿈

제3군 지휘관인 월터 크루거 중장은 예하 참모장으로 아이젠하워가 최상의 선택이라고 보았다. 1941년 6월 11일, 크루거는 육군 참모총장 조지 마셜에게 "폭넓은 비전과 진보적인 생각, 육군이 다루는 중요한 문제들을 철저하게 이해할 수 있는 능력, 그리고 결단력과 지략이 있는 사람"을 요구했다. 아이젠하워는 크루거의 사람이 되었다.

에 부풀었다. 그러나 상급자들은 아이젠하워에 대해 다른 생각을 가지고 있었다. 포트 샘휴스턴의 제3군 지휘관인 월터 크루거Walter Krueger 중장은 예하 참모장으로 아이젠하워가 최상의 선택이라고 보았다. 1941년 6월 11일, 크루거는 육군 참모총장 조지 마셜에게 "폭넓은 비전과 진보적인 생각, 육군이 다루는 중요한 문제들을 철저하게 이해할 수 있는 능력, 그리고 결단력과 지략이 있는 사람"을 요구했다. 아이젠하워는 크루거의 사람이 되었다.

아이젠하워가 강하게 반대했지만 그해 11월 그는 제3사단 참모장에 임명되어 제15보병연대를 떠났다. 지휘하던 병력들을 두고 떠나야 하는 것에 매우 화가 난 그는 대상포진에 걸렸다. 보직 이동을 피할 생각도 했지만 허사였다. 아이젠하워는 야전에서 부대와 함께 있지 못하고 다시 책상 앞에 앉게 되었다. 그리고 또다시 전투에서 배제되었다는 생각을 했다. 아이젠하워는 비참한 심정으로 친구에게 보내는 편지에 이렇게 썼다.

"결국 나는 또다시 총 대신 펜을 내려다보고 있다."

아이젠하워는 자신이 가장 사랑하는 제15보병연대와 함께 남을 수 있다면 진급도 흔쾌히 포기했을 것이다.

제3군은 남북전쟁 시 가장 큰 군대였던 율리시스 그랜트 장군의 부대보다 두 배나 큰 규모였다. 제3군으로 전출되면서 아이젠하워는 야전 지휘관의 자리를 잃었으나 그의 보직은 훗날 유럽에서 담당하게 될 임무를 위한 전술과 전략을 경험하는 최고의 자리였다. 육군은 1941년 중반이 되자 150만 명까지 병력을 확장했다. 그러나 그 능력을 측정하는 어떠한 테스트도 없었다. 이 문제를 개선하기 위해 육군은 1941년 9월 루이지 애나에서 어마어마한 대규모 군사훈련을 실시하기로 계획했다. 제2군의 16만 병력과 제3군의 24만 병력을 싸우게 하는 훈련이었다. 미국 역사상 평화 시기에 실시된 최대 규모의 군사훈련에서 제3군의 기동계획 업무는 크루거의 참모장인 아이젠하워에게 돌아갔다. 훗날 아이젠하워는 이렇게 썼다.

"거대한 실험실에서 이뤄지는 실험처럼 대규모 군사훈련은 작전계획, 병력, 무기, 장비의 가치를 입증했다."

아이젠하워는 예하 장교들과 원활하게 소통하길 원했다. 그는 전날 작전의 긍정적인 면과 부정적인 면을 토의하기 위해 매일 오전 부대 지휘관들과 만났다. 지휘관들이 어떤 실수를 했는지, 다음번에는 이를 어떻게 피할 것인지 그들이 명확히 파악하기를 원했다.

"우리는 전쟁에서 부대나 병력을 죽게 만드는 모든 실수와 모든 실패, 모든 문제를 발견해내고 강조해야 했다."

●

군에서 언론의 가치를 깨닫다

대부분의 동료들과 다르게 아이젠하워는 군에서 언론의 가치를 깨달았다. 그는 민주주의에서 대중의 지지가 중요함을 이해했고, 그 지지를 얻는 방법은 뉴스를 전파하는 사람들과 우호적인 관계를 맺는 것이었다. 그 대규모 군사훈련에서 결점이 나타나더라도 아이젠하워는 숨기지 않았다. 그가 군대의 단점을 언론에 설명하면 기자들은 모든 전투에서 군대가 무엇을 준비해야 하는지를 국민들에게 전달했다. 아이젠하워는 웨스트포인트 출신 장교 중 최초로 홍보의 긍정적 가치를 인식했고 언론이 경력에 도움을 줄 수도, 방해를 할 수도 있다는 것을 알았다.

래서 대규모 군사훈련 중 매일 오전에 기자들과의 질의응답 시간을 가졌다. 기자들은 명쾌하게 군의 전술을 설명하는 아이젠하워의 능력을 칭찬했고, 그의 붙임성 있는 웃음과 여유 있는 태도에 마음을 열었다. 기자들은 아이젠하워가 보기 좋게 꾸미려 한 적이 한 번도 없다는 것을 알고 놀랐다. 대규모 군사훈련에서 결점이 나타나더라도 아이젠하워는 숨기지 않았다. 그가 군대의 단점을 언론에 설명하면 기자들은 모든 전투에서 군대가 무엇을 준비해야 하는지를 국민들에게 전달했다. 아이젠하워는 웨스트포인트 출신 장교 중 최초로 홍보의 긍정적 가치를 인식했고 언론이 경력에 도움을 줄 수도, 방해를 할 수도 있다는 것을 알았다.

아이젠하워의 이름이 천천히 언론 기사에 등장하기 시작했다. 미국의 최고 칼럼니스트 중 한 사람인 드류 피어슨Drew Pearson은 아이젠하워 대령이 "제2군을 완패시키는 전략을 입안하고 지휘했다"라고 썼다. 그는 아이젠하워가 "강력한 정신력과 체력을 지녔다. 그리고 그에게 군사적 전문성은 과학이며, 그는 독일군을 5년 전부터 지켜보며 연구하고 있었다"라고 덧붙였다.

한편 이에 화가 난 크루거 장군은 아이젠하워가 자신을 밟고 올라서려는 의도를 가지고 언론과 우호적인 관계를 맺고 있다고 그를 폄하했다. 또한 아이젠하워가 자신의 성공적인 대규모 군사훈련의 공적 대부분을 가로챘고, 언론에 자기 자신을 홍보하는 데 엄청난 시간을 보냈으며, 장군인 자신보다 더 자주 신문 헤드라인에 등장하여 그의 이름을 돋보이게 만들었다고 생각했다.

제3군은 루이지애나에서 실시된 대규모 군사훈련 중에 상대 지휘관을 거의 사로잡아 제2군을 쉽게 무너뜨렸다. 아이젠하워는 대규모 군사훈련에서 병력, 보급, 그리고 전술 면에서 단점들이 드러났으며, 최전선에 가장 유능한 지휘자들을 배치해야 한고 주장했다. 훗날 그는 루이지애나 훈련장에서 실시된 대규모 군사훈련을 통해 자신과 다른 장교들이 1944년 프랑스를 횡단하는 전쟁에 꼭 필요한 체험을 할 수 있었다고 언급했다.

대규모 군사훈련 이후 육군은 무능한 장교들을 가차없이 제거했다. 수백 명의 상급 장교들이 제대를 강요받았다. 42개 군단과 사단의 지휘관 중 31명이 교체되었는데, 27명의 사단장 중 20명이 그 안에 포함되었다. 동시에 아이젠하워와 패튼 같은 일부 장교들의 명성은 높아져만 갔다.

1941년 10월 3일, 아이젠하워는 준장으로 진급했다. 아이젠하워는 그가 대규모 군사훈련에서 크루거를 위해 임무를 잘 수행했기 때문에 참모직책에서 결코 벗어나지 못하고 전투 지휘를 다시는 할 수 없을 것이라고 걱정했다. 하지만 그는 오직 자신을 가장 필요로 하는 곳에서 복무하길 원했기 때문에 누구에게도 이것을 말하지 않았다.

조지 마셜이 육군에서 떠오르는 별인 마크 클라크^{Mark Clark} 준장에게 작전사단장에 적합한 10명의 장교 명단을 제출하라고 했을 때 아이젠하워의 걱정은 기우가 아닌 듯 보였다. 클라크는 오직 한 사람의 이름 '아이젠하워'만 필요하다고 설명했다. 클라크는 마셜에게 이렇게 말했다.

"만약 10명의 이름이 필요하다면, 저는 아이젠하워의 이름 아래 '〃'

(중복 부호) 9개를 쓰겠습니다."

●

야전 지휘관이 될 기회가 또다시 날아가다

1941년 12월 7일, 아이젠하워는 포트 샘휴스턴의 사무실에서 정오까지 보고서를 읽고 편지에 답했다. 일을 마친 그가 참모에게 숙소로 돌아가 낮잠을 자겠다며 긴급한 문제가 발생하지 않는다면 방해하지 말라고 말했다. 그런데 메이미가 그를 깨우더니 일본이 하와이 진주만Pear Harbor의 미군 기지와 비행장에 폭탄을 투하했다는 소식을 전했다. 아이젠하워는 사무실로 돌아가 말했다.

"자, 장병들이여! 올 것이 왔다."

아이젠하워는 닷새 동안 일본의 공격이 예상되는 서부 해안으로 병력을 빠르게 이동시키기 위한 준비를 했다. 전투에 직면한 동료 미군 병사들과 함께 있기를 간절히 바라면서 그는 밤낮으로 제3군을 준비시켰다.

그러나 12월 12일, 전쟁성의 월터 베델 "비틀" 스미스Walter Bedell "Beetle" Smith 대령은 마셜의 지시를 받고 아이젠하워에게 전화를 걸어 다음 비행기에 탑승해 워싱턴 D. C.로 오라고 했다. 아이젠하워는 그 전화 한 통으로 눈앞에 다가왔던 야전 지휘관이 될 기회가 날아가버렸음을 알았다. 그는 제1차 세계대전 때도 전투 기회를 놓쳤다. 그리고 조국이 역사상 가장 심각한 위기에 직면했는데도 자신은 수도 워싱턴 D. C.에 처박히게 되었다고 생각했다. 그는 침울하게 얘기했다.

"사실상 제1차 세계대전의 반복이었다. 무거운 마음으로 나는 아내에게 가방을 싸라고 전화했고, 1시간 내로 전쟁성으로 향했다."

아이젠하워는 자신이 역사의 한 켠에 머물러 있는 것이 아니라 위대해지기 바로 직전에 있다는 것을 알지 못했다.

CHAPTER 6

"언제나 예기치 않은 일은 일어난다"

●

맥아더를 상대하는 마셜의 대변인

12월 14일, 워싱턴 D. C.에 도착하자마자 아이젠하워는 조지 마셜의 사무실로 향했다. 마셜은 일본군이 연합국 영토 여러 곳에 공격을 시작한 최근의 암울한 태평양 상황을 설명했다. 일본군은 태평양에 주둔해 있는 취약한 미 공군을 모두 제거하기 위해 웨이크Wake 섬과 필리핀까지 공격 대상에 포함시켰다. 마셜은 극동의 지휘관이라면 어떻게 할 것인지 아이젠하워에게 물었다. 아이젠하워는 생각을 정리하기 위해서 방을 나왔다.

몇 시간 뒤 다시 돌아온 아이젠하워는 자신의 생각을 설명했다. 일본이 거의 모든 태평양 지역을 손아귀에 넣었기 때문에 미국에 필요한 가장 중요한 업무는 오스트레일리아에 작전 기지를 만드는 것이라고 말했다. 그는 필리핀에서 일본의 승리가 임박했다고 생각했다. 그러나 미국은 쉽게 부대를 철수할 수도, 섬으로 몰려드는 적 병력과 물자를 저지할 수도 없었다. 그런 과감한 움직임은 "실패는 용서할 수 있어도 포기는 용납하지 않을" 아시아 사람들에게 잘못된 신호를 줄 수도 있었다. 조언을 들은 마셜은 아이젠하워에게 말했다.

"그들을 구하는 데 최선을 다하게."

이어서 마셜은 경고의 말을 덧붙였다.

"아이젠하워, 전쟁성에는 자신의 문제는 잘 분석할 능력이 있지만 그것에 대한 최종 해결책은 언제나 내게 강요하는 사람들로 가득하다네. 나는 자신의 문제를 해결한 다음, 자신이 한 일을 내게 말해줄 협력자가 꼭 필요하네."

마셜은 정치적·군사적 소용돌이 속으로 아이젠하워를 밀어넣었다. 전쟁의 현 단계에서 필리핀에 대한 언급은 단 한 가지, 곧 맥아더를 의미했다. 일본은 아이젠하워의 전 상관이었던 맥아더의 방어를 무너뜨리기 위해 공격을 계속했다. 그 결과 맥아더는 바탄 반도Bataan Peninsula로 급하게 후퇴할 수밖에 없었다. 그 당혹감을 감추기 위해 맥아더는 전쟁성에 추가 병력과 물자 지원을 지겹도록 요구했다. 또한 지금 같은 보잘것없는 지원으로는 패배를 막을 수 없으며, 미국은 명예를 걸고 필리핀을 보호해야 한다고 주장했다.

아이젠하워는 맥아더를 상대하는 마셜의 대변인이 되었다. 그는 맥아더의 요구사항을 처리했다. 맥아더는 포위된 자신의 부대를 위해 가능한 한 많은 물자를 받으려 했고, 반면에 아이젠하워는 국가가 군사적으로 어려운 상황에 처해 도와줄 수 있는 것이 거의 없다고 장군에게 반복해서 말해야 했다. 미국의 전체적인 전략은 태평양에서 미군이 수비하는 동안 먼저 독일을 패배시키는 것이었다. 이는 끈질긴 맥아더가 듣고 싶지 않은 말이었고, 아이젠하워는 맥아더의 불평을 다루는 데 많은 시간을 할애해야만 했다.

아이젠하워는 업무를 시작한 지 한 달이 안 된 1942년 1월 4일에 자신

"화가 치밀어오른다. 어디든 아마추어 전략가와 주인공이 되려는 사람들로 넘쳐난다. 야전으로 돌아갈 수만 있다면 뭐든지 하겠다."

의 일기에 이렇게 썼다.

"화가 치밀어오른다. 어디든 아마추어 전략가와 주인공이 되려는 사람들로 넘쳐난다. 야전으로 돌아갈 수만 있다면 뭐든지 하겠다."

하지만 야전으로 돌아갈 상황이 아니었다. 아이젠하워는 사무실에 붙잡혀 있어야 했다. 그는 맥아더의 맹렬한 비판을 꾹 참으면서 자신이 필리핀을 도울 수 있는 것이라면 무엇이든 하려고 애썼다. 맥아더도 아이젠하워가 할 수 있는 일이 거의 없다는 것을 잘 알고 있었다. 나라에서 보낼 수 있는 것이 정말 거의 없었다. 수송 선박도 적었다. 그리고 해당 지역의 제공권마저 일본이 가지고 있었다. 하지만 필리핀을 포기한 전쟁성에 대한 맥아더의 신랄한 발언은 끝이 없었다.

언론의 관심을 사려는 맥아더가 잘 짜놓은 것 같은 현 상황의 중요성을 아이젠하워는 잘 이해하고 있었다. 그는 2월 23일 자신의 일기에 이렇게 썼다.

"바탄의 상황은 맥아더가 만든 것이다. 대중의 시선이 그곳으로 쏠렸다. 그곳은 맥아더를 대중의 영웅으로 만들었다. 모든 것이 드라마의 필수 요소였다. 그리고 그는 그 현장에서 인정받은 왕이었다."

그리고 이렇게 덧붙였다.

"지금은 많은 인내가 필요하다. 아무도 나폴레옹이나 카이사르가 될 수 없다. …… 간단한 전투명령을 내리는 것조차 아주 어렵다. 그래서 3개월에서 4개월 동안 어떠한 명령도 실행될 수 없었다."

그는 맥아더의 끊임없는 요구에 이의를 제기했고, 맥아더는 원하는 것을 얻고 있지 못하는 아기처럼 행동했다.

아이젠하워는 필리핀 주둔 부대를 충분히 강화시키지 못하는 자신의 무능함에 대해 고민하며 많은 시간을 보냈다. 그는 자신의 노력이 필리핀에서의 패배를 막기 위한 것이 아니라 단지 패배를 지연시키기 위한 것이라는 사실을 알고 있었다. 그것이 그의 임무를 더욱 어렵게 만들고 있었다. 그는 많은 장교들이 필리핀에서 생존을 위해 싸우고 있다는 것을 알고 있었다. 또한 친하게 지냈던 가까운 친구들을 돕기 어렵다는 것도 알고 있었다. 메이미는 한밤중에 물자가 부족하여 초조하게 방을 서성이는 남편을 보았다. 그는 반복해서 "신이시여, 저는 가진 게 없습니다. 그들에게 보내줄 것이 없습니다"라고 말하고 있었다.

아이젠하워는 모든 전쟁에서 최전선의 병력에게 적절한 물자를 보급하기 위해 노력하는 장교들이 겪는 좌절감을 견뎌야 했다. 불행히도 미국은 평화 시기에 보급이 충분한 군사력을 유지하지 못했다. 이제 전쟁이 시작되었고, 미국의 공장에서 필요한 무기와 보급품들을 생산할 수 있을 때까지 미국은 손에 쥔 것만으로 무언가를 해내야 했다. 통찰력이 없어서 슬프게도 보병 대부분은 고통을 당했다. 2005년 이라크에서 미군은 장갑차량이 부족해서 비슷한 고통을 겪었다.

필리핀에 있는 친구들과 친밀한 관계를 유지했음에도 불구하고, 1월 말 아이젠하워는 오스트레일리아로 보내는 공급 물자가 턱없이 부족한데도 이를 더 줄여서라도 유럽 전쟁에 총력을 기울여야 한다는 설득력 있는 주장을 펼쳤다. 히틀러는 더 큰 위협을 가했고, 소련이 독일의 침공으로 혼란에 빠진 가운데 동맹국인 소련을 전쟁에서 지키기 위해 소련에도 물자를 보내줘야 했다. 아이젠하워는 2개월 동안 일하면서 전체적인 상황을 잘 파악할 수 있었다. 전 세계의 상황을 검토한 아이젠하워는 히틀러가 우선이고 그 다음에 일본을 부숴야 한다는 결론을 내릴 수밖에 없었다.

마셜의 부탁을 받은 전前 전쟁성 장관 패트릭 헐리Patrick J. Hurley는 극동의 상황을 확인하기 위해 오스트레일리아로 향했다. 장교들과 미팅을 가진 뒤, 그는 아이젠하워는 물론 어느 누구도 할 수 있는 것이 없다는 결론을 내렸다.

"일본이 전쟁을 시작했을 때부터 우리는 운송 수단도, 계획도, 작전도, 무기도 부족했다."

2월 중순, 항공모함 랭글리USS Langley는 항공기 32대를 극동으로 수송했다. 항공모함 랭글리는 일본 공군이 제공권을 장악했던 자바Java 근처를 항해하고 있을 때, 일본의 공격을 받아 결국 32대의 항공기와 함께 침몰하고 말았다. 필리핀을 구하기 위해 할 수 있는 일이 거의 없는 상황에서 이마저도 실패하여 아이젠하워의 좌절감은 더욱 커질 수밖에 없었다.

3월, 루스벨트Franklin Delano Roosevelt 대통령은 맥아더에게 필리핀을 탈출해 오스트레일리아에 연합 본부를 창설하라는 명령을 내렸다. 이것으로 마침내 3개월간 필리핀 관련 업무를 처리하던 아이젠하워의 시련은 끝이 났다.

●

아이젠하워의 진가를 알아본 마셜

이제 아이젠하워는 세계대전에 관여하게 되었다. 아이젠하워는 지휘관, 자원 분배, 그리고 평가 업무를 국제적 규모에서 다루면서 가치 있는 경험을 얻었다. 그는 미국의 관점과 요구가 반드시 유일한 고려사항은 아니라는 것을 알게 되었다.

그 무렵 아이젠하워는 12월 말부터 1월 중순까지 워싱턴 D. C.에서 영국 수상 윈스턴 처칠Winston Churchill과 영국 최고위 장교들과 일련의 회의를 가졌다. 영국의 협력자들을 만난 것은 이번이 처음이었다. 영국 왕실의 안전과 보호를 최우선으로 고려하는 영국에 대해 일부 미국인들은 의구심을 가졌다. 그러나 필리핀에서 교훈을 얻은 아이젠하워는 영국과 함께 일할 자신이 있었다. 그는 다음 전쟁에서는 지휘관들이 연합국과의 업무에 빠르게 대응해야 한다는 폭스 코너의 조언을 떠올렸다.

아이젠하워의 진가를 알아본 것은 영국인들뿐만이 아니었다. 어리석은 사람을 참지 못하며 성과를 못 내는 장교에게는 업무를 맡기지 않는 마셜은 조직력이 있으며 육군에 헌신하는 아이젠하워를 좋아했다. 1942년 2월 16일, 마셜은 자신이 6월까지 직접 통제하던 영향력 있는 직책인 기획·작전참모장에 아이젠하워를 임명했다. 이로써 모든 군사 계획들을 수립하는 책임이 아이젠하워에게 주어졌다.

여전히 야전 지휘관을 원하고 있던 아이젠하워는 새롭게 주어진 참모 임무에서 벗어나기 위해 논쟁을 벌였다. 그는 다른 장군들이 자신을 사단장으로 추천했다고 육군 참모총장 마셜에게 말했다. 아이젠하워와 마셜 두 사람 모두 진급의 가장 빠른 길이 사단장이 되는 것이라는 사실을 알고 있었다. 하지만 마셜은 설득당하지 않았다. 마셜은 실망스럽겠지만 아이젠하워가 전쟁 기획 업무를 계속해야 하며 더 이상 어떤 말도 듣지 않겠다고 그에게 말했다. 아이젠하워는 투덜댔다.

"총장님, 총장님이 하시는 말씀에는 관심이 있지만, 총장님의 진급 계

획에는 관심이 없다는 것을 알아주셨으면 합니다. 저는 야전에서 이 사무실로 왔고, 제 의무를 다하려고 노력하고 있습니다. 총장님께서 제가 여기 있기를 원하는 한, 저는 그래야만 할 겁니다. 제기랄, 만약 총장님께서 전쟁의 남은 기간 내내 저를 책상 앞에 처박아놓으신다면 그렇게 해야죠, 뭐."

어느 참모 장교도 그런 식으로 마셜에게 얘기하는 사람은 없었다. 그러나 아이젠하워는 그렇게 행동했다. 마셜은 훌륭한 군인인 아이젠하워가 그 자리를 받아들일 것이라고 예상했다. 그러나 그가 야전 지휘관을 더 선호한다는 것을 분명히 알게 되었다. 아이젠하워는 엄청나게 좌절했으며, 그의 전임자는 야전 지휘관으로 임명되었다. 아이젠하워는 그나마 육군 소장으로 진급되었다는 사실을 위안으로 삼았다.

●

유럽 전역을 위한 작전 초안을 만들다

전 세계에 걸친 미군 군사작전 기획 책임자인 아이젠하워는 100명이 넘는 참모 장교를 감독했다. 그리고 전 세계의 전략을 조율하면서 미군만이 아닌 연합군 전체 부서의 견해까지 모두 검토했다. 그는 참모진에게 다른 참모 장교의 계획을 일축해버리는 사람은 원치 않는다고 말했다. 그 계획을 무시하려면 다른 대체 전략을 만들어내고 작전의 이유를 완벽하게 설명할 수 있어야 한다. 곧바로 거절해버리면 건의한 사람이 환멸을 느껴 나중에 다시는 아이디어를 제안하고 싶은 마음이 없어질 수도 있다. 아이젠하워는 모든 아이디어를 고려하여 더 나은 계획으로 발전시키기를 원했다.

3월 말, 아이젠하워와 참모진은 마침내 히틀러에 대항하는 유럽 전역 작전 초안을 만들었다. '라운드업Roundup'이라 불리는 첫 번째 작전은 1943년 4월 1일 5,800대의 항공기와 48개의 보병 및 기갑사단을 동원하여 르아브르Le Haver와 불로뉴Boulogne 사이의 지역을 공격하는 계획이었다. '볼레로Bolero'라고 명명된 두 번째 작전은 영국해협을 횡단하여 프랑스 해안에 대한 대규모 공격에 필요한 병력과 물자를 영국 제도에 집결시키는 계획이었다. 마지막으로 아이젠하워는 소련이 붕괴될 가능성이 보일 때 유럽의 해안선을 따라 긴급 공격을 실시한다는 슬레지해머 Sledgehammer 계획의 입안을 지휘했다.

아이젠하워는 자신들의 목적만 추구하는 영국과 미 해군 고위 장교들을 업무상 접촉하면서 자주 울화가 치밀었다. 그는 모순된 요구를 처리해야 했던 아주 힘든 하루를 보낸 뒤 일기에 이렇게 휘갈겨 썼다.

"연합군에 대해 폭스 코너가 한 말은 옳다. 거기에는 어쩌면 해군도 포함되어 있었을 것이다."

아이젠하워는 특히 화를 잘 내는 해군 참모총장 어네스트 킹Ernest J. King 제독을 상대하는 데 큰 어려움을 느꼈다. 킹 제독은 처음부터 끝까지 해군만 생각했다. 아이젠하워는 2월 23일 일기에서 이렇게 털어놓았다.

"우리는 미 육·해군 합동 문제에 어려움을 느끼고 있다. 킹 제독은 …… 독단적이고 완고했다. 머리를 많이 쓰지 않으며, 부하들을 괴롭히는 경향이 있다."

마셜은 중요한 현안을 의논하기 위해 아이젠하워를 킹 제독의 사무실로 보냈다. 아이젠하워가 사무실에 들어서자, 킹 제독은 마지못해 그를 쳐다보았다. 킹 제독은 아이젠하워가 상황을 설명하는 것을 허락했으나, 고개도 들지 않은 채 육군의 주장을 거절했다. 대부분의 하급 장교들이라면 그대로 사무실을 나왔겠지만, 아이젠하워는 사무실에 남아 킹 제독에게 마셜의 생각을 매우 성급하게 일축해버린 것은 실례라고 말했다. 놀란 킹 제독은 아이젠하워를 쳐다보며 몇 초간 가만히 있더니 아이젠하워에게 다시 말해보라고 요구했다. 이번에는 주의 깊게 들은 킹 제독은 마음을 바꾸었다. 아이젠하워는 킹 제독에게 큰 존경을 표하며 사무실을 떠났다.

●

패튼의 격려

아이젠하워는 오랫동안 몸을 혹사했다. 단 몇 시간도 쉬지 못했다. 메이미는 마치 달에서 혼자 사는 것과 다름없었다. 친한 친구이자 가장 유능한 전쟁 지휘관 중 한 명인 루시안 트러스콧Lucian K. Truscott Jr.은 워싱턴을 방문해 아이젠하워의 사무실에서 하루를 보내면서 사람들이 아이젠하워를 찾아와 끊임없이 요구하며 아이젠하워의 관심을 끌려고 하는 모습을 보고 매우 놀랐다. 사람들이 계속 사무실로 들어와 저마다 뭔가를 요구하거나 문제에 대한 해결책을 찾으려고 했다. 트러스콧에 따르면, "아이젠하워는 모든 관점을 고려했고, 모든 문제를 주의 깊게 분석했다." 트러스콧은 아이젠하워가 "모든 문제의 결정적인 사실 또는 어떤 제안의 취약점을 한 번에 손가락으로 짚어내는 …… 그리고 신속하고 자신감 있게 결정하는 특별한 능력을 가졌다"고 덧붙였다.

한동안 아이젠하워를 보지 못한 운전병 미키 매코프Mickey McKeogh가 2월 말 그를 태우러 갔을 때, 아이젠하워의 변한 모습을 보고 깜짝 놀랐다.

"지금까지 보았던 것보다 훨씬 더 피곤해 보였다. 그의 얼굴은 피곤한 기색이 역력했고…… 그의 목소리에도 피곤함이 묻어났다. 그는 아무 말 없이 차에 탔고, 호텔로 돌아가는 길에도 아무 말이 없었다."

그는 자신의 업무 때문에 대단히 피곤해했다. 심지어 3월 10일 부친이 사망했을 때도 애빌린으로 가지 않았다. 그는 전쟁 임무에 완전히 집중할 수밖에 없었다고 말했다. 하지만 그가 집에 가지 않은 것은 책임감보다는

1942년 초, 아이젠하워는 야전에 있지 못하는 것 때문에 조바심이 났다. 그의 친구 조지 패튼이 시기적절하게 격려를 하러 왔다. ……아이젠하워는 자신이 책상 뒤에 처박힌 채 아마도 총 한 방 쏘는 것도 지켜보지 못할 것이라고 대답했다. 패튼은 "아이크, 포기하지 말게나. 전쟁의 기본 진리는 언제나 예기치 않은 일이 일어난다는 것일세. 길고 긴 전쟁이 될 것이네. 우리는 곧 함께하게 될 거야"라며 다독였다.

아버지와의 거리감이 더 크게 작용했던 것으로 보인다. 아버지의 장례식이 있던 3월 12일에 그는 사무실 문을 30분 동안 걸어잠궜는데, 이를 통해 아버지의 죽음이 그에게 얼마나 영향을 미쳤는지 짐작할 수 있다. 그는 일기장에 어머니와 함께 있지 못한 것이 참담하다고 썼다.

1942년 초, 아이젠하워는 야전에 있지 못하는 것 때문에 조바심이 났다. 때마침 그의 친구 조지 패튼이 격려를 하러 왔다. 그는 "자네의 노력 덕분에 우리는 자네가 개자식이라고 부르는 독일놈들을 실컷 때려눕힐 것이라는 자신감에 아주 충만해 있다네. 내가 그들을 쏴버리겠어!"라고 말했다. 아이젠하워는 자신이 책상 뒤에 처박힌 채 아마도 총 한 방 쏘는 것도 지켜보지 못할 것이라고 대답했다. 패튼은 "아이크, 포기하지 말게나. 전쟁의 기본 진리는 언제나 예기치 않은 일이 일어난다는 것일세. 길고 긴 전쟁이 될 것이네. 우리는 곧 함께하게 될 거야"라며 다독였다.

●

마셜이 찾는 모든 일에 꼭 맞는 적임자

1942년 6월 21일, 아이젠하워는 영국 수상 윈스턴 처칠을 만났다. 저명한 지도자 처칠은 루스벨트 대통령의 특별보좌관 해리 홉킨스Harry Hopkins와 점심식사를 하고 있었다. 이 자리에서 홉킨스는 처칠이 촉망받는 장교

2명을 만나보기를 루스벨트 대통령이 원한다고 전했다. 아이젠하워와 마크 클라크가 방으로 들어왔다. 4명은 1시간 동안 라운드업 작전에 관한 이야기를 나누었다. 전쟁이 끝난 뒤 처칠을 이렇게 썼다.

"나는 지금까지 알려지지 않은 범상치 않은 2명의 장교에게 감명을 받았다. 나는 이 장교들이 라운드업 작전에서 큰 역할을 할 사람들이고 그래서 나를 만나기 위해 회의에 참석한 것이라고 확신했다."

아이젠하워의 굉장한 가능성을 엿본 마셜은 미국 및 영국의 정치·군사 최고 지도자들에게 아이젠하워를 소개하기 위해 여러 가지 일을 했다. 그는 아이젠하워에게 전쟁 기획 분야에 막대한 책임을 맡겼다. 그리고 일본과 독일에 대한 전략을 세우기 위해 연합국 정치·군사 최고 지도자들이 참석한 1942년 1월의 아르카디아 회담Arcadia Conference에 참석할 것을 명령했다. 마셜이 아이젠하워의 재능을 발견하지 못했거나, 자격이 없는 장교들을 그의 자리에 앉혔다면 모두 일어날 수 없는 일이었다. 역사학자 스티븐 앰브로스는 다음과 같이 썼다.

"마셜은 자신의 어깨에 기꺼이 책임감을 짊어지고자 하는 의지를 가졌으며 상황을 긍정적이고 자신감 있게 바라보고 자신에게 시선이 집중되는 것을 싫어하며 영국과 업무를 잘 할 수 있고 적극적인 전략을 적용하는 그런 사람을 찾았다. 모든 점에서 아이젠하워가 꼭 맞는 적임자였다."

동시에 아이젠하워는 마셜의 수완을 배웠고, 실용적인 사고를 흡수했다. 한번은 어느 정치인이 마셜에게 전화를 했다. 그 정치인이 어느 특정 장교의 진급을 추천하자, 마셜은 대화를 중단해버렸다. 그는 영향력 있는 정치가의 청탁에 실망해 해당 장교는 진급이 불가능할 거라고 말했다. 아이젠하워는 이를 통해 장교라면 때때로 유명인에게 맞서야 한다는 것을 배웠으며, 훗날 루스벨트와 처칠에게 이 교훈을 사용한다.

또한 아이젠하워는 마셜이 참모들에게 과제를 준 뒤 그들이 자신의 일을 할 수 있도록 거의 간섭하지 않는 것이 마음에 들었다. 일부 지휘관들과 다르게 마셜은 그의 말에 동의하지 않는다고 과감하게 말하는 사람들과 기꺼이 교류했다. 그는 다른 사안의 모든 측면을 확실히 얘기할 수 있는 사람들을 신뢰했다.

아이젠하워가 주목한 마셜의 유일한 결점은 많은 장교들을 두렵게 하는 무뚝뚝한 태도였다. 아이젠하워는 자격을 갖춘 사람이 마셜 장군의 반응이 두려워 마셜 앞에서 말을 더듬고 자신의 의견을 표현하지 못하는 모습을 보았다. 아이젠하워는 생각을 자유롭게 주고받을 수 있게 하는 덜 공격적인 접근법을 선호했다. 이것과 별개로 아이젠하워는 자신의 인생에 큰 영향을 미친 사람 중 한 명으로 마셜을 꼽았다. 1942년 10월, 그는 마셜 한 명과 맥아더 50명을 바꾸지 않을 것이라고 썼다.

●

유럽 작전 전구 사령관에 임명되다

1942년 5월 말, 마셜은 미군의 병력 증강이 왜 이렇게 느리게 진행되는지를 알아보기 위해 아이젠하워를 런던으로 보냈다. 아이젠하워는 조직

및 노력이 절대 부족해서 생긴 일임을 신속히 알아냈다. 장교들은 겨우 하루 8시간만 일했고, 매주 휴가를 갔다. 아이젠하워는 마셜에게 추천자 명단을 제출했다.

아이젠하워는 영국 지휘관들과 만남을 가졌다. 그와 버나드 몽고메리 Bernard Montgomery는 다소 거칠게 대면했지만 점차 호의적인 관계로 발전했다. 아이젠하워가 군사 브리핑을 위해 몽고메리의 사무실로 들어갔다. 그러자 영국군 장교 몽고메리는 아이젠하워가 명령했기 때문에 바쁜 스케줄에도 시간을 내야 했다고 오만하게 말했다. 아이젠하워가 말을 시작하면서 중요한 대목에서 담배를 빼어 물었다. 몽고메리는 아이젠하워의 설명을 끊으면서 자신의 사무실에서는 금연이라고 말했다. 아이젠하워는 말없이 조용히 담배를 껐다. 하지만 조금 뒤 폭발한 아이젠하워는 몽고메리에게 "개자식son-of-a-bitch"이라고 말했다. 아이젠하워는 비록 전쟁 내내 영국군 지휘관 몽고메리와 거리감이 남아 있었지만, 불쾌한 첫 만남 때문에 자기의 판단이 흐려지는 일이 없도록 노력했다.

아이젠하워는 자신이 발견한 문제점을 마셜에게 보고하기 위해 6월 초 워싱턴으로 돌아왔다. 그는 지휘관 교체를 포함한 급격한 변화가 이루어지지 않는다면 군 작전 일정이 위험에 처할 것이라고 보고했다. 그는 임무를 맡은 사람은 누구라도 영국군과 동등한 파트너로 일할 수 있어야 한다고 덧붙였다. 그리고 마셜에게 만약 작전에 활기를 불어넣기를 원하다면 자신의 추천자 명단을 진지하게 살펴봐달라고 요청했다. 마셜이 답했다.

"잘 읽어보겠네. 그런데 어쩌면 자네가 그것을 실행할 적임자인지도 모르지. 만약 그렇다면 언제 떠날 수 있겠나?"

●●● 1942년 6월 미 육군 유럽 작전 전구 사령관에 임명된 직후 런던에서 기자단을 만나고 있는 아이젠하워.

예상치 않은 질문에 아이젠하워는 깜짝 놀랐다. 그러나 침착함을 되찾은 뒤 언제든 가능하다고 대답했다. 그로부터 3일 뒤인 6월 11일, 마셜은 아이젠하워를 유럽 작전 전구 사령관에 임명했다. 아이젠하워를 포함한 모두가 마셜이 영국해협을 건너는 공격 명령을 하달할 것으로 예상되는 1943년 봄까지 아이젠하워가 당분간은 지금의 직책에 남아 있을 것이라고 예상했다. 어찌 되었든 아이젠하워는 야전에서 작전하며 전쟁에 직접적으로 영향을 미칠 수 있게 되었다.

그날, 들뜬 아이젠하워는 일기에 이렇게 썼다.

"참모총장은 나를 녀석Guy이라고 부른다. 이제 우리는 진짜로 일하러 간다."

아이젠하워는 전쟁 계획을 위해 6개월 동안 밤낮 없이 일했다. 그리고 이제 부대원들과 함께 이 계획들을 성공시킬 기회를 갖게 되었다. 제15보병연대와 함께한 짧은 시간을 제외하면 야전 경험이 없었지만, 그는 언제나 어떠한 직책이든 지휘 기술을 배울 수 있는 강의실로 여겼다. 6개월 동안 아이젠하워는 조지 마셜의 옆에서 일하며 영국군과 협동했고, 영향력 있는 정치인들을 다뤘다. 물론 다른 사람보다 야전 경험은 적었지만, 그는 준비되어 있었다.

그는 집으로 돌아와 메이미와 저녁식사를 했다. 부부는 음식을 먹으면서 그날의 일들을 얘기했고, 아이젠하워는 태연하게 런던으로 가야 한다고 말했다. 메이미가 남편에게 물었다.

"당신은 어떤 직책을 맡게 되나요?"

"나는 전체를 지휘할 거요."

PART 3

유럽 작전 전구 사령관

개가 싸울 때 중요한 것은 몸집이 아니라 싸우겠다는 의지다.

— 드와이트 D. 아이젠하워 —

CHAPTER 7

"우리는 싸우기 위해 여기에 있다"

●

"비관주의와 패배주의는 참을 수 없다"

1942년 6월 23일, 메이미 아이젠하워는 포트 마이어Fort Myer의 깃대 옆에 서서 남편을 유럽으로 데려다줄 비행기가 활주로를 이륙하는 것을 지켜보았다. 보통 그녀는 그곳에 있지 않았지만 이번에는 특별히 아이젠하워가 비행기가 이륙할 때 그녀를 볼 수 있도록 거기에 서 있어 달라고 그녀에게 요청했다. 아이젠하워는 자신의 인생에서 가장 중요한 두 가지, 국기國旗와 가족을 지키기 위해 해외로 향했다.

미 육군 유럽 작전 전구ETOUSA, European Theater of Operations, United States Army 사령관으로 임명된 다음날, 아이젠하워는 런던에 도착했다. 그로브너 광장 Grosvenor Square 20번지 사령부에 있는 그의 사무실은 곧 병사와 장교들에게 "아이젠하워 광장Eisenhowerplatz"으로 알려졌다.

아이젠하워는 정치적·군사적 난국의 한가운데 서 있었다. 겉으로는 민주주의를 보호하기 위해 싸우면서 제국주의 영국과 공산독재주의 소련과 함께 일해야 했다. 이러한 난관에도 불구하고 이들이 결속할 수 있었던 것은 세 국가 모두 가능한 한 빨리 히틀러를 제거해야 한다는 공동의 목표를 갖고 있었기 때문이다. 독일 지도자를 무너뜨리겠다는 아이젠하워의 단호한 결심과 함께 연합군은 이제 그들을 지휘할 적임자를 갖게 되었다.

아이젠하워는 작전 분야에 그의 영향력을 행사하느라 시간을 낭비하지 않았다. 6월 25일, 참모들과의 첫 회의에서 아이젠하워는 부정적인 생각과 무관심으로 가득 찬 방 안의 분위기를 감지하고 매우 놀랐다. 영국군은 4일 전 독일군 에르빈 롬멜Erwin Rommel 장군에게 북아프리카의 토브룩Tobruk과 영국군 3만 명을 잃고 초조해하고 있었다. 그리고 사령부에 있는 미군 장교들은 직면한 수많은 문제보다 오락과 휴식을 중요하게 생각하는 것 같았다. 아이젠하워는 빨리 새로운 분위기를 만들어야겠다고 결심했다.

침체되어 있는 참모들에게 아이젠하워가 말했다.

"비관주의와 패배주의는 참을 수 없다. 우리를 기다리는 혹독한 상황과 장애물을 돌파하려는 의지가 없는 장교와 병사는 그 누구든 이 전역에서 즉각 빠지길 요청한다. 그리고 만일 그런 태도를 보이면서 빠지지 않겠다고 해도 반드시 고향으로 돌아가게 될 것이다."

자신의 입장을 강조하기 위해 아이젠하워는 참모들에게 다시 한 번 말했다.

"우리는 와인과 음식을 즐기기 위해서가 아니라 싸우기 위해 이 자리에 있는 것이다."

아이젠하워는 자신은 모든 장교들의 조언을 구하고 있으니 자유롭게 의견을 개진해달라고 말했다. 그곳은 형식과 엄격함이 지배하는 사령부가 아니라 자유로운 토론의 장場이 되었다. 무엇보다도 아이젠하워는 그 아이젠하워가 일으킨 변화의 바람은 사령부에 그치지 않았다. 대부분의 지휘관들과는 달리 아이젠하워는 장군이나 수상보다 전선의 병사들과 더 많이 공감을 나누었다. 아이젠하워는 그들과 함께할 때 최고사령부에서 느낄 수 없는 만족과 평화를 느꼈다. 그는 제15보병연대와 함께한 시간을 지금까지 가장 보람찬 군 복무로 생각했다. 그래서 영국에서 가장 먼저 한 일 중 하나는 전선으로 향하는 군인들을 방문하는 것이었다.

들이 자신의 문제를 스스로 처리하고, 능력이나 재원이 부족해 해결하기 어려운 사안만을 상급자에게 넘기기를 바랐다.

장교들은 회의에서 새로운 목적의식과 열정이 자신들 주위로 확산되고 있음을 느꼈다. 그로브너 광장에는 이제 결의와 분투가 안일함과 불쾌한 태도를 대체했다. 런던에서 아이젠하워의 운전병이었던 영국인 케이 서머스비는 다음과 같이 썼다.

"그로브너 광장은 한때 사교의 장場이었다. 우리는 오전 10시에 일하러 갔고, 1시간 반 동안 점심식사를 했으며, 오후에는 잠시 일을 중단하고 티타임을 가졌다. 그러나 이제 그곳은 군대식으로 엄격하게 운영되었다. 사령부는 완전히 개편되었다. 그로브너 광장 20번지에는 낮술을 마시는 긴 점심 시간과 이른 칵테일 시간(저녁 식사 전 오후 4~6시)이 포함된 느긋한 스케줄을 가진 '방관자' 무리 대신 군 관련 사람들로 1주일 내내 들끓었다. …… 아이젠하워 장군은 일을 하러 이곳에 왔고 결코 시간을 낭비하지 않았다."

아이젠하워가 일으킨 변화의 바람은 사령부에 그치지 않았다. 대부분의 지휘관들과는 달리 아이젠하워는 장군이나 수상보다 전선의 병사들과 더 많이 공감을 나누었다. 아이젠하워는 그들과 함께할 때 최고사령부

1942년 6월 26일, 조지 마셜에게 쓴 편지에서 아이젠하워는 곧 독일을 상대로 미국의 첫 번째 공습을 실시할 폭격기 승무원들과 함께하고 싶은 이유를 이렇게 설명했다. "우리 장병 30명이 곧 비밀 작전을 수행합니다. 제 자신이 참여하지 못해 심히 유감입니다. 저는 작전 개시 전에 30명 개개인을 직접 만나려고 합니다. 그리고 가능하다면 그들이 귀환할 때 한 명 한 명을 따뜻하게 맞고 싶습니다. 제가 그때 규정보다 상당히 관대하게 훈장을 수여한다고 해도 장군께서 놀라지 않기를 바랍니다. 저는 그것이 사기를 높이는 데 엄청난 효과가 있을 것이라고 믿습니다. 왜냐하면 이 전쟁의 이 전역에서 미국인이 실시한 첫 번째 공격작전으로 기록될 것이기 때문입니다."

에서 느낄 수 없는 만족과 평화를 느꼈다. 그는 제15보병연대와 함께한 시간을 지금까지 가장 보람찬 군 복무로 생각했다. 그래서 영국에서 가장 먼저 한 일 중 하나는 전선으로 향하는 군인들을 방문하는 것이었다.

패배주의를 열정으로 바꾸는 한 가지 방법은 전투에 투입될 병사들에게 그가 관심을 쏟고 있음을 보여주는 것이었다. 1942년 6월 26일, 조지 마셜에게 쓴 편지에서 아이젠하워는 곧 독일을 상대로 미국의 첫 번째 공습을 실시할 폭격기 승무원들과 함께하고 싶은 이유를 이렇게 설명했다.

"우리 장병 30명이 곧 비밀 작전을 수행합니다. 제 자신이 참여하지 못해 심히 유감입니다. 저는 작전 개시 전에 30명 개개인을 직접 만나려고 합니다. 그리고 가능하다면 그들이 귀환할 때 한 명 한 명을 따뜻하게 맞고 싶습니다. 제가 그때 규정보다 상당히 관대하게 훈장을 수여한다고 해도 장군께서 놀라지 않기를 바랍니다. 저는 그것이 사기를 높이는 데 엄청난 효과가 있을 것이라고 믿습니다. 왜냐하면 이 전쟁의 이 전역에서 미국인이 실시한 첫 번째 공격작전으로 기록될 것이기 때문입니다."

●

런던에서의 첫 기자회견: 언론을 그의 편으로 만들다

그 후 아이젠하워는 협조가 필요한 세 번째 그룹인 언론에 관심을 돌렸다. 그가 루이지애나 대규모 군사훈련 기간 중에 그랬던 것처럼, 전쟁을 거치는 동안 아이젠하워는 언론이 정확한 정보를 가져야 한다고 믿었다. 그는 언론이 그가 알리고 싶은 것을 전달하고, 국가에 가치 있는 정보를 전달하고 있다는 것을 알았다.

런던에 도착한 다음날, 그는 첫 기자회견을 열었다. 이때 그는 기자를 자신의 동료라고 생각하고 있으며, 정확한 정보는 무엇이든 알려주겠다고 말했다. 그의 보좌관들은 아이젠하워가 언론과 즉각적으로 유대관계를 맺는 것을 주시했다. 그때 이후로 언론은 그의 편이었다. 보좌관 중 한 명인 해리 부처Harry Butcher 대령은 아이젠하워의 첫 기자회견을 봤던 인물로 아이젠하워가 기자들과 전혀 문제가 없었다고 단정했다.

"아이크가 언론을 다루는 것을 보면서 나는 그에게는 홍보 참모가 필요 없다고 생각했다. 그는 최고였다."

부처는 아이젠하워가 매우 매력적이고 언론에 상냥해서 "예쁜 소녀들이 있는 주일학교의 교사를 제외하고 어느 누구도 아이크만큼 친절할 수 없을 것이다"라고 덧붙였다.

영국군과 미군의 원활한 관계를 위한 노력

그 다음 아이젠하워는 영국군과 영국 내 미군 간의 관계에 대해 솔직하게 말했다. 영국인들은 자신의 국가에 수많은 미군이 주둔해 있는 것에 예민했다. 많은 영국인들은 그들이 전쟁을 잘 수행하고 있다는 잘못된 생각을 하고 있었다. 아이젠하워는 차를 몰고 런던 내 최악의 폭격지역으로 갔다. 불에 탄 건물들이 그대로 남겨져 있었고, 거리는 폭탄으로 구멍이 나 있었다.

"궁핍한Poor 사람들, 초라한Poor 런던."

그는 파괴의 흔적과 시체들을 보면서 중얼거렸다. 그리고 미군은 존중심을 갖고 모든 영국인을 대해야 한다고 다짐했다. 그는 미군을 위한 여러 교육 프로그램의 실행을 지시했다. 전쟁의 역사와 영국인들의 경험을 설명하고, 영국의 관습을 알리는 프로그램이었다. 그리고 그들에게 파괴된 지역을 둘러보게 했다.

아이젠하워는 한 미군 장교가 술에 취해 미국인들이 영국인들에게 어떻게 싸워야 하는지 가르쳐주겠다고 호언장담했다는 얘기를 듣게 되었다. 화가 난 아이젠하워는 "나는 그 개자식을 헤엄쳐서 미국으로 돌려보낼 것이다"라고 다짐했다. 또한 영국군과 싸운 미군 장교를 강등시킨 뒤 집으로 보내버리라고 명령했다. 싸움에 연루된 영국군 장교가 미군 장교가 자신을 개자식이라고 불렀다고 하자, 아이젠하워는 "나는 그가 당신을 '영국 개자식British son of a bitch'이라고 불렀다고 보고받았다. 이건 전혀 다른데"라고 대답했다.

아이젠하워는 원활한 관계를 맺기 위해 영국군 최고위 장교들과 상의

아이젠하워는 원활한 관계를 맺기 위해 영국군 최고위 장교들과 상의했다. 그는 사령부 내에서 불화를 막기 위해 미군 장교와 영국군 장교를 파트너로 맺어주었다. 그에게는 당면한 미래뿐만 아니라 다가올 더 큰 전투에 대비해 즉각적인 통합이 필요했다.

했다. 그는 사령부 내에서 불화를 막기 위해 미군 장교와 영국군 장교를 파트너로 맺어주었다. 그에게는 당면한 미래뿐만 아니라 다가올 더 큰 전투에 대비해 즉각적인 통합이 필요했다.

아이젠하워는 윈스턴 처칠과 마음이 잘 맞았다. 그 덕분에 그는 전쟁 속에서 그의 업무를 더 쉽게 할 수 있었다. 아이젠하워와 처칠은 역사책 읽는 것을 매우 좋아했다. 처칠은 아이젠하워가 항상 야전 지휘관이 되기를 원해왔다는 것을 멋지다고 생각했다.

어느 날 저녁, 아이젠하워의 참모장 월터 베델 비틀 스미스 장군은 처칠과 아이젠하워가 서로 자신이 역사적 지식이 더 풍부하다고 다투는 모습을 보며 말없이 조용히 앉아 있었다. 스미스에 따르면 "아이크는 런던 대공습London blitz 당시 대공포화AA Fire와 같은 사건과 날짜들을 수상보다 훨씬 더 정확하게 기억했다."

그러나 무엇보다도 이 둘을 결속시킨 것은 아돌프 히틀러에 대한 증오였다. 둘은 독일 독재자가 패배하여 비굴하게 굽신거리는 모습을 보고 싶다는 욕망으로 불탔다.

●

다방면의 기량을 보유한 멀티플레이어

과도한 업무로 인해 아이젠하워는 피곤했지만, 히틀러를 패배시키기 위

훗날 그는 자신의 업무가 자신에게 요구한 것에 대해 이렇게 썼다.
"나는 외교관, 변호사, 기획자, 판매원, 매춘부, 거짓말쟁이, 협잡꾼, 배우, 사이먼 러그리, 인도주의자, 연설가, 그리고 부수적으로 …… 군인이 되어야만 했다. 그러나 나는 현실에 단단히 발을 딛고 있었고, 머리는 아주 냉철했다고 생각한다."

해 필요 이상으로 많은 시간 동안 일했다. 6월 27일, 그는 메이미에게 이렇게 썼다.

"여기서 해야 할 일이 너무 많소. 때로는 우리가 시간 안에 할 수 있다고 도저히 믿을 수 없을 만큼 너무 많은 일을 해야 하오. 그러나 우리는 실패를 생각하지 않고 맹렬하게 돌진해 끝내야만 하오."

훗날 그는 자신의 업무가 자신에게 요구한 것에 대해 이렇게 썼다.

"나는 외교관, 변호사, 기획자, 판매원, 매춘부, 거짓말쟁이(적어도 사회적 문제에서 벗어나기 위해), 협잡꾼, 배우, 사이먼 러그리Simon Legree(미국의 작가 해리엇 비처 스토Harriet Beecher Stowe의 장편소설 『톰 아저씨의 오두막집Uncle Tom's Cabin』에 나오는 노예매매업자-옮긴이), 인도주의자, 연설가, 그리고 부수적으로 …… 군인이 되어야만 했다. 그러나 나는 현실에 단단히 발을 딛고 있었고, 머리는 아주 냉철했다고 생각한다."

이제 아이젠하워는 최고사령관 반열에 올랐다. 그리고 그는 다양한 재능을 가지고 있는 것이 얼마나 중요한지를 더 확실하게 깨달았다. 아이젠하워는 더 이상 중위나 소령이 하듯이 단순히 소대나 중대를 위한 계획을 세우고 실행하는 존재가 아니었다. 그는 자신의 생각을 미심쩍어하는 연합군, 동료 장군들, 그리고 정치 지도자들을 납득시켜야만 했다. 어떤 전쟁에서든 지휘계통에서 높은 지위에 오르는 사람은 그만큼 책임이 커지게 마련이다. 그리고 임무를 잘 처리하기 위해 다방면의 기량을 보유해야 한다.

●

영국인들을 사로잡다

며칠 후 그는 자신의 멘토인 폭스 코너에게 쓴 편지에 그가 지금 하고 있는 일과 앞으로 해야 할 일에 대해 알려주었다.

"지난 며칠간 제 마음은 장군과 함께했던 그날로, 장군의 현명한 조언과 리더십 아래 제가 특권을 누리며 근무했던 그때로 더욱더 돌아가고 싶었습니다. 끊임없이 저를 괴롭히던 문제들에 대해 몇 시간씩 장군과 토론할 수 있었던 기회가 얼마나 감사한지 어찌 말로 다 표현할 수 있겠습니까."

코너는 분명 언론, 자신의 병사, 그리고 대부분의 장교들뿐만 아니라 영국인들까지도 빠르게 자기편으로 만든 제자의 발전을 자랑스러워했을 것이다. 캔자스 출신의 겸손한 아이젠하워의 일상생활은 일반 시민들에게 큰 반향을 불러일으켰다. 그는 문제를 애매하게 만들지 않고 핵심을 분명히 전달했다. 그리고 그의 따뜻한 미소와 잘생긴 외모는 여성들을 사로잡았고, 남성들을 그와 일하고 싶게 만들었다. 런던 시민들은 앞에 놓인 난관에 대해 그가 직설적으로 그러나 승리할 수 있다는 낙관적인 태도로 얘기하는 것에 감사했다. 그리고 그들은 중요한 사람을 "big shot"이라고 하고 고급요리를 "hifalutin"이라고 말하는 미국 남부 사투리에도 반응을 보였다.

영국인들은 아이젠하워를 아주 좋아하게 되었다. 그를 발견하면 택시

> "실제로 그를 위대한 인물로 인정하기까지는 많은 시간이 걸리지 않았다. 그는 단호
> 하며, 재능 있고, 선견지명이 있으며, 매너가 좋고, 최고 지위에 오른 사람답지 않게
> 항상 소박한 생각을 가졌다."

기사들은 손을 흔들었고, 시민들은 반가워하며 환호했다. 영국 제독 앤드
류 커닝험 경Sir Andrew B. Cunningham이 런던 시민들의 아이젠하워에 대한 반
응을 설명하는 글을 썼다.

"나는 첫눈에 그에게 반했다. 그는 나를 아주 진심으로, 솔직하게, 그리
고 매우 겸손하게 대했다. 초기에 나는 그에게서 자기확신이 부족하다는
인상을 받았었다. 그러나 지금 누가 그것을 의심하겠는가? 그는 모든 시
기를 통틀어 가장 위대한 상륙작전을 지휘한 최고사령관이었고, 게다가
낯선 나라에서 복무하고 있었다……."

커닝험 경은 덧붙였다.

"실제로 그를 위대한 인물로 인정하기까지는 많은 시간이 걸리지 않았
다. 그는 단호하며, 재능 있고, 선견지명이 있으며, 예의 바르고, 최고 지
위에 오른 사람답지 않게 항상 소박한 생각을 가졌다."

●

임무를 잘 수행하는 팀을 만들 줄 아는 능력

루스벨트가 아이젠하워를 선택한 마셜의 결정을 승인한 주된 이유 중 하
나는 어떤 팀을 맡은 임무를 잘 수행하는 팀으로 만들어내는 아이젠하워
의 능력 때문이었다. 전차부대와 제15보병연대 시절 때처럼 아이젠하워의
지휘는 팀에 공동체 정신을 불어넣는 것으로 유명했다. 그리고 루스벨트

●●● 아이젠하워의 참모장 월터 베델 비틀 스미스. 스미스가 언젠가 "나는 그를 좋아한다. 나에게 태양은 그의 앞에서 뜨고 진다"라고 불쑥 내뱉을 정도로 그들은 서로 신뢰하며 우애를 쌓아갔다.

는 런던 주둔 유럽 작전 전구 사령관은 기지가 넘쳐야 한다고 생각했다.

아이젠하워는 사령부에서 자신이 구성한 참모들과 함께 팀워크를 다졌다. 그는 자신의 주변에 많은 지지자들을 두길 바랐다. 그래서 재빨리 자신의 참모장 월터 베델 비틀 스미스 장군뿐만 아니라, 경호원이자 때로는 운전병 역할도 하는 미키 매코프가 포함된 팀을 만들었다. 그는 해군 보좌관 해리 부처 대령을 팀원으로 추가했다. 전쟁 전 저널리스트였던 해리 부처는 내부에서 언론을 상대하는 업무를 잘 알고 있어 언론사를 다룰 수 있었고, 아이젠하워의 임기 동안 광범위한 일지를 쓸 수 있는 인물이었다.

아이젠하워는 자신이 군 문제에만 집중하기 위해서 시간을 빼앗는 방문객을 상대할 사람이 필요했는데, 참모장 스미스가 이 분야에서 탁월한 능력을 발휘했다. 그는 아이젠하워를 볼 수 없다거나, 그 제안이 누구에게도 도움이 안 된다는 얘기를 모든 사람들에게 거리낌 없이 말했다. 아이젠하워는 스미스가 가끔 도를 넘어 사람들을 불쾌하게 만들고 때로는 참모들에게 거친 말을 사용하는 것이 불만이었지만, 이러한 그의 잘못들은 아이젠하워 보호 차원에서 그런 것이라 이해할 수밖에 없었다. 모든 지휘관들에게는 자신의 시간을 보장해주고, 무능한 장교를 해임하고, 사람들의 호응이 좋지 않은 결정을 수행하고, 자신에게 도움을 줄 수 있는 보좌관이 필요하다고 아이젠하워는 주장했다. 그에게는 스미스가 바로 그런 사람이었다. 스미스가 언젠가 "나는 그를 좋아한다. 나에게 태양은 그의 앞에서 뜨고 진다"라고 불쑥 내뱉을 정도로 그들은 상호간의 우애를 쌓아갔다.

●

소박한 휴식처

아이젠하워는 집안 내력이 그렇듯 소박한 숙소를 선택했다. 그는 영국에서 가장 비싼 호텔인 자신의 전용 클래리지^{Claridge} 호텔에서 1주일 만에 나와 소박한 방 3개가 있는 도체스터^{Dorchester} 호텔로 옮겼다. 그런 뒤, 지휘의 압박을 피할 수 있는 안식처가 필요해 시골에 눈에 띄지 않는 텔레그래프 코티지^{Telegraph Cottage}라고 불리는 작은 집을 마련했다. 골프 코스를 따라 자리 잡은 이 휴식처에서 아이젠하워는 좋아하는 서부 소설을 읽고 브리지 게임과 골프를 즐겼으며, 힘든 스케줄에서 벗어나 심신을 회복할 수 있었다. 그 당시 운전병이었던 케이 서머스비는 이렇게 말했다.

"텔레그래프 코티지에서 쉬면서 긴장된 날들로 인해 피로해진 그의 정신은 회복되었고 새로운 생활을 할 수 있었다."

아이젠하워는 텔레그래프 코티지에서 군사 및 정치 토론을 금지했다. 그가 서머스비에게 말한 것처럼 "수십만 명의 목숨이 달린 작전에 대해 걱정하면서 사무실에서 오랜 시간을 보내고 나서 이리로 올 때는 아무런 생각을 하지 않으려고 했다. 서부 소설을 읽을 때 아무런 생각을 하지 않듯이 텔레그래프 코티지에서는 일에 관한 생각에서 벗어날 수 있었다." 시골에서 쉬고 난 후 아이젠하워는 원기를 회복하고 새로운 각오를 안고 사령부로 돌아왔다.

아이젠하워도 전투 중에 가끔 휴식의 혜택을 받는 최전선의 병사들과 다르지 않았다. 그의 요구는 그들과 달랐지만, 그렇더라도 병사들처럼 그의 인내심에도 한계가 있었다. 어떤 임무를 수행하든지, 병사와 장교가 어떤 전쟁에 참전하든지 간에 장기간 끊임없이 효율적인 노력을 하기 위해서 막간의 휴식은 필수적이다.

●

첫 번째 군사적 난제

그의 첫 번째 군사적 난제는 히틀러에 맞선 미군의 최초 군사행동을 어디에서 시작해야 하는가였다. 그는 가장 중요한 영국해협 횡단 작전이 빠르면 1943년에 실행되기를 희망했으나, 루스벨트는 1942년의 어느 시점에서 히틀러에 대한 예비 공격이 이루어져야 한다는 점을 명확히 했다. 독일과 미국 국민에게 미군이 참전했다는 것을 보여주고, 후에 영국 해협을 건너게 될 미군에게 전쟁을 경험하게 해주기 위해서였다. 최근 북 아프리카 토브룩을 롬멜에게 뺏긴 뒤부터 휘청거리고 있던 영국군은 해당 지역에서 작전을 실시해줄 것을 주장했다. 독일로 가는 직접적인 경로를 선호했던 아이젠하워는 유럽 해안을 따라 공격하는 라운드업 작전을 실행하고 싶어했다.

영국군이 1939년부터 많은 전투를 치르고 있었기 때문에 최초의 작전에는 영국군의 의견이 확실하게 반영되었다. 아이젠하워는 북아프리카에 대한 대규모 상륙공격인 횃불 작전Operation Torch을 기획하라는 명령을 받았다. 동시에 독일에 맞서 소련이 분투하고 있었지만 전선이 붕괴되는 위험에 처할 경우 소련을 돕기 위한 긴급 영국해협 횡단 공격인 슬레지해머 작전Operation Sledgehammer을 발전시켰다. 아이젠하워는 북아프리카 전역을 기획하기 위해 유럽 작전 전구에서 독립된 연합군 사령부AFHQ, Allied Force Headquarters를 만들었다. 1942년 말, 북아프리카의 복잡한 정치상황과 독일군을 처음으로 상대하는 미군의 첫 번째 전투라는 어려움이 결합된 이 작전에서 아이젠하워는 당황했지만 연합 군사작전이라는 귀중한 경험을 할 수 있다.

CHAPTER 8

"우리는 끓는 주전자 위에 앉아 있다!"

●

북아프리카의 딜레마와 문제

아이젠하워는 전쟁성의 음모를 서툴게 보이도록 만든 정치적 미로를 헤쳐나가야 했다. 1940년 프랑스의 대부분을 집어삼킨 독일은, 비시^{Vichy}라는 도시의 이름을 따 그들이 비시 프랑스^{Vichy France}라고 불렀던 정권으로 하여금 프랑스 남부와 북아프리카에 있는 프랑스 식민지의 일부를 통치하도록 했다. 베를린의 가혹한 대응을 두려워했던 북아프리카의 일부 프랑스 관리들은 독일을 화나게 할 수 있는 어떠한 정책의 실행도 망설였다. 반면에 프랑스에서 독일을 내쫓기를 원하는 자유 프랑스^{Free French} 세력을 공개적으로 지지하는 세력은 히틀러에 대한 공격을 조용히 기다렸다. 두 프랑스 세력 중 어느 편이 강한지, 북아프리카에 대한 연합군의 공격에서 프랑스가 지원할지 방해할지는 누구도 확실히 알지 못했다. 아이젠하워는 수많은 좌절을 겪었지만, 북아프리카의 딜레마와 문제들을 통해 많은 것을 배웠다. 아프리카 대륙의 사막과 능선에서 저지른 실수들을 통해 아이젠하워는 프랑스 해변의 거친 바람과 맞설 준비를 할 수 있었다.

●

횃불 작전

횃불 작전은 독일군에 맞서 두 방향의 공격이 필요했다. 아이젠하워의 미군 및 영국군 부대들은 아프리카의 해안에 1,200마일에 걸쳐 위치한 3개 항구도시인 카사블랑카Casablanca, 알제Algiers, 그리고 오랑Oran에 상륙하여 동쪽으로 진격했다. 영국 제8군은 롬멜의 아프리카 군단Afrika Cops에 맞서 이집트에서 서쪽으로 몰아붙이려 했다. 만약 모든 것이 계획대로 진행된다면 협공을 해 롬멜의 부대를 포위하여 독일군을 아프리카 대륙에서 몰아낼 수 있었다. 아이젠하워는 이 첫 번째 대규모 작전이 실패하면 연합군의 사기는 저하될 것이고 자신은 야전 지휘권을 잃게 되리라는 것을 잘 알고 있었다.

1942년 9월 14일, 아이젠하워는 휘하 미군 고위 장교들에게 오직 성과만이 중요하다고 설명했다. 만약 그들이 승리하면 그는 그들의 경력에 도움이 되는 것은 무엇이든 하겠다고 했다. 만약 실패하면 그는 주저하지 않고 그들을 구출할 작정이었다.

아이젠하워는 장병들이 완벽하게 준비하기를 바랐다. 그는 장교들에게 "강해져야 한다"는 점을 상기시켰고, 끊임없는 전투 훈련과 크로스컨트리를 실시하여 언제라도 투입될 수 있는 준비태세를 갖춰야 한다고 명령했다. 훗날 그는 이렇게 말했다.

"개인과 소규모 부대 훈련의 중요성은 아무리 강조해도 지나치지 않다."

아이젠하워는 폭스 코너와 함께했던 토론과 전쟁사에 대한 많은 조사를 통해 잘 준비되고 훈련된 군대가 그렇지 않은 적에게 항상 승리한다는 것을 알고 있었다.

아이젠하워는 장병들이 완벽하게 준비하기를 바랐다. 그는 장교들에게 "강해져야 한다"는 점을 상기시켰고, 끊임없는 전투 훈련과 크로스컨트리를 실시하여 언제라도 투입될 수 있는 준비태세를 갖춰야 한다고 명령했다. 훗날 그는 이렇게 말했다.

"개인과 소규모 부대 훈련의 중요성은 아무리 강조해도 지나치지 않다."

●

지로냐, 다를랑이냐?

히틀러가 프랑스를 짓밟은 후, 프랑스 앙리 페탱Henri Pétain 원수는 비시라는 도시에서 새로운 정부를 수립했다. 수상이 된 그는 최소한 자신의 국가 일부분에 대한 통치권이라도 유지하려는 희망으로 독일 점령군에 협조했다. 독일과의 협상으로 비시 프랑스는 북아프리카의 프랑스 식민지를 계속 통치할 수 있었다.

아이젠하워는 첫 번째 난관에 직면했다. 북아프리카의 프랑스인들이 독일 점령군 편에서 싸울 것인가, 아니면 예정된 연합군의 상륙에 별다른 저항을 하지 않을 것인가? 답을 가진 두 사람이 나타났다. 많은 프랑스 지도자들의 강력한 지지를 얻고 있는 프랑스 육군 앙리 지로Henri Giraud 장군과, 페탱의 후계자로서 이름이 알려진 장 다를랑Jean Darlan 제독이었다. 프랑스군의 한편은 지로를 지지했고, 다른 한편은 다를랑을 지지했다. 일부는 독일에 놀아나는 페탱의 친독일 성향을 혐오하기는 했지만, 페탱이 유일한 합법적인 프랑스 정부의 대표였기 때문에 그에게 협력할 의무감을 느끼고 있었다. 그들은 페탱이 원하는 대로 하고자 했다.

아이젠하워는 프랑스 군인들이 충성을 약속하며 비시 정부에 남을 가능성이 있다는 사실에도 불구하고 지로와 일하기로 했다. 아이젠하워는 지로가 충분히 존경을 받고 있기 때문에 연합군이 북아프리카에 일단 상륙하기만 한다면 지로가 그곳의 프랑스인들을 규합해 연합군을 돕도록 설득시킬 수 있다고 생각했다.

전쟁이 어떻게 끝날지 모르기 때문에 스스로를 보호하기 위해 양측 모두와 어정쩡한 관계를 유지하고 있던 다를랑 측은 아이젠하워가 다를랑 제독과 함께해야 한다고 고집했다. 윈스턴 처칠 역시 아이젠하워를 압박했다. 처칠은 프랑스 해군이 독일로 넘어가는 것을 원치 않았다. 그리고 "만약 당신이 그래야 한다면 다를랑 배의 고물에 키스하시오. 그래서 프랑스 해군을 꼭 차지하시오"라고 말하며 아이젠하워를 다그쳤다.

누구와 일을 해야 할지 불확실한 상황임에도 아이젠하워는 상륙 당일 프랑스군이 연합군에 협조하라는 방송을 하라고 지로를 설득했다. 답례로 아이젠하워는 그를 북아프리카 프랑스군 사령관으로 명명했다.

음모가 판치는 정치의 문외한인 아이젠하워는 자신의 편이 되어줄 프랑스가 필요했으나 불안한 정세에 대한 올바른 이해가 부족했다. 아프리카에 있는 프랑스군은 나름의 이유로 페탱에게 충성하며 프랑스 레지스탕스 지도자 샤를 드골Charles De Gaulle을 경멸했다. 그들은 다른 프랑스 장군을 묵인할 것 같지 않았다.

작전은 빠르게 진행되었다. 11월 8일 오후, 연합군이 상륙하자 페탱과 거리를 둔 다를랑 제독이 연합군과 함께할 준비가 되었다고 선언했다. 상황이 복잡해졌다. 아이젠하워에게는 이제 프랑스군 지휘와 관련된 2명의 경쟁자가 생겼다. 둘 다 상륙작전을 도움으로써 확고한 자신의 권위를 확보하고 싶어했다. 농담 반 진담 반으로 "여기에서 내게 필요한 것은 빌어먹을 실력 좋은 암살자다!" 누구를 선택해야 하나? 아이젠하워는 두 프랑스 지휘관 모두에게 11월 9일 방송을 할 수 있게 허락했다. 그런데 사태가 급변하여 북아프리카 프랑스 군인들이 페탱의 지지를 맹세하며 즉시 방송을 무시했다. 11월 10일 비시에서 페탱이 두 장군을 무시해야 한다고 선언하자, 상황은 더욱 악화되었다. 프랑스 병사들은 독일군 편에서 싸웠고, 아이젠하워는 동맹이 되었어야 할 프랑스군이 합세한 독일군과 맞서야 했다.

●

쏟아지는 비난과 시련

다음날 히틀러는 독일군에게 비시 프랑스를 정복하고 페탱 정권을 탈취하라고 명령했다. 이 명령은 뜻하지 않게 아이젠하워를 도와주었다. 페탱 원수가 권좌에서 물러나게 되자, 다를랑은 자신만이 이제 합법적인 정부를 대표하고 있으며, 아이젠하워는 자기와 함께해야 한다고 주장했다. 아이젠하워는 다를랑과 일하기로 결심했다. 처칠은 이에 만족했고, 다를랑과 프랑스 당국이 연합군의 그 어느 누구보다도 북아프리카 부족 간의 반목과 정치의 복잡성을 더 잘 알고 있다는 것을 인식하고 있었다. 그러나 다가올 반작용을 과소평가했다.

11월 13일 휴전협정이 발표되자, 루스벨트와 처칠뿐 아니라 미국 언론으로부터 아이젠하워에 대한 비판이 쏟아졌다. 그들은 수많은 반유대 규제를 시행한 나치 부역자와 함께 일한다고 아이젠하워를 비난하면서 아이젠하워가 연합군이 싸우고 있는 적을 옹호하는 사람과 휴전협정을 체결했다고 주장했다.

물론 다른 나라에서도 비판이 일었다. 소련의 지도자 이오시프 스탈린

Iosif Vissarionovich Stalin은 연합군이 파시스트와 협상을 할지도 모르며 훗날 연합군이 소련에 맞서 히틀러와 손을 잡을 수도 있다고 걱정했다. 다른 점령국에서 활동 중인 레지스탕스들은 연합군을 얼마나 믿을 수 있는지 의구심을 가졌다. 난처한 상황에 처한 아이젠하워는 11월 27일 메이미에게 이렇게 썼다.

"개인적으로 전방위에서 엄청난 압박을 받고 있소. 때때로 나의 좋은 성격을 얼마나 유지할 수 있을지 걱정스럽기까지 하오. 우리는 끓는 주전자에 앉아 있소!!"

포위된 지휘관 아이젠하워는 상관 마셜에게 보낸 장문의 편지에서 자신의 상황을 설명했다. 그는 다를랑과 함께 일하는 것 말고는 어떠한 대안도 없다고 보았다. 지로를 따르는 소수의 군인들과 루스벨트는 드골의 오만함에 마음이 상해 그와 같은 레지스탕스 지도자와 일해야 하는 상황을 거부했다. 만약 북아프리카에서 안정을 기대한다면 자신이 군 관련 문제에 집중하는 동안 민간인 지역을 통제하기 위해 적어도 외형상의 프랑스 정권이 필요했다. 다를랑이 그것을 제공해줄 수 있었다.

마셜이 아이젠하워 지지에 나서자, 루스벨트는 이에 동의했다. 11월 26일, 다를랑과의 거래에 대한 비판에 맞서 조지 마셜은 북아프리카 상륙작전의 사상자 수를 발표했다. 연합군 기획자들의 최초 예측은 1만 8,000명이었지만, 예상 밖의 약한 저항으로 실제 사상자 수는 1,700명을 넘지 않았다. 마셜은 이는 다를랑이 협조했기 때문이라고 설명했다.

오래전부터 수준 낮은 저질 정치가는 되고 싶지 않았던 아이젠하워는 이 시련으로 인해 환멸을 느꼈다. 그는 친구에게 보내는 편지에 이렇게 썼다.

"나는 가끔 내가 군인, 가짜 정치인, 풋내기 정치인, 그리고 부정직한 외교관 사이를 오가고 있다고 생각한다네."

미국과 영국이 세상에서 가장 억압적인 정권 중 하나인 소련과 연합하는 있는데 다를랑과 일한다고 그를 비판하는 것이 너무 위선적이라는 점을 지적하지 않을 수 없었다.

이 시기에 아이젠하워는 정치적인 간섭에서 자유롭고, 병사들의 생활에 변화를 줄 수 있었던 보병 지휘관 시절을 너무나 그리워했다. 그는 해리 부처에게 불평했다.

"만약 내가 대대의 지휘권을 가지고 총탄이 빗발치는 전장으로 갈 수만 있다면 모든 것이 아주 단순할텐데."

아이젠하워의 우려에도 불구하고 북아프리카에서의 경험은 그에게 앞으로 다가올 더 결정적이고 쓰라린 시간을 준비하는 계기가 되었다. 이는 실수를 바로잡을 수 있게 해주는 시작이었다. 마셜이 해리 부처에게 말했다.

"아이젠하워는 지금까지 다를랑을 포함해 골치 아픈 문제들을 처리해 왔다고 생각하겠지만, 이 전쟁이 끝날 때까지 다를랑은 아무 문제도 아니었다는 걸 느낄 만큼 수많은 문제와 마주하게 될걸세."

●

거듭되는 시행착오를 통해 배우다

북아프리카 전역의 군사적 측면은 정치적 양상을 그대로 반영했다. 전차와 보병의 이동과 함께 논쟁과 실수, 비판이 지속적으로 제기되었기 때문이다. 첫 번째 문제는 아이젠하워의 예비 병력 이용에 관한 것이었다. 일부 지휘관들은 독일군이 시칠리아Sicilia 근처의 부대를 이동시켜 방어 부대를 강화하기 전에 아이젠하워가 튀니지Tunisie의 중요 항구인 비제르테 Bizerte에 예비부대를 투입하는 명령을 내려야 한다고 주장했다. 1942년 11월 11일, 아이젠하워는 첫 번째 명령처럼 머뭇거리며 비제르테 작전에 반대했다. 그는 미군이 보급선에서 너무 멀리 떨어진다고 생각했다. 히틀러가 스탈린그라드Stalingrad 부근에서 전투 중이던 전투기와 병력을 비제르테로 신속하게 이동시키자, 곧바로 비난이 쏟아졌다. 비난을 하는 사람들은 아이젠하워가 북아프리카에서 독일군을 보급선에서 고립시키고 연합군이 동쪽으로 더 멀리 진격할 기회를 이미 잃었다고 주장했다. 그 결과 독일군이 튀니지에서 강력하게 강화되자 연합군의 진격은 느려졌다.

아이젠하워의 지지자들은 그가 현실 상황에 맞게 행동했다고 주장했다. 히틀러가 비제르테 부근의 제공권과 제해권을 장악하고 있었기 때문에 아이젠하워가 예비 병력을 그곳으로 투입했다면 대량학살당할 수도 있었다. 히틀러가 스탈린그라드 부근에서 싸우던 부대를 튀니지로 전환하여 방어력을 강화함으로써 아이젠하워는 스탈린의 지원을 받아야만 하는 상황에 이르렀다.

아이젠하워는 비슷한 이유로 이탈리아의 서부 해안 끝에 위치한 사르데냐Sardegna 섬을 확보하기 위한 파병 요청을 거절했다. 만약 이 작전이 성공한다면 아이젠하워는 북아프리카, 시칠리아, 그리고 이탈리아 본토의 독일군을 폭격할 수 있는 비행장을 확보할 수 있었다. 그러나 아이젠하워는 위험이 너무 크다고 판단했다.

패튼 같은 다른 지휘관이라면 아마 좀 더 공격적인 결정을 내렸을 것이다. 하지만 아이젠하워는 대부분 참모 임무를 수행했기 때문에 자신의 부대에 발생할 수 있는 위험을 걱정했다. 이는 결과적으로 그를 소심하게 만들었다.

참모들은 그가 반신반의하고 있다는 것을 자주 느꼈다. 부처는 이렇게 썼다.

"그는 1월, 2월 그리고 3월까지 육체적인 고통에 시달렸다……."

아이젠하워가 요령을 터득했을 때, 연합군 사령부의 사기는 저하되어 있었다.

그는 1943년 2월 15일 메이미에게 쓴 장문의 편지에서 자신의 좌절감을 털어놓았다.

"이런 일을 하는 사람 대부분은 외로움을 피할 수 없을 거요. 부하들은 조언하고 충고하고 도와주고 기도할 수 있지만, '우리가 할 수 있는가, 할 수 없는가'를 최선을 다해 결정해야 하는 사람은 오직 한 사람뿐이오. 위험이 최고조에 달했으니 그 피해는 인명 손실이나 크고 작은 국가 재난으로 나타나기 마련이오. 언제나 옳은 사람은 없소. 그러니 최선을 다해 냉철한 머리와 깨끗한 양심을 유지하고, 가치 없는 동기나 하찮은 이유에 결코 동요되지 않으며, 관련된 기본적 요인을 밝혀내어 자신의 의무를 다하도록 애써야 할 것이오."

그는 자신이 일을 진행하면서 느낀 것에 대해 이렇게 덧붙였다.

"나는 내가 '도달했다', 즉 나의 중요한 업무가 끝났다고 생각하지 않소. 나는 이제 막 시작했을 뿐이오……."

조지 마셜은 1월에 알제를 방문했을 때 이런 분위기를 감지했다. 아이젠하워는 매우 지쳐 보였다. 마셜은 아이크의 보좌관 해리 부처에게 한

번에 단 몇 시간만이라도 아이젠하워 장군이 운동을 하고 사무실 업무에서 벗어날 수 있게 하라고 명령하면서 부처 대령에게 말했다.

"이것이 이 시점에서 자네가 해야 할 중요 임무이네. 건강을 관리하게 하고, 과다한 업무에서 벗어나 머리를 맑게 유지시켜주는 것이 참모인 자네가 그를 위해 특별히 할 수 있는 일이야."

마셜은 나중에 부처에게 아이젠하워가 어떤 결정을 내리든 성공하느냐 실패하느냐에 따라 그에 대한 평가가 달라진다고 말했다. 북아프리카에서 승리한다면 모든 사소한 실수들은 잊힐 것이나, 실패한다면 아이젠하워는 역사의 뒤안길로 사라질 것이다.

●

시칠리아 공격을 이끌 최고사령관에 임명되다

1943년 1월, 카사블랑카 회담Casablanca Conference에서 루스벨트와 처칠은 전쟁의 향후 전략을 논의하기 위해 만났다. 아이젠하워는 자신의 결정을 옹호했고, 다를랑과의 거래가 잘못될 경우 자신이 비난을 받고 해임될 것이라는 것을 알았기 때문에 다를랑과 함께 일을 했다고 말했다. 대통령 고문 로버트 E. 셔우드Robert E. Sherwood에 따르면, 아이젠하워는 "장군은 실수를 할 수 있고 해임될 수도 있지만, 정부는 그럴 수 없다. 잘못되면 자신이 비판을 전부 받을 것이다"라고 말했다. 깊은 인상을 받은 루스벨트와 처칠은 부대 배치나 정치적 흥정 같은 사소한 문제로 다투기보다는 미래에 대비하기 위해 연합군을 통합하겠다는 아이젠하워의 확고한 결의를 알게 되었다. 그들은 육군, 해군, 공군을 지휘하는 3명의 영국 장교와 함께 시칠리아에 대한 후속 공격을 이끌 최고사령관에 아이젠하워를 임명했다.

이 사건은 분명히 아이젠하워에게 아주 중요한 순간이었다. 미국 대통령과 영국 수상의 지원으로 그는 자신보다 더 많은 전쟁 경험을 가진 이들에 대한 지휘권을 얻었다. 이로써 아이젠하워는 좀 더 나은 자격을 가진 지휘관으로서 다가올 임무를 준비할 수 있었다. 이 일의 중요성을 인식한 합동참모본부는 이틀 뒤 아이젠하워를 4성 장군(대장)으로 진급시켰다.

●

전투 경험 부족이 낳은
시디부지드 전투와 카세린 패스 전투의 쓰라린 패배

예상한 결과대로 2월 14일, 롬멜의 아프리카 군단은 튀니지의 시디부지드Sidi Bou Zid에 있는 검증되지 않은 미군과 전투를 시작했다. 부처는 이 전투를 "치명적인 참패"로 규정하고, "우리가 이 전쟁에서 겪은 최악의 패배이자, 아마도 우리 지상군이 가장 큰 대가를 치른 패배일 것이다"라고 결론지었다.

5일 후, 롬멜은 다시 한 번 미군을 강타했다. 이번에는 카세린 패스Kasserine Pass로 불리는 곳이었다. 미국은 크나큰 손실을 입었음에도 불구하고 역공으로 롬멜을 산악 도로로 후퇴시켰다.

아이젠하워는 전장에서 예하 지휘관 로이드 R. 프레덴달Lloyd R. Fredendall 소장에게 길게 신장된 독일군의 보급선을 더 적극적으로 공격한 뒤, 후퇴하는 독일군을 추격하라고 명령했다. 프레덴달이 수세적인 전법을 취해 부대를 멈추자, 아이젠하워는 이 문제에 개입해 롬멜을 향해 진격하라는 확실한 명령을 내리지 않았다. 단호해져야 할 순간에 아이젠하워는 프레덴탈이 속도를 결정하도록 허용했고 단지 프레덴탈이 고려해야 할 전술을 제시했을 뿐이었다. 아이젠하워는 자신이 원하는 대로 프레덴달에게 분명한 명령을 내리고 그것을 따르라고 했어야 했다. 그러나 그는 갑자기 멈추고 그렇게 하지 않았다. 이후 조지 패튼에게도 그랬던 것처럼, 전장의 지휘관에게 많은 재량권을 부여하는 그의 이런 성향은 때때로 결실을 맺기도 했다. 그러나 이는 이곳과 이후 유럽 전구에서 그랬듯이 혼란과 우유부단으로 이어졌다.

시디부지드 전투와 카세린 패스 전투의 끔찍한 결과는 독일군이 얼마나 우수한지 미군에게 보여주었다. 부처는 자신의 일기에 이렇게 썼다.

"패배를 통해 우리 모두는 적이 강하다는 것과 우리 부대들에게 전투 경험이 필요하다는 것을 깨달았다. 기자들은 미군 병사들을 소위 '풋내기'라고 부르며 자극했다."

만약 미군이 독일군을 패배시켰다면 미군 장교들과 병사들의 수준은 급격하게 향상되었을 것이다.

프레덴달의 본부가 전선에서 100마일 떨어져 있다는 정보와 함께 프레덴달의 부대의 기강이 해이하고 훈련이 부족하다는 보고를 받은 아이젠하워는 영국군 장군 해럴드 알렉산더 경Sir Harold Alexander에게 "당신은 틀림없이 그보다 더 나은 부하들을 두었겠지요"라고 말했다. 마침내 아이젠하워는 마셜의 후배 프레덴달을 교체했다.

아이젠하워는 초기 카세린 패스 전투에서 부진했던 부대에게 한 번 더 기회를 주려고 제34보병사단을 튀니지 전투에 투입했다. 그는 시간이 지날수록 실수를 연발했던 프레덴달과는 다르게 제34사단에게서 가능성을 엿보았다. 그는 만약 이 사단이 성공적인 공격에 참여하게 된다면 사기는 향상되고, 전쟁 기간 내내 뛰어난 부대가 될 것이라고 믿었다. 4월 30일 제34사단은 독일군을 공격해 많은 손실을 입었지만 결국 목표를 확보했다. 제34사단은 남은 전쟁에서 아이젠하워를 위해 중요한 역할을 해낸다.

●

전투에서 부진한 제34사단에 한 번 더 기회를 주다

아이젠하워는 프레덴달을 본국으로 보내버렸고, 조지 패튼을 불러들였다. 패튼은 무능한 전임자를 대체해 신속하게 부대를 정상화시켰다. 그리고 가프사Gafsa와 엘구에타르El Guettar에서 두 번의 승리를 안겨주었다. 아이젠하워는 처음에는 느리게 행동했으나 한 번 결정한 뒤에는 단호하게 움직였다.

튀니지에서 롬멜을 밀어내기 위해 계획을 세울 때, 영국군은 서쪽에서 진격하는 알렉산더 장군의 제18집단군과 남쪽으로부터 올라오고 있는 몽고메리를 합류시킨 후 롬멜을 바닷가로 몰아내려고 계획했다. 그러나 이 계획에서 미군은 단지 지원 역할만 할 뿐이었다. 4월, 아이젠하워는 알렉산더에게 미국 대중은 필요에 의해 태평양을 건너온 자신들의 군대에 대한 이런 모욕에 격분할 것이라고 설명했다. 만약 미군이 북아프리카에서 필요하지 않다면, 더 필요한 곳으로 그들을 기꺼이 보내야 한다고 얘기했다. 알렉산더는 이에 동의하고 계획을 변경했다.

아이젠하워는 초기 카세린 패스 전투에서 부진했던 부대에게 한 번 더 기회를 주기 위해 제34보병사단을 튀니지 전투에 투입했다. 그는 시간이 지날수록 실수를 연발했던 프레덴달과는 다르게 제34사단에게서 가능성을 엿보았다. 그는 만약 이 사단이 성공적인 공격에 참여하게 된다면 사기는 향상되고, 전쟁 기간 내내 뛰어난 부대가 될 것이라고 믿었다. 아이젠하워는 오마 브래들리Omar Bradley에게 핵심 목표인 방어막이 두터운 언덕을 제34사단에게 할당하라고 명령했다. 4월 30일 제34사단은 독일군을 공격해 많은 손실을 입었지만 결국 목표를 확보했다. 제34사단은 남은 전쟁에서 아이젠하워를 위해 중요한 역할을 해낸다.

●

북아프리카 전역 승리와 전투 경험을 통한 성장

모든 미군 파병부대는 북아프리카에서 귀중한 교훈을 얻었고, 첫 번째 작전을 통해 발전했다. 북아프리카 전투 첫 주에 《타임Time》지는 영국군이 신중하게 이동한 반면, "미군은 망설이며 접근했고, 결코 최고 능력으로 몰아치지 않았다"라고 보도했다. 그러나 10개월에 걸친 북아프리카 전역이 끝날 즈음 미군 부대들은 오직 전투를 통해서만 얻을 수 있는 진지함과 실력을 갖추게 되었다. 그들은 정찰, 독도법, 종심방어(방어선을 여러 겹으로 배치해 적의 공격을 둔화시키고 소모시키는 과정을 통해 전선을 유지하는 전술-옮긴이), 그리고 보병과 전차 간의 협동의 가치를 배웠다. 그들은 큰 손실을 입었지만, 그 과정에서 값으로 따질 수 없는 경험을 얻었다. 또한 아이젠하워는 전투를 치르는 과정에서 신뢰할 수 있는 장교들과 본국으로 보내야 하는 장교들을 구별해낼 수 있었다.

북아프리카 전역은 1943년 5월 초에 끝났다. 공격적인 패튼 장군과 전투로 단련된 병사들로 강력해진 미군은 튀니지에서 영국군과 조우해 독

● ● ● 1943년 6월 알제에서 아이젠하워 장군과 조지 C. 마셜

일군을 항구도시 튀니스로 후퇴하게 만들었다.

한쪽으로는 지중해에, 다른 한쪽으로는 연합군에게 막힌 독일군은 아무데도 갈 곳이 없었다. 롬멜과 1,000명 미만의 병력만이 독일 수송기를 타고 이탈리아로 탈출했다. 그러나 대다수는 항복할 수밖에 없었다. 격렬한 전투 끝에 연합군은 5월 7일에 튀니스에 입성했다.

전투가 끝나자 연합군은 튀니지를 점령했다. 그리고 북아프리카 밖으로 독일군을 몰아냈으며 27만 5,000명의 적군을 사로잡았다. 아이젠하워는 이렇게 썼다.

"롬멜의 신화와 천하무적 나치가 완전히 파괴되었다. 그것은 아군과 적군 모두에게 연합군이 마침내 진격하고 있다는 분명한 신호를 보낸 것이었다."

승리에도 불구하고 해야 할 일이 많이 남아 있었다. 미군에게는 유럽

> 루스벨트는 횃불 작전을 성공시킨 아이젠하워에게 명예훈장을 수여하려고 했다. 그러나 아이젠하워는 거절했다. 그는 훈장은 전선에서 몇 마일 뒤에 있는 사령부의 장군이 아니라, 전선에 있는 병사들에게 수여되어야 한다고 생각했다.

본토를 향한 영국해협 횡단 공격을 위한 준비가 아직 되어 있지 않았다. 실수가 불가피했지만, 최고사령관과 그의 병사들은 실수를 바로잡는 과정에 돌입했다. 북아프리카는 아이젠하워가 실수를 할 수 있는 마지막 기회였다. 1944년에는 같은 실수를 반복할 여유가 없었다.

폭스 코너는 가장 결정적인 공헌을 한 아이젠하워를 자랑스러워했을 것이다. 아이젠하워는 잘 훈련된 적을 상대로 한 첫 번째 중요한 시험에서 연합군과 함께 일할 수 있다는 것을 보여주었다. 그는 서로 다름에도 불구하고 국가에 대한 충성을 초월한 연합체를 구축했다. 그는 전투에서 분대와 중대를 이끌어본 경험이 전혀 없었으나, 다양한 국가의 부대를 승리로 이끄는 데 성공했다. 그는 도중에 머뭇거리기도 했으나, 상황에 적응하고 자신의 실수를 통해 배움으로써 능력이 향상된 지휘관이 되었다.

초급 장교가 첫 번째 전투 경험에서 실수를 하면 오직 자신의 부대원과 직속 상관만이 그것을 목격할 수 있다. 아이젠하워의 첫 번째 전투 경험의 경우는 루스벨트, 처칠, 몽고메리, 그리고 다른 많은 사람들이 어깨너머로 그것을 지켜보고 있었다. 그는 패배할지도 모르는 상황에서 승리했다.

루스벨트는 횃불 작전을 성공시킨 아이젠하워에게 명예훈장을 수여하려고 했다. 그러나 아이젠하워는 거절했다. 그는 훈장은 전선에서 몇 마일 뒤에 있는 사령부의 장군이 아니라, 전선에 있는 병사들에게 수여되어야 한다고 생각했다.

　게다가 아이젠하워는 자신이 완벽하지 않았다는 것을 알고 있었다. 훈장을 받기 전에 정신 집중과 투지가 요구되는 적과의 전투가 너무 많이 남아 있었다. 그의 보좌관이 포로가 된 독일 장군을 만날 것을 제안하자, 아이젠하워는 일축했다. 이것은 전쟁이지 스포츠가 아니었다. 그리고 독일은 적이었다.

　"나에게 제2차 세계대전은 개인적인 일과는 너무나 거리가 먼 것이기 때문에 그런 감정을 즐길 수가 없었다. 날이 갈수록 전과는 달리 많은 국가 간의 전쟁에서 인간의 선善과 권리를 옹호하는 세력들이 사악하기 이를 데 없는 음모에 직면하게 되는데 이 사악한 음모 세력과는 어떤 타협도 할 수 없다는 신념이 내 안에서 자라고 있다. 오직 추축국이 완전히 괴멸되어야만 정상적인 세계가 가능하기 때문에, 전쟁은 종종 부정적인 의미로 쓰이지만 나에게는 옳다고 믿는 것을 이루기 위한 장기적이고 단호한 활동으로서 십자군 전쟁과도 같은 것이었다."

　그 이후로 아이젠하워는 전에는 느껴보지 못한 감정을 종종 표출했다. 현대 세계의 전쟁에서는 적이라고 분명하게 규정하기에는 애매한 적들이 많다. 자신의 국가와 싸우는 반란군 무리, 다양한 지역에서 활동하는 테러리스트 조직, 자신들의 신념을 위해 싸우는 종교 집단 등이 그 예다. 아이젠하워는 전력을 쏟아부을 분명하게 정의된 적과 싸운다는 이점을 가지고 있었다.

　북아프리카 전역의 종료와 함께 아이젠하워는 자신의 관심을 다음 단계인 베를린-시칠리아 섬으로 돌렸다.

CHAPTER 9

"균형이 잘 잡혀 있어야 한다"

●

자신감을 되찾게 해준 판텔레리아 섬 공격

조지 마셜은 비제르테와 사르데냐에서의 작전을 평가하면서 가끔 작전을 너무 조심스럽게 지휘했다고 아이젠하워를 비판했다. 아이젠하워는 자신이 수세적이지 않았다고 반박했다. 그는 연합 작전에서 상충되는 요구들을 만족시키려 노력했고, 가용한 병력과 자원을 활용하고자 최선을 다했다.

아이젠하워는 연합국을 상대하면서 과거와 현재의 지휘관이 직면했던 동일한 문제에 부딪혔다. 연합군을 위해 그는 미군 동료들을 선호하게 되는 당연한 마음을 억제해야 했다. 사령관으로서 그는 조지 패튼을 최대한 지원할 수 있었으나, 그렇게 하면 버나드 몽고메리의 기분을 상하게 해서 문제가 생길 수도 있었고, 자칫 연합군이 해체되는 상황으로까지 번질 수도 있었다.

마셜이나 다른 비판자들이 아이젠하워가 공격적이었다는 것을 보여주는 증거를 요구하면, 아이젠하워는 1943년 6월 과감한 공격으로 튀니지와 시칠리아 중간에 있는 지중해의 섬 판텔레리아Pantelleria을 확보한 것을 예로 들었다 . 아이젠하워는 향후 이탈리아 작전 시 항공지원이 가능한 판텔레리아의 비행장이 탐났다. 그러나 대부분의 야전 지휘관들은 비행장 하나를 확보하는 데 발생하는 피해가 너무 클 것이라며 이의를 제기했다. 돌로 이루어진 섬은 상륙 지점이 마땅치 않았다. 그리고 이탈리아군 1만 1,000명이 얼마나 강한 방어선을 구축했는지는 아무도 예측할 수 없었다.

아이젠하워는 강력한 선제 포격을 실시한다면 무기력해진 이탈리아군 수비대의 큰 저항 없이 상륙할 수 있다고 믿었다. 그는 그 점을 입증하기 위해서 공격 개시 4일 전, 영국 군함을 타고 섬을 정찰했다. 이탈리아군이 겨우 2개 포대에서 간헐적 포격으로 대응하자, 아이젠하워는 자신이 옳다고 확신했다.

6월 11일, 영국군이 바다로부터 판텔레리아에 접근했다. 아이젠하워가 예측한 대로 이탈리아군은 전투를 포기하고 항복했고, 정오 무렵 연합군은 섬을 완전히 장악했다. 아이젠하워는 이제 시칠리아의 독일군을 공격할 수 있는 중요한 비행장을 차지하게 되었다. 그리고 무엇보다 중요한 것은 그가 장차 있을 작전에 대해 어느 정도 자신감을 갖게 되었다는 것이었다. 그가 아내에게 보내는 편지에 이렇게 썼다.

"오늘 저녁 신문에서 보았을 테지만 우리는 판텔레리아 섬을 장악했소. 더군다나 내가 예상한 대로 모든 것이 이루어져서 매우 기쁘오."

그는 북아프리카 작전 초기에 고통을 받았다. 판텔레리아 섬이 작기는 했지만, 작전이 순조롭게 진행되어 그는 자신감을 회복할 수 있었다.

이 작전에 대해 영국 신문들은 영국군 지휘관인 몽고메리와 알렉산더만 격찬하고 아이젠하워의 공헌은 간과했지만, 아이젠하워는 자신감을 얻었다. 아이젠하워는 자신의 일기에 이렇게 썼다.

"사람들은 알렉스Alex(알렉산더)와 몬티Monty(몽고메리)에 대해 말할 때 자주 사용하는 '진취적이며 대담하다'라는 말을 나에 대해서는 쓰지 않는다."

그는 튀니지에서 자신이 미군 투입을 주장한 것과 판텔레리아 섬 공격의 결과가 자신의 가치를 입증해준다고 생각했다.

"그러나 거의 미쳤다고 생각될 만큼 위험한 일을 해야 할 때 내가 소심하다는 생각에 힘들었다."

●

패튼과 몽고메리 사이에서 길을 잃다

1943년 5월, 연합참모회의CCS, Combined Chiefs of Staff Committee(영국 육군 참모총장인 앨런 브룩 대장과 미국 육군 참모총장인 조지 마셜 대장을 비롯해 영국군의 3군 총장과 미국의 합동참모, 기타 연합국 대표들로 구성되었으며 양국의 참모본부에서 합의된 사안을 상정하여 최종 결정했다-옮긴이)는 유럽 전투의 방향을 논의하기 위해 워싱턴 D. C.에 모였다. 그들은 1944년에 영국해협 횡단 공격을 실행하기로 결정했다. 그러나 아이젠하워에게는 시칠리아 작전의 세부사항과 이탈리아 본토가 아직 남아 있었다. 이탈리아 반도로 직접 진격해야 한다는 처칠의 재촉에도 불구하고 아이젠하워는 자신의 다음 목표를 시칠리아로 결정했다. 그는 이탈리아 땅에 연합군을 상륙시키는 이 작전으로 이탈리아 독재자 베니토 무솔리니Benito Mussolini의 몰락을 이끌어낼 수도 있고, 독일이 소련 전선에서 추가 병력을 차출해 이탈리아로 전환시키게 되면 소련이 느끼는 압박감이 완화될 것이라고 믿었다.

시칠리아 남동쪽 외진 곳을 총공격하자고 주장하는 몽고메리와 북동쪽 끝의 주요 항구인 메시나^{Messina}에 대한 근접 공격을 포함하여 좀 더 다양한 접근을 원했던 패튼, 이 두 사람의 주장을 모두 들은 아이젠하워는 최종적으로 남쪽의 독일군을 차단하기 위해 영국군 지휘관 몽고메리의 주장을 받아들였다. 패튼의 제7군이 몽고메리를 지원하면서 서쪽 해안으로 진격하는 동안, 몽고메리의 제8군은 남동쪽 해안에 상륙하여 해안을 따라 메시나로 진격하기로 했다. 패튼이 한탄하며 말했다.

"총사령관이 미국 사람임을 포기하고 동맹국 사람이 되었네."

아이젠하워는 자주 난처한 상황에 처했다. 그가 미군 지휘관 패튼이 제안한 계획을 채택했다면 오직 자신의 국가를 위하는 행동을 했다는 영국의 비난을 받을 여지가 있었다. 그가 영국의 구상을 선택했다면 외국의 힘에 순순히 양보했다는 지적을 받았을 것이다. 아이젠하워는 마음을 굳게 먹고 전쟁이 계속되면서 더욱 악화되는 이런 비난들을 견뎌나갔다.

제1차 세계대전의 퍼싱 사령관부터 이라크에서 작전을 수행하는 해병 및 육군 장군들에 이르기까지 지난 전쟁의 지휘관들은 자신이 속한 국가와 연합국의 이익 사이에서 균형을 유지해야만 했다. 격동의 시대에 아이젠하워는 국가 이기주의를 초월해 연합군을 유지시키려는 원칙에 충실할 때에만 자신의 목표지점에 도달할 수 있다는 것을 알게 되었다.

7월 10일, 연합군의 패튼의 군대는 젤라^{Gela} 만 해안으로, 몽고메리의 군대는 시라쿠사^{Siracusa} 근처 해안을 통해 시칠리아에 상륙했다. 50만 명이 넘는 연합군 병력은 이탈리아군 35만여 명과 독일군 3만여 명의 강력한 저항을 받을 가능성이 있었다.

군사작전은 처음부터 혼란스러웠다. 아이젠하워는 자신의 참모에게 막중한 책임을 부여했고, 두 지휘관에게는 거의 모든 재량권을 주었다. 하지만 그 결과는 혼란과 명확한 지시의 결여로 나타났다. 꼼꼼하지만 답답한 몽고메리와 충동적이지만 공격적인 패튼은 처음부터 충돌했다. 아이젠하워가 부여한 자유재량권을 가진 그들은 전체적인 전략에 따라 조화롭게 작전을 실행하기보다는 각자의 스타일로 자신의 부대를 지휘했다. 몽고메리가 독일군의 강력한 저항으로 인해 느리게 진격하고 있을 때, 패튼은 자신에게 주어진 지원 임무를 뛰어넘어 시칠리아 한복판을 가로질러 북쪽 해안으로 밀고 나간 다음 동쪽의 메시나로 진격했다.

이탈리아 동맹군의 도움이 거의 없었는데도 독일군은 놀라운 방어전을 펼쳤다. 해안을 따라 진격하는 몽고메리의 제8군을 막아낸 독일군은 연합군이 놓은 덫을 피해 부대를 이탈리아 본토로 후퇴시켰다. 연합군의 희망은 사라졌다. 패튼이 주장한 것처럼 멀리 북쪽 해안을 따라 상륙하여 메시나 방향으로 신속하게 진격했더라면 독일군 병력을 함정에 빠뜨려 좀 더 결정적인 승리를 거둘 수 있었을지도 모른다.

아이젠하워는 몽고메리가 너무 느리게 진격한다고 불평했다. 그러나 대놓고 간섭하는 것은 연합을 방해하는 것이라고 생각했다. 그래서 독일군이 이탈리아 본토로 건너가기 전에 속도를 내서 잡아야 한다는 분명한 명령을 몽고메리에게 내리지 않았다. 아이젠하워는 몽고메리가 패튼의 속도로 이동하고, 패튼은 몽고메리처럼 전략에 주목하면서 움직이길 원했다. 그러나 이 단계에서 자신의 권위를 주장하고 싶지 않았다. 대신에 그는 예하 지휘관들이 최고의 능력을 발휘해주기를 기대했다. 8월 17일 패튼이 메시나에 도달했을 무렵 독일군은 이미 이탈리아 본토로 떠나버리고 없었다.

아이젠하워는 자신이 기회를 놓쳤다는 것을 알았다. 그는 승리를 달성한 8월 18일, 메이미에게 보낸 편지에서 이를 인정했다.

"나는 우리가 시간을 조금이라도 단축하기를 원했소……."

5만 명이 넘는 추축군 부대는 무기와 보급품을 보유한 채 본토로 탈출했고, 그 결과 아이젠하워가 바라던 전멸을 피할 수 있었다.

●

패튼을 구하다

패튼이 메시나를 점령하던 8월 17일, 아이젠하워는 자신의 친구가 아주 큰 실수를 저질렀음을 알게 되었다. 2주 전 방문한 병원에서 패튼은 전투 피로로 고통받고 있는 병사 2명을 보았다. 패튼은 이 병사들을 비겁하다고 생각했다. 그는 첫 번째 병사를 겁쟁이라고 부르며 자신의 장갑으로 때리면서 욕설을 퍼부었다. 그리고 두 번째 병사는 두 번이나 구타했다. 이 당혹스런 사건에 격분한 아이젠하워는 조사관을 파견했다. 한 사람은 패튼에게, 한 사람은 병원으로 보내고, 한 사람은 병사들이 이 사건을 어떻게 보는지 알아보기 위해 패튼의 사단으로 보냈다.

조사관 3명의 결과 보고를 받은 아이젠하워는 비록 미국 국민들이 패튼의 해임을 원한다고 해도 유능한 군인 패튼을 품어야 한다는 결론에 도달했다. 그는 패튼을 폭발하게 만든 충동적이고 공격적이며 감정적인 성향이 그를 이렇게 뛰어난 군 지휘관으로 만들었고, 승리에 기여할 수 있는 그가 꼭 필요하다고 말했다. 전쟁이 끝난 뒤 아이젠하워는 이렇게 썼다.

"그는 피로에 무관심하고, 휴식이 필요하다는 육체의 요구에 무자비했음이 분명하다. 나는 여전히 유럽에서 우리가 치러야 할 큰 전투에 패튼이 참가할 수 있도록 그를 구해줘야 한다고 생각했다. 나는 그의 충동적 행동에서 비롯되는 피해를 확실하게 최소화하는 방법과 수단을 고안해야 했고, 그런 행동이 반복되지 않는지 직접 확인해야 했다."

아이젠하워는 패튼에게 장문의 비공식 편지를 보냈다. 편지에서 그는 패튼 장군의 실수를 질책했고, 관련된 사람들에게 사과하라고 명령했으며, 이와 같은 일이 또다시 반복된다면 지휘권을 빼앗겠다고 경고했다. 깊이 뉘우친 패튼은 사과하는 데 동의했다. 패튼은 아이젠하워에게 진심 어린 사과의 편지를 썼다. 그는 자신이 존경하는 사람에게 큰 고민을 안겨주었다고 말하면서 그런 사고는 앞으로 없을 것이라고 약속했다.

이 사건은 이것으로 끝난 듯 보였다. 그런데 명망 있는 기자 3명이 이 사건에 대한 자세한 내용을 파헤치며 아이젠하워에게 논평을 요청했다. 아이젠하워는 패튼의 행동은 충동적이었고, 그를 해임하는 것은 아군의 심각한 손실이라고 기자들을 설득했다. 아이젠하워는 원한다면 이 기사를 내보내도 좋으나 군대와 국가의 이익을 위해서 자제해줄 것을 요청했다. 언론이 그에 대해 품고 있던 존경의 표시로 기자 3명은 보도 자제를 약속했다.

11월까지 이 약속은 지켜졌다. 하지만 미국에서 전국적으로 유명한 기자 드류 피어슨^{Drew Pearson}이 자신의 주간 라디오 프로그램에서 사건의 내용을 방송하자 일부 유력 정치인을 포함한 사람들의 폭풍 같은 비난이 쏟아졌다. 그러나 아이젠하워는 자신의 결정 번복을 거부했다. 마셜이 해임 명령만 내리지 않는다면 패튼은 지휘관으로 계속 남아 있을 수 있었다.

마셜에게 쓴 편지에서 아이젠하워는 패튼을 지켜야 한다는 자신의 결정을 옹호했다. 그는 또 다른 사건을 막기 위한 조치를 취했고, 패튼이 단 하나의 간단한 이유인 영광을 위해 행동할 것이라 믿는다고 주장했다. 그리고 "패튼은 위태롭게 만들 수 있는 자신의 모든 습관을 가차 없이 억제하여 훌륭한 군 지휘관으로 인정받기를 열망합니다"라고 썼다.

아이젠하워의 패튼에 대한 진심어린 옹호는 그의 주요 전공戰功 중 하나가 되었다. 아이젠하워는 패튼이 항상 문제를 일으킬 거라는 반대 의견이 있다는 것을 알고 있었지만, 그가 해임되는 것보다는 지휘관으로 남아 있을 때 전쟁이 빨리 끝날 것이라고 생각했다. 아이젠하워가 패튼을 해임하라는 항의의 폭풍에 굴복해 패튼을 해임했다면 1944년 프랑스 횡단 공격이 얼마나 느리게 진행되었을까.

항상 병사들의 복지를 생각하는 아이젠하워가 유럽에서 복무 중인 한 병사의 어머니에게 보낸 편지에서 강하게 패튼을 옹호한 것은 적절했다. 준 젠킨스 부스June Jenkins Booth 여사는 패튼처럼 "그렇게 잔인하고, 모욕적이고, 참을성 없는 장교" 밑에서 아들이 복무하고 있는 것이 걱정이라는 편지를 보내왔다. 이 편지에 자극받은 아이젠하워는 1943년 11월 14일 편지를 받은 지 1시간도 안 되어 답장을 썼다.

"어머니께서 미국 군대에서 발생한 일에 격분하고, 그의 그런 행동에 개탄하는 것은 아주 당연합니다. 그러나 시칠리아에서 패튼 장군은 수천 명의 미군 생명을 구했습니다. 대담함, 속도, 투지로 전투가 아닌 행군으로 그는 승리를 거두었습니다. 그는 자신과 부대원들을 거의 인간의 한계를 넘을 만큼 몰아붙였습니다. 하지만 그 결과 사상자가 거의 발생하지 않아 고향에 계신 부모님들의 비극을 최소화할 수 있었습니다."

다른 전쟁의 지휘관들처럼 아이젠하워는 권력을 남용하는 장교들을 어떻게 처리해야 하는지에 대한 난처한 문제에 직면했다. 패튼의 분노는 전쟁포로나 시민을 향한 것일 수도 있었다. 그러나 이번 경우에는 더 이상 전투 능력이 없는 불행한 병사가 대상이었다. 아이젠하워는 뜨거운 비난과 분노의 감정에 굴하지 않고 사안의 장단점을 판단하여 패튼의 행동이 비록 몹시 밉기는 하지만 해임은 타당하지 않다고 결정했다. 아이젠하워는 편의주의적 방법이 아닌, 최선의 전쟁 결과를 위한 조치를 취했다. 그 후 적어도 몇 개월 동안 아이젠하워는 기자들과의 좋은 관계가 사태를 가라앉히는 데 도움이 되기를 바랐다. 그리고 아이젠하워의 바람은 이루어졌다.

아이젠하워는 시칠리아에서의 자신의 성과를 평가하고 두 가지 방법에서 실수를 했다는 결론을 내렸다. 적의 강점을 과대평가해 지나치게 수세적으로 행동했으며 메시나에서 너무 멀리 떨어진 곳에 상륙하여 독일군이 연합군을 피해 이탈리아 본토로 후퇴하는 것을 허용했다. 그는 적의 능력을 정확하게 평가하고 차후 작전에서는 좀 더 공격적으로 행동해야 한다고 생각했다.

●

이탈리아에서 고전하는 연합군

1943년 8월 캐나다 퀘벡Quebec에서 열린 연합참모회의는 프랑스에 대한 공격 준비를 우선으로 한다고 결정했는데, 이는 시칠리아에 있는 병력을 이탈리아 본토로 보낸다는 의미였다. 부대와 보급물자가 이미 준비되었으며 독일을 공격할 수 있는 주요 비행장들을 확보한 상태였다. 이탈리아 반도 공세는 연합군이 훌륭하게 전투를 치르는 독일군에 맞서 힘들게 싸우던 시칠리아 전투의 연장이었다. 게다가 상당히 많은 음모가 나도는 상황이었다.

자신이 다시 한 번 불만스런 정치적 책략에 빠져 있음을 알았을 때 아이젠하워는 북아프리카와 같은 상황이라는 것을 생각했어야 했다. 파시스트 대평의회Fascist Grand Council에서 축출된 독재자 베니토 무솔리니를 대신해 이탈리아 정부의 수반이 된 피에트로 바돌리오Pietro Badoglio 원수는 8월 17일 연합군이 이탈리아 본토에 상륙하자마자, 이탈리아 정부가 휴전협정에 서명하고 독일과의 전쟁을 선포하겠다고 제안했다. 그 매력적인 제안에는 후퇴하는 독일군이 로마를 파괴하기 전에 연합군이 로마에 먼저 도착해야 한다는 것을 아이젠하워가 보증해야 한다는 엄청난 전제조건이 붙어 있었다.

아이젠하워는 연합군의 생명을 구할 가능성이 있다면 어떤 제안도 선뜻 받아들이려 했다. 그러나 루스벨트와 처칠은 히틀러의 동맹국인 이탈리아와의 거래에 대한 미 본토의 반응을 걱정했다. 연합군 지도자들이 문제를 논의하는 동안 이탈리아와의 협력을 더욱 강화하기 위해 히틀러는 추가 병력을 이탈리아로 보냈다. 9월 3일, 연합군 부대가 시칠리아에서 이탈리아 본토로 건너왔을 때 로마와 다른 도시들에 대한 독일군의 보복을 두려워한 바돌리오는 휴전 발표를 주저했다. 아이젠하워는 이탈리아 정부가 항복했다는 방송을 사령부에서 즉시 발표하게 했다. 이 선제적인 발표로 인해 이탈리아 정부는 휴전협정을 체결할 수밖에 없었다. 아이젠하워는 더욱 확신을 가지게 되었다.

시칠리아에서처럼 강력한 독일군의 저항으로 연합군은 수렁에 빠져버렸다. 비, 진흙, 그리고 산악지형이라는 절망적인 조건들이 독일군에게 유리하게 작용해 연합군은 진격하면서 엄청난 손실을 감내해야 했다.

공격 개시 후 두 달이 되는 즈음에 아이젠하워는 일기에 느린 진격에 대해 썼다.

"이 나라에서는 전차의 사용이 부적절했다. 모든 전투는 포병의 지원을 받은 보병이 수행해야 했다."

수십 년 뒤 미국 해병이 아프가니스탄에서 경험한 것과 유사하게 연합군은 산악지대에서 엄청나게 소모적인 전투를 치러야 했다. 두 전쟁 모두 최소의 성과 얻기 위해서 많은 인내심과 의지가 필요했다.

●
노르망디 상륙작전을 지휘할 연합군 총사령관이 되다

연말이 되자, 영국해협을 횡단하는 노르망디 공격을 누가 지휘할 것인가의 문제가 시급해져 이탈리아 전역 지휘권은 다른 지휘관에게 넘어갔다. 조지 마셜이 이 역사상 최대 상륙작전인 암호명 오버로드Overlord의 지휘를 맡을 것으로 예측되었다. 1943년 11월, 루스벨트는 노르망디 상륙작전을 성공시킨다면 마셜은 역사책에 기록될 만한 가치가 있다고 설명하면서 아이젠하워에게 말했다.

"자네와 나는 남북전쟁 때 참모총장의 이름을 알고 있네. 그러나 전문적인 직업군인 이외에 어떠한 미국인도 그 같은 일을 해낼 수 없지."

루스벨트는 "마셜이 당연한 자리를 거부하면 역사에 큰 누를 끼치는 것이 될 거야. 그러나 승리할 팀을 가지고 장난치는 것은 위험한 일이기는 하지"라고 덧붙이면서 그가 망설이고 있다는 것을 내비쳤다.

아이젠하워는 노르망디 공격의 지휘권을 갖기를 간절히 원했으나 루스벨트의 마음도 이해했다. 그는 대통령에게 어디에서든 기쁘게 복무하겠다고 말했다.

몇 주가 지나자 루스벨트는 마음을 바꿨다. 마셜의 전문지식이 너무나 소중해서 그를 보낼 수 없었다. 대통령이 마셜을 워싱턴에 계속 머무르게 하자, 마셜은 엄청나게 실망했다. 루스벨트는 마셜을 이렇게 위로했다.

"자네를 나라 밖으로 보내고 나면 나는 밤에 잠을 잘 수가 없을 것 같다네."

미군이 유럽 전역에서 주요한 역할을 담당하게 되면서 미국인이 지휘관이 되는 것이 순리였다. 그리고 아이젠하워가 선택될 것이 분명했다. 연합군을 하나의 팀으로 만드는 그의 능력이 유럽 전쟁에서 절대적으로 필요했다. 최고의 정치가인 프랭클린 루스벨트는 아들 제임스가 왜 아이젠하워를 선택하셨냐고 물었을 때 이렇게 대답했다.

"아이젠하워는 군인들 가운데 최고의 정치인이다. 그는 그를 따르는 사람들에게 확신을 줄 수 있는 타고난 리더다. 그 자리에는 이러한 자질이 다른 어떤 자질보다 필요하다."

진주만 공격으로 미국이 참전한 지 2년 뒤인 1943년 11월 7일, 루스벨트는 북아프리카에서 아이젠하워를 만나 이렇게 말했다.

그의 배움터는 웨스트포인트가 아니라 폭스 코너, 조지 패튼, 더글러스 맥아더 같은 위대한 인물들과 함께한 직책과 제15보병연대와 제3군과 함께한 야전이었다. 그는 패튼처럼 허세와 재능, 맥아더처럼 화려한 웅변술을 드러내 보이지는 않았지만, 그를 유능한 리더로 만든 그만의 재능, 즉 결단력, 공정성, 그리고 철두철미함을 소유했다.

"음, 아이크, 자네가 오버로드 작전을 지휘하게 될걸세."

깜짝 놀란 아이젠하워는 넘치는 기쁨을 억누르면서 대답했다.

"대통령 각하, 매우 힘든 결정을 하셨습니다. 저는 대통령 각하를 절대로 실망시키지 않겠습니다."

아이젠하워는 맡은 일 이상을 해냈다. 초기의 암울했던 육군의 직책에서부터 북아프리카 및 이탈리아에서의 대규모 전역에 이르기까지 연속해서 자신의 기량을 발전시켰다. 그의 배움터는 웨스트포인트가 아니라 폭스 코너, 조지 패튼, 더글러스 맥아더 같은 위대한 인물들과 함께한 직책과 제15보병연대와 제3군과 함께한 야전이었다. 그는 패튼처럼 허세와 재능, 맥아더처럼 화려한 웅변술을 드러내 보이지는 않았지만, 그를 유능한 리더로 만든 그만의 재능, 즉 결단력, 공정성, 그리고 철두철미함을 소유했다.

그는 1942년 12월 10일자 일기에 마치 패튼을 언급하는 것 같은 내용을 썼다.

"화려하게 치장하고 홍보하기 좋아하는 승부사 타입은 신문의 헤드라인을 장식할 수 있고, 대중의 영웅이 될 수 있다. 하지만 그것만으로는 최고사령관의 자질을 지녔다고 할 수는 없다."

그리고 이어서 몽고메리를 언급하는 것 같은 내용을 썼다.

"한편 느리고, 꼼꼼하며, 의례적인 사람은 중요한 위치에는 절대적으로 무가치하다."

아이젠하워는 둘 중 어느 한 가지 방식에만 의존할 것이 아니라 "그런 사람을 찾기는 매우 어렵지만 올바른 균형을 유지해야 한다. 이에 더하여 중요한 위치에 있는 사람은 지치지 않는 활력을 가져야 한다. 그는 실망과 좌절, 부하들의 의심을 완화시키고 불가능하다고 여겨지는 성과를 강요하도록 주야로 요구받는다"라고 끝을 맺었다.

이 순간에 이르기까지 수년간 아이젠하워는 패튼과 몽고메리가 열정적으로 주장하는 상충된 관점 사이에서 올바른 균형을 유지하려고 노력했다. 이제, 마침내, 그는 준비가 되었다.

PART 4

연합군 총사령관

"병사들은 작전을 지휘하는 사람을 만나길 좋아한다. 지휘관이 자신들을 무시하거나

자신들에게 무관심한 태도를 조금이라도 보이면 반드시 분노를 느낀다. 그리고 비록

짧은 방문이라도 그 방문 자체를 지휘관의 관심의 증거로 해석한다. 겸손한 지휘관이

라면 자신의 병사들 앞에 나타나 그들과 대화하고 물리적 한계의 범위 내에서 그들과

어울리는 것을 틀림없이 자신의 의무로 여길 것이다. 그것은 사기를 끌어올리는 데

큰 역할을 한다. 그리고 이러한 동질감에서 오는 사기가 전장에서는 최고다."

– 드와이트 D. 아이젠하워 –

CHAPTER 10

"실패는 생각조차 할 수 없다"

●

가족과의 짧은 만남

조지 마셜은 아이젠하워에게 고도의 집중이 요구되는 오버로드 작전 전에 고향에서 짧은 휴가를 보내라고 명령했다. 그는 2주간의 휴가 대부분을 전쟁성에서 보내다가 잠시 틈을 내어 캔자스에 있는 가족을 만나러 갔다. 어머니와 형제들은 즉시 아이젠하워에게서 달라진 점을 발견했다. 상냥한 미소는 여전했으나 성숙하고 자신감에 차 있으며 투지가 넘쳐 보였다. 그는 마치 임무가 자신을 부르고 있다고 생각하는 듯 빨리 돌아가고 싶어하는 것 같았다.

당시 형 아서는 이렇게 말했다.

"지금 아이크를 보니 그의 적들에게 약간 미안한 마음이 들지 않을 수 없었다."

●

영국군도 극찬한
능력, 도덕성, 정직성, 솔직함 겸비한 연합군 총사령관

아이젠하워는 1944년 1월 중순에 연합원정군최고사령부SHAEF, Supreme

영국 해군 제1군사위원 및 영국 해군 참모총장 앤드류 B. 커닝험 제독은 사람들에게 "아이젠하워가 북아프리카에서 지휘를 처음 맡았을 때, 그에게 의문을 가졌었다. 하지만 얼마 지나지 않아 우리 사령관이 높은 도덕성과 투명한 정직성을 갖고 있으며 당황스러울 정도로 솔직한 사람임을 알게 되었다"고 말하면서 "그가 유연하게 굴러가는 연합군 기구를 만들어냈다"며 그의 노력을 찬양했다.

Headquarters, Allied Expeditionary Force를 창설하기 위해 런던으로 날아갔다. 북아프리카에서처럼 모든 영국군 과장은 미군 보좌관을, 미군 과장은 영국군 보좌관을 두었다. 이번에는 여러 면에서 업무가 더 부드럽게 처리되었다. 가장 큰 이유는 아이젠하워를 포함한 모든 사람들이 대규모 부대를 지휘하고 물자를 보급한 경험이 있었기 때문이었다. 그가 회고록에서 말한 것처럼 "1년 반 전의 상황과 비교하면 혼란은 질서로, 공포와 의심은 확신과 자신감으로 바뀌었다."

또한 그는 전쟁의 결과를 결정할 역사상 최대 상륙작전이 임박했기 때문에 장교와 참모들이 좀 더 집중력을 가지고 일하는지 관심을 기울였다. 아이젠하워와 같이 근무하던 영국군 장교들은 화합의 증거를 보여주기 위해 2월에 열리는 남자들만을 위한 파티stag party를 포기했다. 이들은 아이젠하워에게 모든 사람들의 사인이 담긴 우아한 은쟁반을 선물했다. 영국 해군 제1군사위원First Sea Lord 및 영국 해군 참모총장 앤드류 B. 커닝험Andrew B. Cunningham 제독은 사람들에게 "아이젠하워가 북아프리카에서 지휘를 처음 맡았을 때, 그에게 의문을 가졌었다. 하지만 얼마 지나지 않아 우리 사령관이 높은 도덕성과 투명한 정직성을 갖고 있으며 당황스러울 정도로 솔직한 사람임을 알게 되었다"고 말하면서 "그가 유연하게 굴러가는 연합군 기구를 만들어냈다"며 그의 노력을 극찬했다.

●

노르망디 상륙작전을 위한 준비

그럼에도 불구하고 여전히 아이젠하워는 무거운 부담을 지우는 문제들과 마주하고 있었다. 영국해협 횡단 공격을 위해 구성된 팀은 이제 막 관련 업무를 겨우 시작하고 있었다. 공격 위치는 노르망디Normandie, 공격 시기는 5월 1일 직후로 정해졌다. 독일은 대서양 해안을 따라 모든 곳에, 특히 프랑스의 다른 어떤 곳보다 영국 제도에 가깝게 돌출되어 공격이 용이하다고 판단되는 지점인 파드칼레Pas de Calais의 북쪽을 향해 더욱 견고한 방어벽을 구축했다. 봄에 작전을 개시하면 작전이 불가능한 겨울이 시작되기까지 최소한 4개월의 시간이 있었다. 게다가 순조로운 상륙을 하기 위해서 필수적인 달과 조수의 이상적인 조합은 오직 5월 초와 6월 중순 사이로 예상되었다.

북아프리카와 이탈리아 침공에서 교훈을 얻은 아이젠하워는 중요한 전투에 투입할 사단장들을 선택하는 데 특히 많은 관심을 기울였다. 사단은 한 사람의 장교에 따라 크게 차이가 날 수 있는 가장 큰 군의 단위부대이기 때문에 사단장은 다른 고위 장교보다 전투에 더 많은 영향을 미칠 수 있다고 믿었다. 그는 군단장이 희망하는 사람들보다 자신이 지휘했던 사람들과 더 자주 접촉했다. 병사들은 군단 또는 육군이 아니라 자신이 속한 특정 사단에 자긍심을 가졌다. 따라서 아이젠하워는 자신이 개인적으로 알고 있거나, 존경하는 사람들이 강력하게 추천한 장교들을 데려왔다.

그런 다음 반드시 그 장교들이 언론의 관심을 받도록 만들었다. 공식 발표에 게재되는 이름이 자신뿐이었던 태평양의 맥아더와는 다르게, 아이젠하워는 자신의 방식대로 예하 지휘관들이 고국 언론의 관심을 받을 수 있도록 노력했다. 그는 기자들에게 자신보다는 다른 장군들과 대령들에 대한 보도를 해줄 것을 요청했다. 스포트라이트를 공유함으로써 사단장들에게 부대의 한 부분임을 좀 더 느끼게 하고, 더욱 효율적인 팀을 꾸리게 만들었다.

그렇지만 아이젠하워는 우정으로 무능함을 감싸지는 않았다. 그는 작전의 비밀을 유지하기 위해서 모든 장교들에게 관련 사항을 발설하지 말라는 엄격한 규정을 하달했다. 4월, 아이젠하워의 웨스트포인트 동기인 헨리 J. 밀러Henry J. Miller 소장이 심하게 술에 취해 파티 참석자들에게 몇 가지 세부 내용에 대해 말했다. 아이젠하워는 즉시 밀러의 계급을 강등시킨 뒤, 미국으로 보내버렸다. 아이젠하워는 마셜에게 보내는 편지에 이렇게 썼다.

"저는 가끔 그런 불필요하고 위험한 일들이 발생하면 매우 화가 나서 그런 상황을 만든 사람을 총으로 쏘고 싶은 생각이 듭니다."

상륙용 주정의 부족은 아이젠하워를 괴롭혔다. 그는 5월에 5개 사단을 상륙시키기 위해 1월에 보유했던 수량보다 더 많은 300척가량의 상륙용 주정을 요청했다. 그는 미국의 공장에서 추가로 100대를 더 생산할 수 있는 시간을 주기 위해 공격 일자를 한 달 뒤인 6월로 미루었다. 그런 뒤, 남프랑스에 상륙할 앙빌Anvil 작전의 연기를 마셜에게 건의했다. 그 결과 앙빌 작전을 위해 배정되었던 상륙용 주정을 사용할 수 있게 되었다.

아이젠하워는 온갖 수단을 다 동원해 결국 필요한 상륙용 주정을 확보할 수 있었다. 윈스턴 처칠은 "위대한 두 제국의 운명이 …… LST Landing Ship, Tanks(전차상륙함)라고 불리는 빌어먹을 것에 달려 있는 것처럼 보인다"라며 불평했다.

열정적으로 일하던 이 시기에 아이젠하워는 자신감을 보이며 어떠한 비관적 태도도 금지했다. 그는 이 작전의 중요성을 인식하고 있었다. 노르망디에서 성공한다면 연합군은 베를린을 목전에 두게 되지만, 실패하면 전쟁의 시간표를 몇 년까지는 아니더라도 몇 개월 뒤로 돌려놓게 될 게 분명했다. 그는 6월이 가까워지자 자신의 참모를 독려했다.

"이 작전은 반드시 성공할 거다. 실패를 생각해서는 안 된다. 실패할 가능성이 없다는 것을 보장한다."

오마 브래들리 장군은 아이젠하워의 낙관론이 사령부에 큰 영향을 미쳐 가장 회의적인 장교까지도 작전이 성공할 것이라고 믿게 되었다고 말했다.

●

회의적인 처칠에게는 확신을,
악동 패튼에게는 관용과 신뢰를

아이젠하워의 가장 큰 걱정거리는 처칠이었다. 제1차 세계대전의 참호와 갈리폴리Gallipoli 해안에서 영국 젊은이들이 당한 끔찍한 인명 손실로 인해, 처칠은 노르망디에서 생길 또 다른 심각한 유혈사태를 두려워했다. 그는 독일군으로부터 교두보를 탈취하기에는 공격부대가 너무 약하다며 아이젠하워를 성가시게 했다. 그리고 총사령관에게 다음과 같이 말했다.

"노르망디 해안을 생각할 때면 한창 나이인 미국과 영국의 젊은이들 때문에 목이 메이네. 그리고 내 마음의 눈에서 그들의 피로 붉게 물드는 파도가 보여. 나는 회의적이야. …… 나는 회의적이야."

아이젠하워는 공격에 필요한 모든 것을 다 갖추었기 때문에 연합군은 승리할 것이라고 처칠을 안심시켰다.

아이젠하워가 낙관할 수 있었던 한 가지 이유는 변덕스러운 조지 패튼이 있었기 때문이었다. 아이젠하워는 구타 사건 이후에 충동적인 패튼을 구제해줬다. 패튼의 공격적인 지휘 방식이 프랑스와 독일의 평원과 계곡에서 필수적이었기 때문이다. 일단 육군이 상륙 후 노르망디를 벗어나면 패튼의 기갑사단이 프랑스 국내를 굉음을 울리며 횡단하여 독일 국경으로 향할 것이다. 그러나 그 전에 패튼은 디데이까지 또 다른 실수를 범하지 말아야 했다.

그런데 4월 25일 패튼은 다시 한 번 신문 헤드라인을 장식했다. 그는 영국의 한 여성클럽 연설에서 미국과 영국이 세계를 지배할 운명이라고 주장했다. 소련은 즉시 이 모욕적인 말에 항의했다. 그리고 일부 미국 언론도 패튼의 해임을 촉구했다. 아이젠하워가 브래들리에게 고함쳤다.

"나는 이제 신물이 나네! 만약 내가 조지를 위해 한 번 더 언론에 사과하는 일이 생기면, 나는 그가 아무리 쓸모 있더라도 집으로 보내버릴 거야. 그를 보호하는 것도 이제 진절머리가 나네. 더 이상 이것들을 견디기에는 인생이 너무나도 짧아."

아이젠하워는 패튼이 구타 사건 이후 약속을 지키지 않은 것에 실망했다고 브래들리에게 말했다. 그리고 자신이 그의 목숨을 구해줄 만큼 힘이나 능력을 가졌는지 반신반의했다.

아이젠하워는 결정을 내리기 전에 마셜의 신호를 기다렸다. 마셜 역시 전쟁 승리에 분명히 필수적인 재능이 있는 지휘관을 남겨두길 바랐다. 마셜은 패튼에 관한 결정은 전적으로 아이젠하워에게 달려 있다는 전보를 보냈다.

아이젠하워는 사령부로 패튼을 불러들였다. 지난 일로 깊이 뉘우친 패튼은 자신의 행동을 고치겠다고 또다시 약속했다. 패튼을 거의 교체할 뻔했지만, 영국해협 횡단 작전이 고작 몇 개월 남지 않은 상황에서 이런 중요한 인적 자산을 버리는 모험을 선택할 수는 없었다. 아이젠하워는 패튼을 노려보면서 으르렁거렸다.

"자네는 우리에게 몇 번이나 승리를 빚졌어! 갚게나. 그러면 세상은 나를 현명한 사람으로 여길 것이네."

패튼은 감사해하며 결정을 후회하지 않게 해주겠다고 맹세했다.

패튼 때문에 좌절하고 당황했던 아이젠하워는 패튼이 전쟁에서 승리하는 데 도움이 될 거라는 보다 중요한 한 가지 사실에만 집중했다. 이것으로 아이젠하워는 자신의 분노를 누그러뜨리고 친구를 남겨둘 수 있었다. 패튼이 친구여서가 아니라, 야전에서 승리할 가능성을 높여주는 존재이기 때문이었다. 아이젠하워는 자신의 기준에 따라 패튼에게 다른 장교들보다 더 많은 자율권을 주었다.

아이젠하워는 큰 그림에 집중했기에 성공을 거두었다. 그가 패튼의 재능으로 이익을 취하려 했다면, 논란으로 고통받았을 것이다. 불안스럽지만 영감을 주는 전차 지휘관 패튼이 없다면 1944년 프랑스 전역은 아슬아슬할 게 분명했다. 아이젠하워는 그런 상황을 맞을 준비가 되어 있지 않았다.

패튼은 전장을 통제했지만, 자신의 입과 감정은 통제하지 못했다. 패튼은 문제를 일으켜 헤드라인을 장식했다. 그러나 아이젠하워는 단호한 명령과 차분한 리더십을 발휘해 좀 더 완성된 지휘체계를 만들었다.

●

너무나 인간적인

아이젠하워는 업무 부담감에서 벗어나 휴식이 필요할 때면 언제나 병사들을 찾아가 그들에게서 평화를 얻었다. 장병 복지에 매우 신경을 썼으며, 그와 보병 사이에는 다른 장군들과 고급 지휘관들 사이에는 거의 존재하지 않는 상호교감이 잘 이루어졌기 때문이었다. 보병은 그의 명령을 실행하는 사람들이었다. 그들은 아이젠하워의 핵심이었다. 그들은 언제든 죽을 수 있는 그런 사람들었다. 아이젠하워는 야전 지휘관들이나 각국 수상들로부터 벗어나 값진 시간을 자신의 명령에 가장 큰 영향을 받는 병사들과 함께 어울리는 데 할애했다.

아이젠하워는 자신의 명령이 병사들뿐만 아니라 그들의 가족과 친구들에게도 영향을 준다는 것을 알고 있었다. 많은 지휘관들이 전장으로 '부대'와 '사단'을 보낸 반면, 아이젠하워는 '젊은이'와 '성인 남자'를 보냈다. 그는 전쟁을 인간적 차원에서 바라봤다. 그리고 그렇게 함으로써 대부분의 사람들보다 그 중요성에 대해 오래도록 숙고했다.

1944년 4월 16일 메이미에게 쓴 편지에는 이런 문제에 대한 그의 감정이 담겨 있다.

"이 잔인한 전쟁이 빨리 끝나기를 내가 얼마나 바라는지."

그는 덧붙였다.

"매일 ―공중전을 포함해― 희생자 수를 집계해 얼마나 많은 젊은이들이 영원히 사라졌는지 알게 되면 너무나도 슬프다오. 누군가 한 사람은 감정에 좌우되지 않고 그런 일을 할 수 있는 냉정함을 가져야만 하오. 그러나 그 사람도 온 나라의 가족들에게 비통함과 고통을 안겨줄 뉴스가

> "병사들은 작전을 지휘하는 사람을 만나길 좋아한다. 지휘관이 자신들을 무시하거나 자신들에게 무관심한 태도를 조금이라도 보이면 반드시 분노를 느낀다. 그리고 비록 짧은 방문이라도 그 방문 자체를 지휘관의 관심의 증거로 해석한다. 겸손한 지휘관이라면 자신의 병사들 앞에 나타나 그들과 대화하고 물리적 한계의 범위 내에서 그들과 어울리는 것을 틀림없이 자신의 의무로 여길 것이다. 그것은 사기를 끌어올리는 데 큰 역할을 한다. 그리고 이러한 동질감에서 오는 사기가 전장에서는 최고다."

고국에 전해진다는 사실은 인정할 수밖에 없을 것이오. …… 전쟁은 반드시 견뎌내야만 하는 병사들뿐만 아니라 자신의 자식들을 희생해야 하는 고향의 부모들에게도 강한 정신력을 요구하오."

그는 이런 생각들을 표현하면서 틀림없이 아이키를 생각했을 것이다.

1964년 노르망디를 재방문한 아이젠하워는 언론인 월터 크롱카이트Walter Cronkite에게 머리에 떠오른 첫 번째 생각은 작전을 방해한 최악의 날씨도, 몽고메리와 패튼 사이의 내분도, 어마어마한 공격도 아닌 죽은 군인들의 가족이었다고 말했다. 그는 그들의 희생 앞에서 다시 보지 못할 그들의 아들, 남편 또는 형제, 태어나지 못한 손자를 생각했다.

병사들과 가족들에 대한 염려 때문에 아이젠하워는 공격 전 가능한 한 많은 병사들을 만나고 싶어했다. 그는 2월 1일부터 6월 1일까지 1주일에 다섯 번 내지 여섯 번씩 26개 사단, 24개 비행장, 5척의 군함과 수많은 보급창고와 병원을 방문했다. 부대 단위로 병력들을 정렬시키고 모두에게 연설하는 것이 아니라 비공식적으로 해당 지역 주변을 걸으면서 한 번에 몇 명과 이야기를 나누는 것을 선호했다. 그는 회고록에 이렇게 썼다.

"병사들은 작전을 지휘하는 사람을 만나길 좋아한다. 지휘관이 자신들을 무시하거나 자신들에게 무관심한 태도를 조금이라도 보이면 반드시 분노를 느낀다. 그리고 비록 짧은 방문이라도 그 방문 자체를 지휘관의 관심의 증거로 해석한다. 겸손한 지휘관이라면 자신의 병사들 앞에 나타나 그들과 대화하고 물리적 한계의 범위 내에서 그들과 어울리는 것을 틀림없이 자신의 의무로 여길 것이다. 그것은 사기를 끌어올리는 데 큰 역할을 한다. 그리고 이러한 동질감에서 오는 사기가 전장에서는 최고다."

자신이 병사들에게 해준 만큼 그도 병사들에게서 많은 응원을 받았다. 열광적으로 환영하고 쾌활한 모습을 보이는 병사들을 대하면서 그들이 자신이 죽을 수도 있는 작전을 기꺼이 받아들이고 있다는 것을 확신했다. 훗날 그는 시인 칼 샌드버그Carl Sandburg에게 이렇게 털어놓았다.

"그들이 나를 아이크 삼촌 또는 …… 그냥 아이크라고 불렀을 때, 나는 모든 것이 잘되고 있다고 생각했습니다."

5월 21일, 그는 마셜에게 보내는 편지에 부대 방문 시 그가 본 부대의 상황이 아주 흡족했다고 썼다.

"부대의 준비태세에는 문제가 전혀 없습니다. 그들은 잘 훈련되어 있었고, 임무를 빨리 시작해 완수하겠다는 의지를 갖고 있었습니다."

그리고 이렇게 덧붙였다.

"최고 수준의 사기와 준비태세를 확인했습니다."

1944년 봄, 그는 오랫동안 아주 뛰어난 영국군 장교들을 배출해온 샌드허스트Sandhust에 있는 영국 육군사관학교의 졸업식에서 연설했다. 그는 전략이나 전술이 아니라 그들이 지휘하게 될 병사들에 대해 말했다. 그는 장교는 병사들을 가족으로 여기며 병사들보다 먼저 그들이 필요로 하는 것을 돌봐야 한다는 것을 상기시켰다.

노르망디 작전 기간 중 공군을 누가 통제할 것인가?

자신의 부대원을 방문한 뒤 고무된 아이젠하워는 침공이 가까워짐에 따라 앞으로 발생할 문제와 결정에 대비해 준비를 했다. 몇 주 동안 그는 무엇보다도 공군 부대 통제, 작전 연기, 그리고 날씨라는 세 가지 문제에 집중했다.

첫 번째 문제는 노르망디 공격에서 공군을 누가 통제하느냐와 어느 공군 부대를 배치하느냐의 문제였다. 미군 칼 A. 스파츠^{Carl A. Spaatz} 중장과 영국 공군 대장 아서 해리스^{Sir Arthur Harris} 원수는 누구의 간섭도 받지 않고 공군이 항공 작전을 직접 지휘해야 하고, 주요 작전은 독일 본토 상공에 집중되어야 한다고 주장했다. 아이젠하워는 오버로드 작전이 성공하려면 가능한 모든 군사 자원을 독일이 아니라 노르망디와 프랑스의 수송 체계에 대한 공격에 집중시켜야 하며, 자신이 이 작전을 통제해야만 한다고 요구했다. 아이젠하워에게 힘든 일이었지만, 그는 영향력 있는 장교들의 강한 반대에 굳건히 맞섰다.

5월 6일 패튼이 아이젠하워의 사령부를 방문했을 때, 아이젠하워가 연합군 부사령관인 영국 공군 대장 아서 W. 테더^{Sir Arthur W. Tedder} 경과 전화로 논쟁하는 것을 들었다. 아이젠하워가 큰 소리로 말했다.

"나는 주인공이 되고 싶어하는 사람들을 처리하느라 지쳤소! 하나님께 맹세코 당신이 그 사람들에게 함께할 수 없으며 아이처럼 말싸움하는 것을 멈추라는 얘기를 할 수 없다면 나는 수상에게 이 엿 같은 전쟁을 수행할 다른 누군가를 찾으라고 말하겠소. 내가 그만두겠소."

마셜은 아이젠하워의 편을 들어 노르망디 작전 기간 중 공군 부대의 통제권을 그에게 맡겼다. 그러나 두 번째 문제가 곧 수면 위로 떠올랐다.

처칠과 영국 전시 내각은 프랑스 국민의 협조가 필요한 상황에서 프랑스 철도체계와 도로망에 대한 광범위한 폭격으로 최대 약 8만 명의 사망자가 발생하는 대규모 희생을 염려했다. 아이젠하워는 연합군의 상륙에 맞설 독일군의 추가 병력 투입을 방해하기 위해 오직 철로만을 폭격하겠다고 대답했다. 그리고 공습으로 과연 8만 명에 가까운 시민들이 사망할지에 대해서도 의문을 가졌다.

논쟁이 격해지는 동안, 아이젠하워의 참모장 비틀 스미스는 기민하게 런던에 있는 드골의 대리인 피에르 조세프 쾨니그Pierre Joseph Koenig 소장에게 연락하여 그의 의견을 확인했다. 결국 프랑스 국민이 가장 많이 희생될 것이었다. 쾨니그는 주저 없이 대답했다.

"이것은 전쟁입니다. 그리고 사람들이 죽을 수 있다는 것은 당연한 예상입니다. 우리는 독일을 제거하기 위해 예상되는 손실을 감내할 것입니다."

모든 군사작전에는 무고한 사람들의 죽음을 포함한 어쩔 수 없는 피해가 발생한다. 아이젠하워는 디데이의 성공을 위해 폭격으로 얻는 이점과 예상 프랑스 희생자 수를 비교 검토한 결과, 폭격으로 인한 희생자 수가 노르망디 공격으로 얻는 이점을 상쇄하는 것 이상이라고 생각했다. 그에게도 쉽지 않은 선택이었다. 하지만 그 같은 상황에서 그는 지휘관이 해야 될 정확한 판단을 내렸다. 그는 어려운 결정을 했다.

아이젠하워가 처칠에게 계속해서 사임하겠다고 협박하자, 영국 지도자는 누그러졌고 논쟁은 끝이 났다. 아이젠하워는 자신이 프랑스 철도체계를 공격 목표로 설정할 것을 고집하여 해안의 군대를 강화하기 위한 독일군의 작전을 지연시킨 것이 자신의 가장 위대한 전공戰功 중 하나라고 주장했다. 전후 심문을 받던 독일 사령관들도 침공 이전 연합군의 항공 작전이 독일군 병력 이동을 방해했다는 데 동의했다.

●

작전을 연기해야 하는가?

6월 6일로 예정된 공격 준비는 잘 진행되고 있었다. 5월 15일, 아이젠하워는 세인트 폴 스쿨St. Paul's School에서 전체 고급 지휘관 회의를 열었다. 이 학교는 몽고메리가 다녔던 권위 있는 학교였다. 윈스턴 처칠과 국왕 조지 6세George VI가 참석한 가운데 아이젠하워는 모든 장교들에게 침공 작전에서 각 부대의 역할을 설명하고 질문이 있다면 무엇이든 물어보라고 했다.

"이 계획에 어떤 결함이 있다고 생각하는 사람은 주저 없이 말하는 것이 의무라고 나는 생각합니다. 나는 지위고하를 막론하고 비판을 용납하지 않는 사람에게는 동의하지 않습니다. 우리는 최상의 결과를 얻기 위해 여기에 있습니다."

아이젠하워는 모두가 이 계획에 전념하길 원했다.

모든 지휘관들이 말을 마친 뒤, 처칠은 다가오는 작전을 준비하는 부대원들을 격려하는 호소력 넘치는 연설을 했다. 그 뒤, 아이젠하워가 농담을 던지며 회의를 마쳤다.

"지금으로부터 몇 분 뒤면 히틀러는 잘 조준된 폭탄 한 방으로 이번 작전을 이끌 전 연합군 지휘관들을 단번에 싹 쓸어버릴 마지막 기회를 잃게 될 겁니다!"

웃음이 가라앉길 기다린 뒤, 그는 다시 요점을 말했다.

"나는 여기 있는 모든 사람들이 장차 참모대학의 일원이 되어 있는 자신을 보기를 원합니다. 참모대학은 육군도 해군도 공군도 없는 학교가 될 것입니다. 참모대학은 영국군이나 미군이 아니라 미래전의 병법을 배우고 다른 이에게 가르치는 전투원들로만 구성될 것입니다."

그의 선견지명이 담긴 이 말은 미래전의 의미를 담고 있었다. 다양한 이해관계 속에서 연합을 구축한 아이젠하워의 노력 덕분에 한국전쟁과 이라크전에서 지휘관들은 따라야 할 전례를 얻게 되었다. 아이젠하워의 행동은 똑같이 벅찬 임무를 수행하는 사람들에게 좋은 안내자 역할을 한다.

2주 뒤인 5월 30일, 또 다른 위기가 시나브로 다가왔다. 영국군 공군대장 레이 말로리Leigh Mallory는 아이젠하워에게 연합군 공수부대가 강하하려는 지역에 독일군이 병력을 강화하고 있다고 전했다. 레이 말로리는 독일군이 작전을 진행하면 공수부대는 도살장에 뛰어드는 격이라며 우려했다. 아이젠하워는 겨우 공격 1주일을 앞두고 중요한 결정을 내려야만 했다. 강하 작전을 연기해야 하는지, 강하 작전 연기와 함께 전체 작전도 연기해야 하는지, 아니면 재앙을 각오하고서라도 기존 일정을 유지해야 하는지를 결정해야 했다. 조지 미드 장군이 게티즈버그에서 야간에 한 행동과 놀랄 정도로 유사했다. 아이젠하워는 혼자서 다음 행보를 생각했다. 그는 공격을 여러 각도에서 주의 깊게 재검토했고, 레이 말로리의 충고를 무시한다면, 그리고 공격이 실패한다면 '꽃 같은 수천 명의 우리 젊은이들을 무모하게 희생시킨 바보라고 자신을 비난하는 견디기 힘든 양심의 가책을 내 무덤까지 안고 가야 할 것이다'라는 생각에 빠졌다.

대안을 저울질한 아이젠하워는 작전을 계획대로 진행하기로 결정했다. 그는 별다른 성과를 내지 못했던 시칠리아와 이탈리아에서도 이와 유사한 불길한 예측과 마주한 적이 있었다. 그러나 레이 말로리의 우려 때문에 영국해협 횡단 공격 전체를 중단할 수는 없었다.

아이젠하워는 불안감 때문에 하루에 네 갑의 줄담배를 피워댔다. 그는 6월 3일 일기에 이렇게 썼다.

"어떻게 할 것인지 최종 결정을 내려야 하는 구체적이고 직접적인 책임을 맡지 않은 사람은 그 누구도 이같이 엄청난 부담을 이해할 수 없을 것이다."

●

불확실한 날씨가 가장 큰 변수

또한 6월 3일 일기에 아이젠하워는 당시 공격을 준비하는 데 있어 가장 큰 걱정이 날씨라고 썼다. 아이젠하워는 복잡한 계획의 모든 세부사항까지 통제했으나, 대자연을 다스릴 수는 없었다. 병력을 정 위치에 배치하게 할 수 있고 전쟁 무기에 기름을 치고 철저하게 준비할 수는 있지만, 자연의 변덕에 따라 모든 준비가 수포로 돌아갈 수 있었다. 그는 일기에 이렇게 썼다.

"날씨의 불확실성으로 인해 우리는 적합한 조수 조건과 일치하는 완벽한 날씨를 예측할 수 없었다. 실제로 기상 상태가 너무 악화되지만 않는다면 우리는 반드시 가야 한다."

불행히도 영국 해안에 폭우가 몰아쳐 영국해협의 바다가 매우 거칠어졌다. 그는 작전을 연기해야 할 분명한 근거가 있는지를 확인하기 위해 하루에 두 번 이른 아침과 저녁에 기상위원회와 회의를 했다. 6월 4일 일요일 오전, 날씨가 악화되자 그는 디데이를 24시간 연기했다. 6월 5일로 예정되었던 공격은 기상 상황이 나아지면 6월 6일에 실시될 터였다.

6월 4일 저녁 회의 시간에 기상학자가 날씨는 소강상태에 접어들어 6월 6일로 예정된 공격이 가능할 것 같다고 아이젠하워에게 보고했다. 그러나 구름으로 뒤덮인 하늘은 특히 공군 부대에게 문제가 되었다. 만약 6월 6일의 작전이 취소된다면, 원하는 조수와 달의 조건이 나타날 때까지 적어도 2주 이상 기다려야 했다.

방을 서성이던 아이젠하워는 고급 지휘관들 앞에 멈춰 선 뒤, 그들의 눈을 직접 응시하면서 의견을 물었다. 비틀 스미스와 버나드 몽고메리는 진격을 원했으나 아서 테드는 굉장히 위험한 작전이 될 거라고 경고했다. 아이젠하워는 작전을 개시하는 방향으로 마음이 기울었지만, 다음날 오전 회의에서 기상 상태를 점검한 후 최종 결정하겠다고 말했다.

●

외로운 최종 결정

6월 5일 이른 아침, 아이젠하워는 지휘관들을 다시 소집했다. 그들은 마지막으로 계획과 날씨 상황을 점검한 후 총사령관의 결심을 듣기 위해 조용히 기다렸다.

그같이 엄청난 결정을 내려야 하는 아이젠하워를 주의 깊게 본 비틀 스미스는 자신이 그 입장이 되지 않아도 된다는 사실에 안도했다.

"성공과 실패가 오직 자신의 판단에 달려 있는 상황에서 힘든 결정을 내려야 하는 사령관의 외로움과 고독이 어떨지 전에는 결코 알지 못했다."

아이젠하워는 깊은 생각에 잠겨 잠시 앉아 있었다. 그 후 갑자기 올려다보면서 선언했다.

●●● 1944년 6월 5일 노르망디 상륙작전 디데이 시작과 동시에 영국해협을 비행하여 건너야 하는 강하부대원들을 만나고 있는 아이젠하워. 아이젠하워는 전장으로 가는 대원들과 가능한 한 많은 시간을 함께 보내려고 했다.

"자, 우리는 갑니다."

이 말로 아이젠하워는 사상 최대의 상륙작전을 시작했다. 예하 지휘관들은 자신들의 부대에 합류하기 위해 대기 중이던 자동차로 달려갔다. 아이젠하워는 사령부에 남아 자신이 사지로 보내야 하는 병사들을 생각하지 않으려 애썼다. 이제 결정은 내려졌다. 현 단계에서 그가 할 수 있는 일은 없었다. 결과는 이제 영국군, 캐나다군, 미군 그리고 행운에 맡겨졌다. 그는 기다리는 것 외에는 아무것도 할 것이 없었다.

아이젠하워는 보좌관과 함께 사냥개와 여우라는 게임을 했다. 그 뒤 체커checkers 게임에서 치열한 접전 끝에 무승부를 기록했다. 해협 위와 해협 건너의 소식을 기다리며 한 손에는 담배와 다른 한 손에는 커피잔을 들고 시간을 보냈다. 그에게 어떤 일이 닥칠지 아는 사람은 거의 없었다. 미드 장군만은 확실히 알고 있었다. 1066년 해협을 횡단했던 정복왕 윌리엄William I 역시 분명하게 알고 있었다. 북아프리카 상륙작전에서 바다는 예상 밖으로 고요했었다. 그리고 혹독했던 시칠리아의 날씨는 마지막 순간에 맑아졌다. 이전의 작전에서 좋은 날씨 덕분에 얻은 아이젠하워의 행운이 노르망디까지 이어질 것인가?

윈스턴 처칠은 아이젠하워에게 위안을 주는 말을 건넸다. 만약 겨울이 되기 전 아이젠하워가 유럽 대륙에 36개 사단을 배치하고 노르망디와 브르타뉴Bretagne 지역을 확보한다면 "이 작전을 이 전쟁에서 가장 성공적인 작전 중 하나로 세상에 선포할 것입니다. 그리고 여기에 더하여 르아브르 Le Havre 항구를 확보하고 아름다운 파리를 적의 손으로부터 해방시킨다면 나는 현대 세계에서 가장 위대한 승리라고 주장할 것입니다"라고 말했다. 아이젠하워는 처칠의 이 말을 반기면서 수상에게 1944년 겨울에는 연합군이 독일 국경에 있을 것이라고 장담했다.

아이젠하워는 자신의 장담이 얼마나 정확하게 이루어질지 알 수 없었다. 오직 확실한 것은 폭스 코너가 1920년대에 예상했던 영국해협 횡단 작전 직전에 자신이 서 있다는 것이었다. 스승인 코너가 자신의 제자를 어떻게 생각하고 있는지 궁금했다. 그는 참모에게 중얼거렸다.

"신께 빌건대, 나는 내가 무엇을 해야 하는지 알기를 간절히 바라네."

CHAPTER 11

"위대한 십자군 전쟁"

●

디데이, 주위는 던져졌다

6월 6일, 3,500대의 중(重)폭격기와 5,000대의 전투기의 지원 하에 4,000
척 이상의 연합군 함정들이 15만 명이 넘는 병력을 노르망디 해안으로
수송했다. 아이젠하워는 자신이 더 이상 당일 작전 진행에 영향을 미칠
수 없다는 것이 너무 싫었다. 그는 결과 보고를 받을 때까지 할 수 있는
것이 없었다.

"총사령관으로서 최종 결정을 내리고 모험에 가까운 작전의 첫 승패
결과를 확인할 때까지 나는 또다시 지루한 기다림을 견뎌야 했다."

디데이의 명령에는 위험한 상황에서 완전히 잘못된 것도 아니지만 그
렇다고 완전히 옳다고도 할 수 없는 낙관론이 반영되어 있었다. 6월 6일
저녁에 축하를 하게 될지 애도를 표하게 될지는 날씨, 그들과 맞서는 강
력한 독일군, 프랑스인들의 협조, 연합군 부대의 준비상태, 행운, 이 모든
것들에 달려 있었다. 디데이의 명령이 시작되었다.

"연합원정군의 육군 병사, 해군 수병, 그리고 공군 병사들이여! 여러분
은 지난 몇 개월간 분투해왔던 위대한 십자군 전쟁 앞에 서 있습니다. 세

상의 이목이 여러분에게 쏠려 있습니다. 자유를 사랑하는 모든 사람들의 희망과 기도가 여러분이 어디에 있든지 함께할 것입니다."

아이젠하워는 절대로 방송되지 않기를 기도했던 두 번째 메시지도 작성했다. 작전이 실패해 부대들이 철수하게 되는 경우에 방송할 발표문이었다. 그는 디데이 명령과는 완전히 대조적인 이 글을 쓰기 힘들었을 것이다. 그러나 그는 만일의 사태에 대비하고 싶었다. 만약 독일이 침공을 물리친다면, 그는 실패에 대한 모든 책임을 자신이 짊어지려고 했다.

●●● 1944년 6월 6일, 연합군은 궂은 날씨에도 불구하고 독일이 점령하고 있던 프랑스령 노르망디 해안에 사상 최대의 상륙작전을 감행했다. 사진은 상륙 1진으로 오마하 해변에 상륙하고 있는 미 제1보병사단 16연대 병사들의 모습.

"공격 개시일과 공격 장소에 대한 나의 결정은 주어진 최선의 정보를 바탕으로 한 것입니다. 육군과 공군 및 해군 모두 용감했으며, 임무를 위해 헌신했습니다. 작전과 관련된 모든 비난과 책임은 전적으로 저의 몫입니다."

이 글을 쓴 뒤, 아이젠하워는 발표문을 접어 자신의 지갑에 넣고는 식사를 하러 갔다.

●●● 1944년 6월 6일 노르망디 상륙작전 직후 프랑스 북부에서 만난 아이젠하워와 윈스턴 처칠

●

야전 지휘관들에게 재량권을 주다

아이젠하워가 매일 네 갑의 담배를 피워대는 동안 모든 정보가 수집되기 시작했다. 공수부대가 전멸당하지 않았다는 첫 번째 보고는 한 가닥 희망을 안겨주었다. 막대한 피해를 당한 데다가 강풍으로 인해 목표지점에서 수마일 떨어진 곳에 강하했음에도 불구하고 주요 지점들을 확보하거나

공격 중이었다. 상륙부대는 다섯 군데 중 네 군데 침공 해안에 가벼운 저항만 받고 상륙했다. 쓰라린 전투는 다섯 번째 해안에서 맹렬히 계속되었다. 해군 보좌관 해리 부처 대령은 이에 대해 다음과 같이 썼다.

"상륙은 기대한 것 이상이었다. 모든 팀들이 해안에 상륙했으나 '지Gee' 게로 소장의 제5군단은 적의 박격포와 포병 사격으로 인해 해변을 확보하지 못했다. 이곳이 바로 오마하 해안Omaha Beach이었다."

다행히도 상륙작전이 북동쪽 파드칼레Pas de Calais에서 실시될 것이라는 기만전술에 독일군은 완벽하게 속은 것 같았다. 해당 지역에 주둔하던 독일군 부대는 그곳에 계속 남아 노르망디로 오지 않았다. 디데이 저녁이 되자, 지상에서는 전차와 포병, 하늘에서는 강력한 공군의 지원을 받으며 15만 6,000명의 연합군 병력이 상륙해 30마일에 달하는 광정면을 따라 펼쳐진 교두보들을 확보했다. 예상치의 절반에 불과한 1만 여명의 사상자가 발생했다.

물론 모든 것이 계획대로 진행된 것은 아니었다. 몽고메리는 디데이 당일에 프랑스 도시 캉Caen을 확보할 것이라고 자신만만하게 얘기했다. 그러나 영국군 장군의 해안 진출 속도는 느렸다. 아이젠하워는 해안에서 벗어나 독일을 향한 프랑스 횡단을 지원할 수 있는 비행장을 건설하기 위해 캉을 점령할 필요가 있었다.

다음날 연합군은 해안으로부터 벗어나 아이젠하워가 방문하기에 안전한 지역을 충분히 확보했다. 6월 12일, 조지 마셜 장군과 해군 참모총장 어니스트 킹 제독과 함께 아이젠하워는 끔찍한 분투 끝에 독일군에게서 빼앗은 오마하 해안에 상륙했다. 지휘관들은 프랑스 전원 지대 쪽으로 8~12마일에 위치한 폭이 50마일에 달하는 교두보를 시찰했다.

> 6월 9일, 아이젠하워는 메이미에게 다음과 같이 썼다.
> "우리 수백만 병사들은 노력, 의무에 대한 강한 헌신, 그리고 용감한 실행으로 모든 것을 해낼 것이오. 육군 병사, 수병, 그리고 공군 병사들은 말로 다할 수 없는 기백, 용기, 결단력, 그리고 불굴의 정신으로 무장되어 있소."

상황은 좋아 보였다. 6월 9일, 아이젠하워는 메이미에게 다음과 같이 썼다.

"그러나 우리 수백만 병사들은 노력, 의무에 대한 강한 헌신, 그리고 용감한 실행으로 모든 것을 해낼 것이오. 육군 병사, 수병, 그리고 공군 병사들은 말로 다할 수 없는 기백, 용기, 결단력, 그리고 불굴의 정신으로 무장되어 있소."

부하들의 노력을 칭찬한 뒤, 아이젠하워는 이렇게 덧붙였다.

"그들은 나를 고무시키고 있소."

최초 진격 후, 연합군의 공격은 전 전선에 걸쳐 정체되었다. 동쪽 끝에서는 몽고메리가 캉을 방어하는 독일군과 전투하고 있었다. 몽고메리는 6월 6일에 손에 넣겠다고 자신했던 목표를 월말까지도 여전히 확보하지 못하고 있었다. 서쪽에서는 미군이 오마하와 유타 해안Utah Beach으로부터 내륙으로 밀어붙이고 있었다. 그러나 프랑스의 초원을 둘러싸고 있는 구불구불한 울타리와 독일의 요새가 된 농경지에 발목이 잡혔다. 우거진 덤불에 매복한 독일군 기관총 사수들이 미군 부대가 접근하기를 기다리고 있다가 맹렬한 사격을 가하여 많은 미군 사상자가 발생했다. 연합군 전선이 교착상태에 빠지면서 후방 지원에 문제가 생겼다. 병력과 물자는 독일군이 퇴각할 때까지 해협을 건너지 못한 채 영국에서 대기하고 있었다.

●●● 아이젠하워 장군이 뉴욕 주 클라크스빌(Clarks-ville) 출신의 스탠리 애플비(Stanley Appleby) 상병(미 제1사단 소속)에게 무공훈장을 수여하고 있다. 오마 브래들리 장군이 왼쪽에서 그 장면을 지켜보고 있다.

필수 병력과 무기들이 영국의 항구에서 잠자고 있었기 때문에 프랑스를 횡단하여 질주할 연료가 없었다.

일부 사람들은 아이젠하워에게 몽고메리의 느린 속도에 대해 단호한 메시지를 담아 해안으로부터 벗어나라는 명령을 내려야 한다고 제안했다. 그러나 북아프리카에서 처음 보여준 자기만의 지휘 방식에 충실한 아이젠하워는 이를 거절했다. 몽고메리는 이미 아이젠하워의 명령을 받았고, 진격이 얼마나 중요한지 알고 있었다. 따라서 아이젠하워는 개입하고 싶지 않았다. 오히려 그는 런던에서 했던 것보다 더 많은 재량권을 야전 지휘관들에게 주고 싶었다. 지휘관들을 장악하는 것보다는 이런 방법이 더 큰 성과를 낼 수 있다고 믿었기 때문이다. 나머지 전쟁 기간 동안 아이젠하워는 작전 도중에 지휘관의 작전 방향을 지시하는 중요한 명령을 내리기 주저했다. 그는 자신이 전체 그림을 그리고 목표를 결정한 뒤에는 예하 지휘관들이 세부사항을 채우도록 했다.

그가 예하 지휘관들에게 재량권을 준 또 다른 이유가 있었다. 폭스 코너의 말을 명심하고 있던 아이젠하워는 연합군 조직을 부드럽게 운용하게 위해서 무엇이 중요한지 알고 있었다. 만약 그의 명령이 지속적으로 어느 한 지휘관 또는 다른 지휘관을 자극했다면, 연합군 사이의 조화는 이루어지지 못했을 것이다. 그래서 공세를 실행하는 과정에서 다소 열린 마음을 유지하려고 노력했다. 예를 들어 만약 미군인 아이젠하워가 영국인들이 북아프리카 초기 전투에서 보인 활약으로 영웅으로 추앙하는 영국군 몽고메리를 계속 괴롭힌다면, 그들 눈에 어떻게 보일까? 물론 강한 개성을 가진 자신의 전차 동료인 조지 패튼 같은 사람들이 그에게 어려움을 안겨주기는 했지만, 미군 지휘관들과 일하는 것이 훨씬 더 수월했다.

아이젠하워는 직접적인 명령보다는 제안이나 개인적인 방문을 택했다. 아이젠하워가 예하 지휘관의 사령부를 방문하기로 결정한다는 것은 통상 해당 지휘관과 작전의 선택에 관한 대화를 나누길 원한다는 의미였다. 그는 자리에 앉아 전술을 토의했으나 자신의 생각을 명령이라는 형태로 표현하지 않았다. 그의 말이 아니라 그의 존재로써 그의 바람을 전달하고자 했다. 그는 지휘관이 너무 자주 명령을 내리면 부하의 존경을 잃고, 영향력을 발휘하기를 기대한 장교들의 능력을 부인하는 것이라고 믿었다. 아이젠하워는 예하 지휘관들이 지식과 경험을 주저하지 말고 활용하길 바랐다.

초기 보병 지휘관으로 복무했을 당시 아이젠하워는 자신이 내린 명령

아이젠하워는 직접적인 명령보다는 제안이나 개인적인 방문을 택했다. 아이젠하워가 예하 지휘관의 사령부를 방문하기로 결정한다는 것은 통상 해당 지휘관과 작전의 선택에 관한 대화를 나누길 원한다는 의미였다. 그는 지휘관이 너무 자주 명령을 내리면 부하의 존경을 잃고, 영향력을 발휘하기를 기대한 장교들의 능력을 부인하는 것이라고 믿었다. 아이젠하워는 예하 지휘관들이 지식과 경험을 주저하지 말고 활용하길 바랐다.

의 정확한 이유와 작전이 어떻게 진행되는지 부대원들이 확실하게 이해하도록 했다. 그러나 신경질적인 몽고메리나 충동적인 패튼에게는 이를 강제할 수는 없다고 생각했다. 그는 연합군의 공격을 유지해야 했으며 아주 심각한 상황이 아니라면 느슨한 지휘 방식을 선호했다.

예하 지휘관들에게 더 큰 재량권을 부여함으로써 아이젠하워는 전선에서 지속적인 작전을 펼 수 있도록 보장해주었다. 하지만 그의 이러한 점은 비평가들이 그를 비난하거나 완고한 지휘관들이 악용할 수 있는 빌미가 되기도 했다. 예를 들어 몽고메리나 패튼 같은 일부 장교들은 아이젠하워의 지휘 방식을 그들이 활용할 수 있는 그의 나약함으로 잘못 해석했다. 6월 15일, 웨스트포인트를 막 졸업한 아이젠하워의 아들 존은 아버지와 함께 몽고메리의 사령부를 방문해 영국군 지휘관을 다루는 일이 얼마나 어려운 일인가를 목격했다. 몽고메리는 마치 원하지 않는 방문자들이 자신의 왕좌에 접근한 것처럼 행동했다.

"몬티는 나는 물론 아이크를 포함한 어느 누구에게도 관심이 없는 것 같았다."

한편, 아이젠하워는 영국군 지휘관들을 강하게 다루지 않는다고 패튼으로부터 비난을 받았다. 패튼은 7월 12일 자신의 일기에 다음과 같이 썼다.

"아이크는 영국에게 손과 발이 묶여 있으나 그것을 알지 못한다. 불쌍한 바보 같으니. 실제로 우리에게는 총사령관이 없다. 상황을 장악한 채 이것은 해야 되고 이것은 해서는 안 된다고 말할 수 있는 사람이 없다."

패튼은 아이젠하워가 자신이 하고 싶은 것을 간섭하자 그것을 몹시 못마땅해했다는 분명한 사실에 대해서는 대충 얼버무리며 넘어갔다.

7월 18일, 몽고메리의 제2군은 드디어 캉을 확보했다. 몽고메리는 아이젠하워가 제안했던 대로 후퇴하는 독일군을 도시 너머로 밀어붙일 기회를 잡지 못했다. 이것이 아이젠하워를 화나게 만들었다. 몽고메리는 이동하기 전 자신의 부대를 재편성하고 재보급해야 한다고 주장했다. 아이젠하워의 해군 보좌관 부처 대령은 다음과 같이 회상했다.

"몽고메리의 부대가 진격을 멈추자, 아이크는 격노했다. 몬티는 항상 자신의 부대가 완벽해지기만을 기다렸다."

캉의 확보와 동시에 미군도 이동했다. 오마 브래들리 장군은 자신의 부대들이 독일 전선으로 돌진하길 바랐다. 이때 패튼은 브르타뉴 서쪽으로 진로를 바꾸었다. 코브라Cobra라고 불리는 작전은 7월 25일에 시작되어 신속하게 성공을 거두었다. 미군이 독일군 방어선을 산산조각 내면서 독일군의 좌익이 뚫렸다는 것을 알게 되었다. 브래들리는 패튼의 모든 부대를 브르타뉴 서쪽으로 보내는 대신에 1개 군단만 서쪽으로 향하게 하고, 다른 부대들은 열린 틈을 이용하여 동쪽으로 밀어붙이라고 지시했다. 패튼 기갑 부대의 유명한 프랑스 횡단 질주가 시작되었다. 아이젠하워가 지휘하는 전쟁을 전차가 이끌 것이라던 패튼의 몇 년 전 예언이 실제로 이루어진 것이었다.

8월 7일, 연합군은 독일군 방어선의 큰 구멍에 맹공격을 가했다. 아이젠하워는 노르망디에 전진사령부를 구축했다. 브래들리 장군이 남쪽 끝에서 커트니 호지스Courtney Hodges 장군의 제1군과 패튼의 제3군으로 구성된 제12집단군을 지휘하며 진격했다. 몽고메리는 북쪽에서 캐나다 제1군과 영국 제2군으로 구성된 제21집단군을 이끌었다. 독일 국경을 향한 행진이 진행 중이었다.

그러나 히틀러는 다른 계획을 갖고 있었다. 패튼의 부대가 두 방향으로 나뉘어 진격하면서 코탕탱Cotentin 반도 남쪽 끝에 위치한 도시인 모르탱Mortain 근처에 틈이 생겼다. 히틀러는 연합군을 모르탱에서 반도 서쪽 해안의 아브랑쉬Avranches로 밀어붙이라는 역습을 명령했다. 만약 독일군의 역습이 성공한다면 연합군은 브르타뉴 부대들의 보급선이 끊어져 침공 해안까지 후퇴해야 할 수도 있었다.

히틀러의 서부전선 야전 지휘관 귄터 폰 클루게Günther von Kluge 원수는 센Seine 강으로 후퇴하는 작전을 건의했다. 모르탱 역습이 실패하면 프랑스가 크게 뚫려 독일 국경까지는 연합군의 진격을 막을 수가 없는 상황이었다. 폰 클루게의 건의를 무시한 히틀러는 8월 7일 공격을 명령했다. 전후 브래들리는 이렇게 썼다.

"다른 어느 것보다 그 결정으로 인해 프랑스 전투에서 독일은 대규모 손실을 입었다."

연합군 정보 당국은 독일군의 이동을 미리 알아챘다. 그 결과 독일군의 공격이 시작되었을 때는 이미 아이젠하워의 부대들이 준비를 마친 상태였다. 지정된 부대들은 초기 공격을 방어했고, 모르탱 근처에 독일군을 묶어두었다. 패튼이 지휘하는 다른 미군 부대들은 독일군 왼쪽 측면 부근에서 남쪽으로 방향을 틀었다. 몽고메리의 영국군은 북쪽에서 진격해 내려왔다. 독일군은 남쪽의 미군과 북쪽의 영국군 사이에 포위되었다. 몽고메리와 패튼의 임무는 독일군 전선 뒤에서 서로 연결해 폰 클루게의 침략군을 항복시키는 것이었다.

독일군 지휘관들의 두려움이 현실화되었다. 연합군이 자신들의 병력을 포위하고 있었고, 유일한 탈출구인 동쪽은 닫힐 위험에 처해 있었다. 비틀 스미스는 이렇게 썼다.

"참모들에게. 지도상의 모든 적색, 청색, 그리고 흑색의 표시를 볼 것! 독일군 최고사령부가 이런 절망적인 상황에서 이동시킨 많은 병력을 프랑스에 남겨놓았다는 사실이 믿기지 않는다."

연합군 공군과 지상 병력의 치열한 반격에 부딪힌 폰 클루게는 8월 9일 공격을 중지시켰다. 이틀 뒤부터 독일군은 후퇴하기 시작했다. 그러나 8월 14일까지 패튼과 몽고메리의 포위선에는 아직 작은 틈이 존재했다.

두 부대 간의 교전을 피하기 위해 브래들리는 기동하던 패튼에게 계획에 명시된 대로 아르장탕Argentan에서 멈추라고 급히 명령했다. 패튼은 아르장탕 너머로 기동하여 틈을 최대한 빨리 막아야 된다고 주장했다. 그러나 브래들리는 미군이 영국군의 진영에 뛰어들게 되면 혼란스런 순간에 두 부대가 서로 사격을 할 수도 있다며 걱정했다.

패튼은 더 많은 독일군이 포위망을 탈출하게 될 것이라고 주장하며 명령을 단호하게 거부했다. 그는 몽고메리의 기동이 너무나 느려 적의 배후를 치지 못하면 독일군이 탈출할 게 뻔하다고 주장했다. 그는 자신의 지휘관들에게 팔레즈 너머로 진격할 준비를 갖추고 "됭케르크Dunkirk 작전 때처럼 영국군을 바다로 밀어버려"라고 명령했다.

패튼의 실망에도 아랑곳하지 않고 브래들리는 최초 계획을 고수했다. 결국 몽고메리가 패튼과 조우했다. 그러나 그사이 최대 4만 명의 독일군이 아르장탕 너머의 틈을 통해 도망쳤고, 그로 인해 브래들리와 아이젠하워는 비난을 받았다. 하지만 이 비난은 독일군이 7만 5,000명의 병력과 거의 모든 보급품을 잃었고, 무엇보다 번개같이 빠른 공격력을 가진 패튼이 독일 국경까지 내달릴 수 있게 된 것을 간과하고 있었다. 이제 패튼이 주목의 대상이 되었다.

전선을 방문한 아이젠하워는 팔레즈 근처에서 죽음과 파괴의 현장을 보고 충격을 받았다.

"팔레즈의 전쟁터는 의심할 여지없이 하나의 거대한 '죽음의 땅'이었다. 지방도로, 고속도로, 그리고 들판은 파괴된 장비와 죽은 군인과 동물의 사체로 꽉 막혀 있어 그 지역을 통과하기조차 매우 어려웠다. 도로를 정리한 지 48시간이 지나서야 나는 도보로 통과할 수 있었다. 마주친 장면들은 오직 단테Alighieri Dante(신의 은총으로 지옥의 심연에서부터 연옥과 천국까지 두루 편력하는 서사시 『신곡Divina Commedia』를 쓴 이탈리아 시인-옮긴이)만이 제대로 묘사할 수 있을 정도였다. 한 번에 수백 야드밖에 걸을 수 없었고, 사체와 부패한 고깃덩어리 말고는 밟히는 것이 없었다."

●

자신의 전략을 굽히지 않고 처칠을 설득하다

모르탱 부근 전투에서 승리한 아이젠하워는 노르망디에서 독일군을 추격했다. 그리고 그들을 프랑스 동쪽으로 몰아낼 기회를 잡았다. 동쪽으로 밀어붙이기 전에 그는 두 가지 성가신 사안을 해결해야 했다. 첫 번째는 미 제7군이 귀중한 마르세유Marseille 항을 확보하기 위해 프랑스 남부를 공격하기로 계획된 작전에 관한 것이었다. 아이젠하워는 항만시설을 이용해 프랑스를 횡단하여 진격함으로써 적에게 새로운 전선에서 싸우게 만드는 그 작전을 선호했다. 예하 부대들이 노르망디에서 벗어나 프랑스의 중앙과 북쪽 지역을 횡단하여 밀어붙이는 동안, 추가적으로 미군 사단들이 프랑스 남부의 독일군에 압박을 가할 필요가 있었다.

윈스턴 처칠은 프랑스 남부에 대한 작전 대신에 이탈리아나 발칸에 있는 부대들을 이탈리아 동부로 투입시키기를 원했다. 아이젠하워는 처칠이 그렇게 생각한 것은 전후戰後 정치적 상황을 고려했기 때문이라고 생각했다. 수상은 해당 지역에서 소련이 우위를 확보하지 못하게 막고 싶었던 것이다. 아이젠하워는 처칠의 야심에 이의가 없었지만, 이 문제는 루스벨트와 함께 풀어야 한다고 처칠을 설득했다.

8월 7일 아이젠하워와 함께한 회의에서 처칠은 6시간 동안 자신의 주장을 옹호했으나, 아이젠하워는 영국 수상이라는 어마어마한 존재 앞에서도 결코 자신의 전략을 굽히지 않았다. 부처는 그 회의에 대해 이렇게 기록했다.

"아이크는 안 된다고 말했다. 오후 내내 계속해서 안 된다고 말했다. 그는 수상에게 안 된다는 의미를 가진 온갖 어휘를 동원해 끝까지 안 된다고 말하며 회의를 끝냈다."

아이젠하워는 처칠에게 자신의 결정은 '타당한 전략'에 기초한 것이며, 앤빌Anvil 작전으로 "적은 더욱 수세에 몰릴 것입니다"라고 말했다. 수상은 결국 납득하지 못한 채 회의 자리를 떠났다. '거의 탈진한' 아이젠하워도 루스벨트 대통령이 자신을 대신하여 나서기를 바라며 자리를 떴다.

루스벨트 대통령은 아이젠하워의 말에 동의했다. 프랑스 남부에 대한 공격은 8월 15일에 펼쳐졌다. 2주 만에 연합군은 마르세유를 확보했고, 중요한 항만시설이 아이젠하워의 수중에 떨어졌다. 그리고 산발적으로 저항에 맞서 론 계곡Rhone Valley으로 재빠르게 진격했다. 보급품과 보충 병력 수송을 위한 마르세유 항의 가치가 커서 아이젠하워의 작전이 정당화될 수 있었다.

다른 문제는 프랑스의 오랜 문화 중심지인 파리에 관한 것이었다. 아이젠하워는 파리를 우회하여 독일로 진격하고, 프랑스의 문제는 프랑스인들에게 맡기고 싶었다. 그러나 파리의 프랑스 레지스탕스들은 8월 19일 그들의 힘으로 도시의 통제권을 장악하고 독일군 지휘관과 휴전을 체결했다. 그러자 프랑스 레지스탕스의 지도자인 샤를 드골은 아이젠하워에게 연합군을 수도 파리로 보내달라고 요청했다. 드골을 불쾌하게 만드는 부담을 짊어지기 싫었기 때문에 아이젠하워는 동의할 수밖에 없었다. 그는 이제 독일군과 싸우는 자신의 병사들뿐만 아니라 프랑스 수도에 있는 200만 시민들에게도 보급품을 공급해야만 했다.

예상에 없던 트럭, 인력, 그리고 보급품을 파리로 보내야 할 시점에 전선에서는 해당 물품이 몹시 필요할 때였다. 미군 지휘관들이 훗날 이라크에서 장갑 차량의 부족으로 힘들었던 것처럼 모든 전쟁에서 지휘관은 어쩔 수 없이 자원을 분배해야 하는 예상하지 못한 비상사태를 겪는다. 자신을 괴롭히는 이 문제를 참모들에게 넘기고 아이젠하워는 나치 독일을 패퇴시키는 가장 중요한 임무에 몰두했다.

●

병사들을 가식 없는 애정으로 대하다

전쟁의 정치적 양상이 오랫동안 아이젠하워를 골치 아프게 했다. 그는 군사적 임무를 지닌 군인이었다. 정치적 부담이 너무 심할 때면 그는 전선의 병사들을 찾았다. 전쟁이 끝나고 집으로 가고 싶은 보병들에게 세상은 덜 복잡했다. 그들의 소박한 관점이 아이젠하워에게는 더욱 매력적으로 보였다.

병사들은 자신의 총사령관을 가식 없는 애정으로 대했다. 그가 자신들을 여러 방식으로 보살펴주었기 때문이었다. 그는 장교들이 사용하는 모든 휴식 및 휴양시설을 입대한 병사들이 쓸 수 있도록 조치했다. 아이젠하워는 파나마행 배에서 2명의 장군이 아이젠하워 부부의 쾌적한 숙소를 빼앗았던 때를 기억했다. 그는 반대의견을 물리치고 그 시설을 입대한 병사들이 사용하게 하라는 훈령을 내렸다.

아이젠하워는 1944년 6월 자신을 방문한 아들에게 휘하의 부대원들을 보살펴주는 것이 중요하다고 강조했다. 아이젠하워는 처음으로 소대를 지휘하게 되는 아들 존에게 이렇게 말했다.

"가까이 다가가서 모든 부대원들을 살펴라. 따뜻하게 지내는지, 옷은 잘 말랐는지, 따뜻하고 좋은 음식을 먹는지, 무기 상태가 좋은지 살펴라. 신발, 양말 그리고 발은 매우 중요하다. 그리고 부대원들이 훈련장이나 전쟁터에서나 똑같이 좋은 상태의 옷을 입을 수 있도록 해야 한다. 이렇게 해야 잘 훈련된 대원들의 소대장이 될 수 있으며 뿐만 아니라 어디에서나 소대원들이 너를 따를 것이다."

부대 방문은 다른 면에서 병사들을 환호하게 만들었다. 아이젠하워는

아이젠하워는 처음으로 소대를 지휘하게 되는 아들 존에게 이렇게 말했다.

"가까이 다가가서 모든 부대원들을 살펴라. 따뜻하게 지내는지, 옷은 잘 말랐는지, 따뜻하고 좋은 음식을 먹는지, 무기 상태가 좋은지 살펴라. 신발, 양말 그리고 발은 매우 중요하다. 그리고 부대원들이 훈련장이나 전쟁터에서나 똑같이 좋은 상태의 옷을 입을 수 있도록 해야 한다. 이렇게 해야 잘 훈련된 대원들의 소대장이 될 수 있으며 뿐만 아니라 어디에서나 소대원들이 너를 따를 것이다."

전선을 피하는 지휘관이 아니었다. 7월 방문 때 아이젠하워는 지프에 올라타 의식하지 못하는 사이에 독일군 점령 지역을 가로질렀다. 7월 4일 그는 자신의 용기를 과시하기 위해서가 아니라 "목표물을 발견하려 애쓰는 전투기 조종사들에 대한 고마움의 표현으로 전투기를 타고 생울타리가 쳐진 들판 위를 비행했다." 그는 패튼의 전차와 몽고메리의 보병이 언론의 관심을 독차지해 전투기 조종사의 노고가 인정받지 못할까 봐 걱정했던 것이다.

●

"지금 필요한 것은 속도다"

팔레즈에서 완벽하게 승리한 연합군은 프랑스 동쪽으로 진격했다. 몽고메리와 제21집단군이 북쪽을 따라 벨기에로 접근하는 동안 브래들리의 (나중에 패튼이 지휘한) 제1군과 제3군은 프랑스 중부 지역을 맡았다. 8월과 9월의 3주 동안, 200마일에 달하는 프랑스 지역이 연합군의 수중에 들어왔다. 낙관적인 분위기가 연합군 사령부에 퍼졌다. 아이젠하워는 9월 5일의 일기에 이렇게 썼다.

"독일군의 패배는 확실하다. 그리고 전체 구상을 실현하기 위해 지금 필요한 것은 오직 속도다."

독일군이 자국 국경으로 후퇴했으나, 아이젠하워는 여전히 자신의 영역을 고집하는 2명의 연합군 지휘관의 반대에 부딪혔다. 몽고메리와 패튼의 계속된 충돌은 놀라운 인내심의 한계로까지 아이젠하워를 몰아갔다.

CHAPTER 12

"보석처럼 빛나는 포용력과 지혜"

●

연합군의 선전으로 인한
축제 분위기에도 신중함을 잃지 않다

연합군이 프랑스 전원 지역으로 돌진하고 있었기 때문에, 아이젠하워는
독일을 향해 어떻게 진격하는가 하는 문제에 몰두했다. 전략은 오버로드
작전 시작 전에 이미 마련해놓은 상태였다. 연합군은 프랑스를 가로지르
는 광정면을 따라 동시에 두 곳에서 돌진하기로 되어 있었다. 몽고메리
장군은 북쪽에 있는 군대를 이끌고 북부 프랑스를 가로지른 뒤 아르덴
삼림의 북쪽 벨기에를 지나 독일 루르Ruhr 공업지대로 향할 예정이었다.

몽고메리가 북쪽 경로를 따라 군대를 기동시키는 동안, 오마 브래들리
장군은 코탕탱 반도에서 미군 병력을 이끌고 나와 파리를 우회하여 아르
덴의 북쪽으로 이동해 독일 루르의 남쪽인 쾰른Köln 부근으로 진격할 예
정이었다. 양쪽의 대규모 군대들은 일단 독일로 진입하면 독일 지역을 가
로질러 돌진하기 전에 루르를 포위하기로 되어 있었다. 두 군대는 서로
지원하면서 독일군이 어느 쪽이 주공 방향인지 알 수 없게 만들 예정이
었다. 독일군이 확실히 알 때까지는 한곳에서 강력한 공격에 대비해 집결

그는 승리에 대한 지나친 요구는 적대행위가 종료될 때까지 계속해서 싸우다 죽는 전선의 병사들의 고통을 비하하는 것이라고 메이미에게 말했다. 그는 그녀에게 언제 전쟁이 끝나느냐고 묻는 질문은 "항상 나를 화나게 만드오. 왜냐하면 지크프리트선에서 추위에 떨고, 고통당하고, 죽어가는 병사들에게 이 전쟁은 아직 '승리'한 것이 아니라는 게 확실하기 때문이오"라고 털어놓았다.

하기보다는 전 전선에 걸쳐 부대를 주둔시킬 계획이었다.

최초 계획에는 두 방향으로 진격하기로 되어 있었는데, 전술 또는 보급품 문제가 발생할 때에는 몽고메리가 우선권을 갖기로 했다. 그가 맡은 구역에는 우수한 항만시설과 런던을 공포에 떨게 한 히틀러의 신형 V-1 로켓 발사대가 있었다. 그러나 진퇴양난의 상황이 아니라면 아이젠하워는 전 전선에 동일한 수의 병력과 동일한 양의 자원을 보내고 싶었다. 그는 독일군의 균형을 무너뜨리려 했다. 만약 예외적인 상황이 발생하면 전략의 방향을 바꾸기만 하면 되었다. 아이젠하워는 전 전선에서 전투를 유지할 수 있는 병력과 보급품을 보유하고 있었다. 그는 남북전쟁에서 남부 연합 군대를 완패시키기 위한 전략을 채택했던 율리시스 그랜트의 방식으로 독일군에게 일정한 압력을 가하려고 했다.

8월 말과 9월 초 계획은 완벽하게 진행되었다. 몽고메리는 30여 년 전 병사들이 몇 주, 몇 달간 싸우며 죽어갔던 제1차 세계대전의 전쟁터를 질주했다. 8월 27일, 미군은 센 강을 건넜다. 그리고 3일 뒤, 브래들리의 지시로 남쪽으로 방향을 바꾼 패튼은 자신의 부대를 이끌고 독일 국경에서 50마일 떨어진 뫼즈 Meuse 강을 의기양양하게 건넜다.

예상하지 못한 선전宣戰으로 1944년 말까지 전쟁이 끝날 것인가 하는 질문과 여러 얘기들이 쏟아졌다. 7월 20일의 히틀러 암살 시도가 성공하지 못하자 루머도 심해졌다. 조지 마셜은 지휘관들에게 태평양 전역으로 병력을 재배치할 수 있는지 묻는 메시지를 보냈다. 훗날 독일의 서부전선 총사령관인 게르트 폰 룬트슈테트Gerd von Rundstedt 원수에게 군대의 역할에 대해 묻자, 그는 "평화를 유지하는 것이지, 이 바보야"라고 대답했다.

아이젠하워도 축제 분위기에 젖어들었다. 8월 29일, 그는 예하 지휘관들에게 훈령을 내렸다.

"서부전선의 독일 육군은 센 강 전투에서 대패해 루아르Loire를 연합군에게 넘겨주었다. 적은 동쪽, 남쪽, 그리고 북쪽에서 패배하고 있다. 내부 분열까지 겪었지만, 그 징후들을 보고 독일이 붕괴 일보 직전이라고 생각해서는 안 된다."

그렇지만 많은 동료들과는 달리 아이젠하워는 만일의 경우에 대비했다. 적은 아직 패배하지 않았다. 그리고 독일군이 독일 국경을 따라 정교한 방어체계를 갖춘 지크프리트선Siegfried Line(제2차 세계대전 직전에 히틀러가 프랑스와의 국경에 구축한 요새선-옮긴이) 뒤로 물러나 자국 영토 내에서 연합군의 공격에 대비해 전열을 가다듬고 준비태세를 갖출 것이라는 사실을 알고 있었다. 그 무렵 연합군의 보급선도 보충이 필요했다.

8월 11일, 그가 메이미에게 보내는 편지에 이렇게 썼다.

"신문에 현혹되지 마시오. 모든 승리, 심지어 작은 승리 하나까지도 달콤하지만 훈족Hun 세력을 완전한 괴멸시켜야만 전쟁이 끝날 것이오. 물론 항상 낙관적이고 용기를 가져야 하지만, 과도한 기대는 금물이오."

그는 승리에 대한 지나친 요구는 적대행위가 종료될 때까지 계속해서 싸우다 죽는 전선의 병사들의 고통을 비하하는 것이라고 메이미에게 말했다. 그는 그녀에게 언제 전쟁이 끝나느냐고 묻는 질문은 "항상 나를 화

나게 만드오. 왜냐하면 지크프리트선에서 추위에 떨고, 고통당하고, 죽어
가는 병사들에게 이 전쟁은 아직 '승리'한 것이 아니라는 게 확실하기 때
문이오"라고 털어놓았다.

●

"몬티에 비하면 패튼은 문젯거리도 아니다"

아이젠하워가 낙관만 했다면 잠을 좀 더 잘 잘 수 있었을 것이다. 하지만
연합군 지휘관들 사이의 경쟁이 또 다른 골칫거리였다. 늦여름 동안 몽고
메리와 패튼은 보급품과 보충 병력을 확보하기 위해 경쟁했다. 그들은 다
른 쪽은 어떻게 되든 자신만 충분한 지원을 받아 독일군의 국경선 방어
를 뚫고 전쟁을 빨리 끝내고 싶어했다. 실제로 그들은 아이젠하워에게 오
버로드 작전이 시작되기 전에 수립된 광정면 전략broad front strategy을 포기
하고 하나의 강력한 힘으로 독일을 향해 진격해야 한다고 요구했다.

아이젠하워는 매일 베를린으로 가는 무제한의 자유를 요구하는 한 명
이상(그 당시 브래들리도 패튼 편에 가세했다)의 지휘관에게 둘러싸인 것
같았다. 아이젠하워는 패튼과 오랫동안 우정을 쌓아온 관계였기 때문에
패튼을 좀 더 스스럼 없이 대할 수 있었다. 물론 연합군 총사령관이자 동
료 미군의 입장에서 패튼이 협조를 거부하는 경우 패튼을 즉시 본국으로
보내버릴 수도 있었다.

영국에 패배주의가 만연했을 당시 엘 알라메인El Alamein에서 독일군에
게 승리한 몽고메리와의 관계는 패튼과의 관계만큼 자유롭지 못했다. 몽
고메리는 엘 알라메인에서 승리해 전쟁을 혼자의 힘으로 호전시켰기 때
문에 엄청난 명성을 얻었다. 아이젠하워는 몽고메리에 동의하지 않았지

> "몽고메리는 독일군의 기선을 제압하기를 원한 반면, 아이젠하워는 그들과 싸워 이기고 싶어했다."

만, 그렇다고 그를 명예스럽지 못하게 본국으로 보내버린다는 것은 거의 불가능했다. 나중에 아버지를 방문한 아들 존은 아버지가 예하 장교들과 회의를 하는 것을 본 뒤 이렇게 말했다.

"몬티에 비하면 패튼은 문젯거리도 아니었다."

아이젠하워는 패튼과 자주 소통하는 브래들리와 하루에도 몇 번씩 얘기를 나누었다. 그러나 영국군 지휘관 몽고메리와는 최소한의 서신만을 주고받았을 뿐이었다.

몽고메리는 최소 비용으로 최대의 효과를 거두는 자신의 전략을 택해야 한다고 아이젠하워를 설득했다. 영국군은 심각한 병력 부족 문제를 겪고 있었기 때문에 광정면보다는 독일군에 대한 강력한 단일 전선을 선호했다. 그들은 전투에 수천 명의 병력을 투입할 수가 없었다. 그래서 기만과 복잡한 계획을 선호했다. 한편 미군은 적을 압도하는 병력과 막대한 보급품이라는 장점에 의존하고 있었다. 역사학자 스티븐 앰브로스는 이 상황을 다음과 같이 요약했다.

"몽고메리는 독일군의 기선을 제압하기를 원한 반면, 아이젠하워는 그들과 싸워 이기고 싶어했다."

또한 몽고메리는 연합군이 아이젠하워의 광정면 개념을 선호한다면, 자신은 전선 어디에서도 강력한 독일 방어군을 깨뜨릴 수 있는 충분한 부대를 절대로 구성할 수 없다고 주장하면서 그러니 한곳을 강력하게 찌르는 것이 더 낫다고 말했다. 미군은 북아프리카나 시칠리아의 경우에서 보았듯이 몽고메리가 매우 느리다고 생각했다.

몽고메리는 아이젠하워를 격렬하게 자극했다. 그래서 아이젠하워는 영국군 지휘관에 대해 이렇게 불평했다.

"영국군 지휘관은 매우 교만하다. 그리고 지금까지 자신이 거둔 성공을 너무 자랑스러워해서 성공이 완전히 확실해질 때까지, 다른 말로 하면 누구나 실질적인 결과를 보장할 수 있는 충분한 자원이 확보될 때까지 절대로 단독으로 움직이지 않으려고 한다."

몽고메리는 아이젠하워가 개인적인 악감정 때문에 자신의 의견을 받아들이지 않는다고 생각했다. 몽고메리는 "총사령부 참모들 사이에 나에 대한 적대감이 존재하는 것 같은 느낌을 받았기" 때문에 자신이 힘든 싸움에 맞서고 있다고 불평했다. 그리고 덧붙여 "전쟁을 수행하면서부터 나와 아이크는 줄곧 의견이 맞지 않았다"고 말했다.

●

통합된 연합군을 만들기 위한 노력

그의 군대를 계속 전진하도록 만들기 위해 아이젠하워는 작은 계략을 사용했다. 몽고메리를 만날 때면 모든 예비 물자를 자신이 기동하는 북쪽으로 전환해야 한다는 몽고메리의 요청에 동의하는 척했다. 그리고 패튼이 문 앞에 나타나면 패튼의 요청에 동의하는 척했다. 그는 그들이 원하는 모든 것을 승인하지는 않았지만, 그들이 딱 만족할 만큼만 주었다.

아이젠하워가 전체 작전을 책임지고 있는 동안, 몽고메리와 패튼은 오직 본인 담당 지역의 승리에만 신경을 썼다. 아이젠하워는 몇몇 지휘관이 처칠의 보좌관 중 한 명인 해럴드 맥밀런은 아이젠하워에 대해 다음과 같이 썼다.
"그는 외견상 뛰어나 보이는 미군 장군과 영국군 장군들을 잘 다룰 수 있는 두 가지
큰 장점을 지녔다. 첫째, 그는 항상 잘 듣고 핵심을 파악하려 노력했다. 둘째, 그는 절
대적으로 공정했다. 만약 편견을 갖고 있더라도 최종 결정이 절대로 그것에 의해 흔
들리지 않았다. 내가 여기에서 본 마음이 메마른 우둔한 영국군 장교들과 비교하면,
그는 보석처럼 빛나는 포용력과 지혜를 지녔다."

원하고 있는 한곳에 대한 공격보다 광정면 전략을 택하는 것이 통합에
도움이 된다고 믿었다.

처칠의 보좌관 중 한 명인 해럴드 맥밀런Harold Macmillan은 아이젠하워에
대해 다음과 같이 썼다.

"그는 외견상 뛰어나 보이는 미군 장군과 영국군 장군들을 잘 다룰 수
있는 두 가지 큰 장점을 지녔다. 첫째, 그는 항상 잘 듣고 핵심을 파악하
려 노력했다. 둘째, 그는 절대적으로 공평했다. 만약 편견을 갖고 있더라
도 최종 결정이 절대로 그것에 의해 흔들리지 않았다. 내가 여기에서 본
마음이 메마른 우둔한 영국군 장교들과 비교하면, 그는 보석처럼 빛나는
포용력과 지혜를 지녔다."

통합된 연합군을 만들기 위해 아이젠하워는 열정적인 예하 장교들과
함께 상상할 수 있는 모든 전술을 동원했다. 몽고메리는 주공의 방향이
자신의 구역인 북쪽이 될 것이라고 생각했다가 아이젠하워와의 회의가
끝난 직후에야 비로소 브래들리와 패튼이 남쪽에 대한 그들의 공세를 계
속 유지할 것이라는 사실을 알게 된 것이 한두 번이 아니었다.

1944년과 1945년 내내 몽고메리와 패튼은 아이젠하워의 인내심을 시
험했고 아이젠하워도 종종 그들의 교체를 생각하곤 했지만, 연합군을 이

상태로 유지하기로 했다. 게다가 자신의 옆에 패튼이 없는 전쟁은 생각하기도 싫었다. 그리고 몽고메리를 쉽게 해임할 수 없다는 것도 잘 알고 있었다. 최선의 대안은 어떤 속임수를 써서라도 둘이서 서로 싸우게 놔두는 것이었다. 아이젠하워는 북아프리카에서보다 훨씬 더 외교적인 지휘관이 되어 있었다.

아이젠하워는 현대 전쟁에서 지휘관은 이전처럼 전장을 벗어난 많은 문제들을 자주 직면하게 되리라는 걸 알게 되었다. 그는 어느 나라에서 왔든 모든 지휘관들이 단일한 팀의 일원이며 자신의 일이 중요하다는 생각을 갖게 만드는 능력을 개발해야 한다고 생각했다.

일부 사람들은 몽고메리와 패튼에게 자신의 의지를 더 명백하게 표현하지 않는다고 아이젠하워를 비판했다. 예를 들면 전쟁 전 제15보병연대에서 병력을 지휘할 당시 아이젠하워는 대대에게 직접적인 명령을 내릴 수 있었다. 하지만 그때는 자신의 대대를 이끄는 중령이었지, 자신의 상관과 비슷한 능력을 가지고 있다고 생각하는 장군들을 이끄는 총사령관은 아니었다. 이처럼 높은 수준의 작전에서 아이젠하워는 직접적인 명령보다는 외교술에 의존해야 했다.

패튼과 브래들리 역시 너무 쉽게 흔들린다고 아이젠하워를 비판했다. 그들은 누구든 아이젠하워를 마지막으로 본 지휘관이 원하는 것을 얻는다고 말했다. 정치의 달인으로 평가받는 루스벨트도 같은 말을 들었다. 처칠은 아이젠하워에 대해 다음과 같이 말했다.

"그는 경계의 눈으로 모든 것을 감독했다. 아무도 그가 어떻게 다른 사람에게 위임한 권한을 침해하지 않으면서 그런 엄청난 결과를 이루어냈는지 그보다 더 잘 알지 못했다."

몽고메리와의 9월 회의에서 생긴 사건은 아이젠하워가 자신의 광정면 전략을 고수하기 위해 얼마나 욕을 먹어야 했는지를 잘 보여준다. 몽고메리가 아이젠하워의 일부 결정에 이의를 제기하면서 그에게 "쓰레기"라고 했다. 아이젠하워는 일단 조용히 듣고 난 뒤, 상체를 굽혀 자신의 손을 몽고메리의 무릎에 얹었다. 그리고 말했다.

"침착하세요, 몬티. 당신은 나에게 그렇게 얘기하면 안 됩니다. 나는 당신의 상관입니다."

전쟁 초기에 아이젠하워는 영국군에게 모욕적인 언행을 한 미군 장교를 불명예로 본국으로 보내는 것을 예사로 생각했다. 그러나 그는 통합을 위해서 자신에 대한 이런 비난까지도 기꺼이 들어줬다.

케이 서머스비는 아이젠하워에게 왜 몽고메리의 터무니없는 행동을 참고 있는지 물어본 적이 있었다. 그는 유럽에서 자신의 지휘 방식에 대해 간단히 대답하고 설명했다.

"함께 팀을 유지할 수만 있다면 어떤 것이든 나에게 가치가 있다네."

8월 23일 몽고메리와의 회의에서 아이젠하워는 북쪽 전선으로 추가 보급품을 보내는 데 동의했다. 이 소식을 들은 브래들리와 패튼이 9월 2일 아이젠하워를 찾아와 패튼이 독일로 진격할 수 있게 남쪽 전선에 완벽한 지원을 해줄 것을 요청했다. 아이젠하워는 미군 동료를 위해 몽고메리의 작전을 중지시킬 수는 없다고 거절했다. 하지만 추가적인 보급품, 특히 연료는 패튼의 부대로 보냈다.

●

심각한 보급 문제

어쨌든 아이젠하워는 상황을 바꾸기 위해 많은 것을 할 수도 있었지만 그렇게 하지 않았다. 몽고메리와 패튼의 속도를 늦춘 것은 보급 문제였지, 아이젠하워가 아니었다. 연합군 작전계획자들은 독일군이 모든 주요 하천에 강력한 방어시설을 구축했기 때문에 프랑스에서 점진적으로 진격한다는 계획을 구상했었다. 아이젠하워는 전선의 전진이 잠시 멈춘 틈을 이용해 보급선을 노르망디에서 이동시키고 다음 단계를 지원하기 위한 추가 물자를 반입할 수 있도록 새로운 항구를 확보할 계획이었다.

그러나 계획대로 진행되지 않았다. 연합군이 노르망디를 벗어나기 위해 노력하던 6월 느려진 진격 속도 때문에 영국에는 전선으로 보내지 못한 보급품이 쌓여만 갔다. 갑자기 패튼이 남쪽에서 빠르게 진격하여 첫 번째 중요 하천인 센 강에 예상보다 11일 빨리 도착했다. 상황은 하룻밤만에 바뀌었다. 많은 보급품들이 영국 부두에 대기하고 있었으나, 전선에서 필요한 탄약과 연료를 제때 공급하지 못했다.

아이젠하워는 센 강에서 멈추고 보급선을 앞으로 당길지, 아니면 패튼과 몽고메리가 보급이 바닥날 때까지 계속해서 전진하게 할지 여부를 결정해야 했다. 그는 가능한 한 오랫동안 전 전선에서 독일군을 압박하기 위해 두 지휘관에게 충분한 물자를 공급하지 않았다.

전후에 비틀 스미스는 "당시 독일군을 완벽하게 괴멸시키는 것보다 훨씬 더 위험한 문제는 우리의 보급이었다"라고 썼다. 아이젠하워는 새로운 항구가 확보되어 충분한 보급이 가능해질 때까지 프랑스 횡단 속도를 늦추었다. 아무리 두 사람의 주장이 격렬해도 아이젠하워는 양쪽의 요구를 모두 충족시킬 수는 없었다. 8월 24일 마셜에게 보낸 편지에 썼듯이, 그는 몽고메리나 패튼을 최대한 신속하게 독일로 진입시키고 싶어했다. 그러나 연합군이 그것에 대해 뭔가 할 수 있는 위치에 있을 때까지는 그들이 먼저 그곳에 도착해봤자 아무런 소용이 없었다. 그는 각 사단이 평소 기준인 5일이 아닌 겨우 1일 보급할당량만으로 작전하고 있다고 덧붙였다.

2주 뒤 아이젠하워는 마셜에게 어려운 상황을 추가로 설명했다.

"사실 우리는 보급물자가 도착한 후 이를 수령하고 보급하는 데 절대적 한계에 도달했습니다."

그는 덧붙였다.

"작전이 시작될 때부터 줄곧 우리는 최초의 교두보를 벗어난 후 공세 작전이 비교적 둔화된 전선을 선택했어야만 한다는 것을 알고 있었지만, 그동안 우리는 정비 시설들을 개선하고 무기한 지속될 수 있는 공세 작전에 대비했습니다."

아이젠하워는 예하 지휘관들의 비판에 명확하게 답했다. 그는 마셜에게 다음과 같이 썼다.

"영국군 지휘관 몽고메리는 자신의 집단군이 곧바로 독일로 진격할 수 있게 우리가 이번 전역에서 보유한 모든 자원을 자신에게 줘야 한다는 생각에만 사로잡혀 있습니다. 그 말은 즉, 모든 다른 사단을 정지시키고 그 사단들의 차량과 보급물자를 자신의 집단군과 일부는 (미 제1군의 지휘관인) 호지스에게 달라는 겁니다. 그의 계획을 검토하면 그것이 얼마나 터무니없는 생각인지 알게 될 겁니다."

아이젠하워가 몽고메리나 패튼 중 한쪽으로 필요한 모든 보급품을 지급하여 한 방향으로 독일 깊숙이 진격했다면 작전은 성공하지 못했을 것이다. 타국이 아닌 자신의 땅에서 싸우게 된 독일군은 좀 더 결의 차 전투에 임했을 것이며, 진격하는 연합군의 측면을 공격했을 것이다. 아이젠하워는 회고록에 다음과 같이 썼다.

"일시적으로라도 더 이상 지원할 수 없었겠지만, 둘 중 한쪽이 총 10~12개 사단으로 공격을 시작했다면 측면을 보호하기 위해 부대를 나누게 되어 공격 종대는 점차 축소되었을 것이고, 결국에는 패배를 피할 수 없게 되었을 것이다. 이 같은 시도를 했다면 적군의 손아귀에서 놀아나게 되었을 것이다."

후속 사건들이 아이젠하워가 옳았다는 것을 증명했다. 서쪽에서는 영국군과 미군이, 그리고 동쪽에서는 소련군이 합심해 노력했지만 독일을 굴복시키는 데 8개월이 더 걸렸다. 이렇게 연합군이 독일을 휘저은 결과 독일 방어군은 자신의 위치에서 싸우며 죽어갔고, 결국 수십 만 명의 사상자가 발생했다.

심각한 보급 부족 때문에 몽고메리의 참모장 프랜시스 드 귄간드Sir Francis de Guingand 소장은 아이젠하워의 작전에 동의했다. 그는 몽고메리나 패튼이 주장한 대규모 공격으로는 성공할 수 없었으며 아이젠하워의 소규모 부대의 진격으로 승리가 가능했다고 생각했다.

●

쓰라린 교훈을 남긴 마켓 가든 작전

아이젠하워는 딱 한 번 광정면 전략을 바꾸었는데, 이는 참담한 결과로 나타났다. 9월 10일 몽고메리는 만약 자신이 충분한 자원을 확보하게 된다면, 네덜란드 아른험Arnhem의 라인 강 하류를 건너 진격할 수 있다고 아이젠하워를 설득했다. 아이젠하워는 다음의 세 가지 이유로 이 작전에 동의했다. 독일군이 이 지역에 방어선을 강화하기 전에 라인 강을 건너야 교두보를 구축할 수 있고, 독일 국경지대에 설치된 지그프리트선을 측면에서 공격할 수 있으며, 이 작전이 주요 작전에서 항상 신중하고 느리게 움직이는 몽고메리를 자극할 수 있을 것으로 기대했기 때문이다.

암호명 마켓 가든 작전Operation Market Garden은 9월 17일에 시작되었다. 그러나 독일군이 기민하게 대응했다. 지상 공격과 같은 정도의 공중 공격이 필요했던 연합군의 야심 찬 계획은 곧 실패로 끝나버렸다.

아이젠하워는 몽고메리에게 추가적인 보급품을 지원했지만, 패튼이나 다른 미군 지휘관들의 작전을 중지시키지는 않았다. 비록 느린 속도이기는 했지만 패튼은 계속해서 앞으로 기갑사단을 진격시키고 있었고, 일부는 마켓 가든 작전 중인 몽고메리의 남쪽을 지원하기 위해 습지와 숲에서 고군분투했다.

마켓 가든 작전은 시작부터 잘못된 작전이었다. 아이젠하워는 기존에 확보했던 다른 항구들을 능가하는 항만 처리 시설을 가진 중요한 안트베르펜Antwerpen 항구를 확보하기 위한 연합군의 진격 계획을 연기시켰다. 디데이 이전, 연합군 작전계획자들은 독일에 대한 압박을 유지하기 위해 안트베르펜이 중요하며, 1944년에 전쟁을 종식시킬 수 있을 정도로 의미 있는 성과를 거두려면 9월 중순까지는 이 항구를 점령해야 한다는 점을 강조했다. 너무 많은 연합군 부대를 마켓 가든 작전에 투입하는 바람 11월 28일까지도 안트베르펜을 확보하지 못했으며 끔찍한 겨울 날씨로 인해 1944년 말 베를린을 향해 달려갈 모든 기회를 날려버렸다.

마켓 가든 작전은 절대로 실시해서는 안 되는 작전이었다. 아이젠하워가 연합군의 중심을 북쪽으로 전환해달라는 몽고메리의 끈질긴 요구에 굴복해 그랬던 것인지 모른다. 아이젠하워는 일시적이기는 하지만 마켓 가든 작전에 연합군 전력을 많이 투입함으로써 다른 곳, 특히 안트베르펜 에서의 연합군 전력을 약화시켰다. 이 일은 패튼과 브래들리가 아이젠하 워의 연합군 운용 능력을 의심하게 만드는 또 다른 이유가 되었다.

마치 부모가 말다툼을 하는 자식들을 중재하는 것처럼, 아이젠하워는 몽고메리와 패튼의 과장된 말에 의해 위협받는 불안정한 연합군을 안정 시키는 데 지나치게 많은 시간을 허비했다. 아이젠하워가 이 문제를 해결 하기 위해 매달리는 동안 히틀러는 마지막 기습 공격을 개시했다.

CHAPTER 13

"병사들의 전쟁"

●

곧 전쟁이 끝날 것이라는
낙관적 전망으로 인해 병력 부족에 시달리다

아이젠하워는 서유럽 전역이 시작되면서부터 라인 강 서쪽의 독일군과
교전할 기회가 있을 것이라고 확신했다. 히틀러는 한 번 차지한 땅은 절
대로 포기하지 않으며, 연합군이 독일 가까이 다가오면 연합군의 전진을
막기 위해 또다시 군대를 보내겠다는 것을 모르탱 근처에서 보여주었다.
아이젠하워는 이것을 기회로 보았다. 그리고 독일군이 자국 국경에서 또
다시 패배한다면 혼란에 빠져 휘청거리게 될 것이고, 결국 독일은 연합군
의 마지막 공격에 무너지게 될 것이라고 판단했다.

지금 아이젠하워는 심각한 곤경에 처해 있었다. 그는 독일 국경을 칠
태세를 갖추었으나 충원 병력의 수가 급격하게 줄어들어 독일을 향한 연
합군 진격이 지연될 위기에 놓였다. 미국 내 공장들은 전쟁무기를 생산하
기 위해 초과근무까지 하고 있었지만, 그 장비를 사용할 군인들은 어디에
도 없었다. 1944년 12월 3일, 조지 패튼이 오마 브래들리에게 이렇게 불
평했다.

"나는 미국의 청년들이 무엇을 하고 있는지 모르겠소. 하지만 그들이 이곳에 없는 건 확실하오."

패튼은 독일을 공격하려면 자신에게 당장 9,000명이 필요하다고 말했다. 브래들리는 낙관적인 전망이 문제라고 했다. 브래들리가 패튼에게 말했다.

"나는 워싱턴의 누군가가 이 전쟁을 끝낼 날짜를 잘못 짚고 있다고 생각한다네."

케이 서머스비는 아이젠하워가 화내는 것을 본 적이 있으며, 12월 초 아이젠하워가 느린 충원 속도에 "매우 심란해했다"고 표현했다. 아이젠하워는 적의 균형을 계속 무너뜨리기 위해서는 빨리 전선으로 병력을 투입해야 한다고 말했다. 아이젠하워가 회고록에 이렇게 썼다.

"보병의 병력 충원 문제는 심각했다. 우리는 가능한 모든 방법을 동원하여 부대 전투력을 유지해야만 했다."

그는 추가 병력이 빨리 도착할 수 있게 서둘러 달라는 요청을 워싱턴에 퍼부었다. 그는 후방 지원 부대의 병력을 전선에 순환 배치했다. 그는 자신의 개인 참모를 워싱턴으로 보내 신속한 추가 병력 파병의 필요성을 역설했다. 그는 육군 여군단Women's Army Corps 소속 부대원들을 동원하고 가능한 한 많은 민간인을 사무직에 채용하여 좀 더 많은 병력을 전선에 보내라고 사령부에 명령했다.

아이젠하워는 조국의 부모들과 정치인들 때문에 어려움에 직면했다. 부모들은 전쟁이 끝나간다는 생각이 들자, 자신의 아들딸들이 가급적 빨리 집으로 돌아오기를 바랐다. 그 바람을 의식한 정치인들이 유권자의 기대에 부응하여 많은 병력을 귀국시켰다. 아이젠하워는 압도적으로 많은 병력으로 밀어붙여 승리를 거두는 방식을 선호했다. 하지만 그는 임시변통으로 가용 자원을 확보해야 했다. 부대가 대규모로 철수하는 바람에 지휘관들이 고통받은 베트남 전쟁도 같은 경우다.

광정면 전략 때문에 병력을 교체하는 데 부분적인 어려움이 있었다. 아이젠하워가 강력한 단일 공격보다는 전 전선에서 동시에 진격하며 끊임없이 공격하기를 원했기 때문에 평시보다 더 많은 병력이 필요했다. 히틀러에 대한 승리가 임박했다는 얘기가 나돌면서 일본과 싸우는 태평양 전선으로 더 많은 부대와 병력이 계속 투입되자, 유럽 전구에 투입되는 병력의 수는 급격히 줄어들었다. 아이젠하워는 이렇게 한탄했다.

"겨울에 접어들자 병력은 더욱 줄어들어 전체 전선은 눈에 띄게 병력이 부족해졌다. 피곤에 지친 부대를 신병들로 교체하지 못하고 새로운 지역에 투입해야 했다."

그 결과, 연합군의 일부 전선은 인원이 부족해 만성피로에 허덕이거나 검증이 안 된 사단들이 맡았다. 여기에는 벨기에, 독일, 프랑스 국경을 따라 펼쳐져 있는 아르덴 삼림지대 전선도 포함되어 있었는데, 인원이 대폭 감소된 브래들리의 부대가 이곳에서 작전 중이었다. 독일군은 1940년에 이 지역을 통해서 프랑스를 침공할 때보다 두 배나 많은 병력을 갖고 있었지만, 아이젠하워와 브래들리는 독일군이 강화해야 할 곳이 너무 많아 아르덴 지역에 많은 병력을 배치하지 않을 것으로 믿었다. 그리고 아르덴을 통과하는 도로망이 취약해 추운 겨울에 이곳에서 독일군이 역습을 가하기가 적당하지 않다고 판단했다. 아이젠하워는 일기에 다음과 같이 썼다.

"적이 겨울에 이 지역에서 대규모 공세를 취할 가능성은 희박하다."

연합정보국AIB, Allied Intelligence Bureau은 아르덴 지역에서 독일군의 이동을 목격했으나 그것을 공격의 사전 징후가 아니라 국경 방어 준비로 해석했다. 몽고메리도 이에 동의했다. 12월 16일, 몽고메리는 이렇게 결론 지었다.

"현재 적은 모든 전선에서 방어태세를 취하고 있다. 이 같은 상황에서 독일의 대규모 공격은 불가능하다."

그러나 연합정보국와 몽고메리, 둘 다 틀렸다.

●

히틀러의 무리한 아르덴 역습 계획

3개월 전, 히틀러는 최고 지휘관 회의를 열었다. 독일 장군들은 독재자가 자신들의 전문 분야에 직접적인 간섭을 하는 것에 익숙해졌다. 하지만 그날 히틀러의 말을 듣고는 아연실색했다.

"중대한 결심을 했소."

조용한 장군들을 향해 히틀러가 말을 이어갔다.

"나는 역습을 해야 한다고 생각하오. 목적지는 안트베르펜이고 여기 이곳 아르덴에서 시작할 것이오."

히틀러가 자신의 계획을 설명했다. 독일군은 아르덴에서 미군의 전선, 정확히 말하면 브래들리의 약화된 전선을 뫼즈 강 너머로 밀어낸 다음 안트베르펜을 향해 진격해 연합군을 둘로 분산시켜 100마일의 간격을 만들려고 했다. 히틀러는 이런 대담한 계획이 성공한다면 영국과 미국이 자신에게 평화협상을 제안하게 될 것이며, 그렇게 되면 동쪽의 스탈린과 마음 놓고 싸울 수 있게 될 것이라 생각했다.

주요 동서 도로가 만나는, 아르덴의 북부 중간에 위치한 생비트St. Vith와 남부의 바스토뉴Bastogne가 기습 공격의 핵심으로 보였다. 독일군은 생비트에서 싸우며 나아가 뫼즈 강에 도착한 뒤 브래들리를 지원하려고 남쪽에서 올라오는 패튼을 막기 위해 바스토뉴를 확보해야 했다.

히틀러는 연합군이 기습 공격 장소를 다른 장소로 생각하도록 대규모 기만 전술을 실시할 것이라고 설명했다. 아르덴 북부의 부대를 이동시켜 연합군의 관심을 끌고, 거짓 무선통신 및 전화 메시지를 흘려서 연합군의 시선을 북쪽으로 쏠리게 만들 계획이었다. 히틀러는 엄격한 비밀 유지 명령을 내리면서 계획의 세부사항을 누설하는 장교는 누구든지 죽이겠다고 위협했다.

독일 장군들은 히틀러의 전략을 납득할 수가 없었다. 전쟁이 끝난 뒤, 아르덴 역습에서 중요한 역할을 맡았던 제6기갑군 지휘관 요제프 디트리히Josef Dietrich 장군은 거의 불가능한 임무가 자신에게 주어졌다고 설명했다. 이러한 그의 야유는 히틀러의 아르덴 역습 계획이 얼마나 신뢰할 수 없는 것이었는가를 잘 보여준다.

"나에게 주어진 임무는 강을 건너 브뤼셀Brussels을 차지한 뒤 계속 진격하여 안트베르펜 항구를 확보하는 것이었다. 모든 작전은 1년 중 최악인 12월, 1월, 2월, 이 3개월 안에 이루어져야 했다. 그리고 눈이 허리까지 쌓이고 6개 기갑사단은커녕 전차 4대도 나란히 배치할 수 없는 아르덴을 통과해야 했다. 이 시기에는 아침 8시까지 깜깜했고 오후 4시만 되면 어두워져서 전차들은 밤에는 싸울 수가 없었다. 그리고 재편성된 지 얼마 안 된 사단들은 훈련이 부족한 신병들로 구성되어 있었다. 더군다나 크리스마스 시즌이었다."

●

독일군의 아르덴 역습 개시

12월 16일은 기쁜 소식과 함께 하루가 시작되었다. 아이젠하워는 자신이 육군 원수General of Army로 진급했다는 것을 알게 되었다. 이제 마셜과 맥아더와 동등한 위치에 오르게 된 것이었다. 같은 날 그는 참모의 결혼식에 참석한 뒤, 브래들리와 회의를 했다.

둘이 전쟁과 관련된 문제들을 논의하고 있을 때, 연합원정군 최고사령부SHAEF, Supreme Headquarters Allied Expeditionary Force의 정보참모 케네스 스트롱Kenneth Strong 소장이 방으로 들어와 독일군이 아르덴을 공격했다고 보고했다. 브래들리는 파쇄공격spoiling attack(방어군이 적 부대의 일부를 분쇄해 균형을 와해시키고 적 공격의 발판이 될 지형을 일시적으로 탈취해 적이 방어지역에 대한 감시를 하지 못하도록 하기 위해 방어지역 전방에 있는 적 부대에 감행하는 방어시 공세작전의 일종–옮긴이)이라며 그것을 일축했다. 그러나 아이젠하워는 즉시 심각성을 인식하고는 이렇게 말했다.

"이것은 파쇄공격이 아니네."

아이젠하워는 아르덴의 미군 부대는 견제공격diversionary attack(적을 한곳에 묶어두기 위해 실시하는 공격)을 실시할 만한 가치가 없으며, 다른 지역에서 독일군이 작전을 벌이기에는 어느 곳이나 연합군이 너무나 강하다고 설명했다. 이것은 라인 강 서쪽에 대한 독일군의 대규모 공격이 틀림없다고 아이젠하워는 판단했다. 그는 자신의 일기에 이렇게 썼다.

"나는 즉시 모든 공격을 중단하고 양쪽 측면에서 침투해오는 적을 공격을 위해 동원 가능한 모든 예비 부대를 소집하라고 명령했다."

아이젠하워는 적의 진격을 저지하고 물리치기 위한 일련의 명령을 내렸다. 그는 먼저 북쪽과 남쪽에서 아르덴을 향해 돌진할 병력을 투입했다. 그는 마켓 가든 작전 이후 회복 중이던 제82공수사단 및 제101공수사단을 지원부대로 투입하여 신속하게 이동하라고 명령했다. 그리고 브래들리에게 독일로 향해 진격 중이던 제10기갑사단을 패튼의 부대에서 분리하여북쪽에서 독일군에게 돌진하라고 말했다. 브래들리의 취약한 부대는 지원부대들이 도착할 때까지 독일군을 지연시켜야 했다. 아이젠하워의 가장 큰 걱정거리는 날씨였다. 눈과 흐린 날씨로 인해 항공기들은 이륙할 수 없었다. 날씨가 좋아질 때까지 독일군을 폭격할 수도, 미군에게 보급품을 떨어뜨려 줄 수도 없었다.

아이젠하워는 회의에서 과감한 결단력을 보였다. 그가 명령을 즉시 내리지 않고 추가적인 정보가 수집되기를 기다렸다면 브래들리의 취약한 진영을 돌파하려는 독일군에게 많은 시간적 여유를 허용했을 것이다. 진격 와중에 패튼이 사단을 내주는 것에 반대할 것이라고 브래들리가 말하자, 아이젠하워는 딱 잘라 말했다.

"패튼에게 아이크가 이 빌어먹을 전쟁을 맡고 있다고 말하게!"

전쟁 초기에 팔레즈 부근 전투에서 그랬던 것처럼 독일군에게 쓰디쓴 패배를 안길 수 있는 기회였다.

아이젠하워의 위기 통제력이 빛을 발하다

아이젠하워의 위기 통제력은 12월 19일 베르됭Verdun 외곽에서 열린 고위 지휘관 회의에서 확실히 빛을 발했다. 당시 전망은 좋지 않았다. 독일군은 초기 목적을 달성했다. 미군은 생비트와 바스토뉴를 향해 퇴각했다.

비협조적인 날씨 때문에 연합군 공군력은 무용지물이 되었다. 그리고 끔찍한 겨울 날씨 때문에 증원군은 빠르게 전진할 수 없었다. 아이젠하워는 비관적인 분위기에 휩싸인 예하 지휘관들을 쳐다보았다. 그리고 다음과 같은 말로 회의를 시작했다.

"현재 상황을 재앙이 아닌 하나의 기회로 여겨야 합니다. 곧 좋은 일이 생겨 웃게 될 겁니다."

평소처럼 패튼은 허세를 부리며 대답했다.

"제길, 그 개자식들이 파리로 갈 수 있는 용기가 있는지 봅시다. 다음에 우리는 정말로 잘게 썰어서 씹어버립시다."

아이젠하워는 친구의 열정에 미소를 지었다. 그러나 독일군이 뫼즈 강까지 진격하도록 내버려둬서는 절대로 안 된다고 장군들에게 경고했다.

그 뒤 아이젠하워는 모든 지휘관들에게 얼마나 빨리 전선으로부터 병력을 차출해 아르덴으로 전환시켜 공격할 수 있는지 말해줄 것을 요구했다. 대부분은 주저했다. 그러나 패튼은 3개 사단이 이틀 안에 시작할 수 있다고 대답했다.

"어리석은 소리하지 말게, 조지"

아이젠하워는 화를 내며 말했다. 패튼의 제안이 절대로 가능하지 않다고 생각했기 때문이다. 패튼은 이미 자신이 참모들과 함께 이런 비상사태에 대한 계획을 수립했으며, 12월 21일이면 준비가 된다고 설명했다. 잠시 논의한 뒤, 아이젠하워는 패튼에게 사단들을 기동시키라고 말했다. 패튼의 3군단 소속 2개 사단은 남쪽에서의 공격을 중지하고 브래들리의 부대를 지원하기 위해 북쪽으로 향했다.

아이젠하워는 구타 사건 이후에 많은 사람들이 패튼의 보직 해임을 원할 때 그의 군 생활을 구해준 지지자였다. 이제 패튼이 아이젠하워를 구할 차례였다.

아이젠하워는 일시적으로 지휘 계통을 바꿨다. 왜냐하면 독일군의 진격으로 브래들리의 사령부와 북쪽으로 향하고 있던 예하 부대들 사이의 통신이 차단되었기 때문이었다. 예하 부대들과의 적절한 통신이 불가능해지자, 브래들리는 제대로 방어할 수 없었다. 아이젠하워는 미 제1군과 제9군을 몽고메리의 지휘를 받게 했으며, 브래들리에게는 남쪽에서 기동하는 패튼을 감독하라고 명령했다.

브래들리는 무엇보다도 몽고메리에게 부대 지휘권을 뺏긴 것이 몹시도 불쾌했으나, 현 상황에서 가장 적절한 방법임을 인정했다. 아이젠하워는 그에게 가능한 한 빨리 제1군의 지휘권을 돌려주겠다고 장담했다. 라인 강을 넘어 몽고메리의 부대와 브래들리의 부대가 합류하게 되면 제9군도 바로 복원시키겠다고 확실하게 말했다.

혹한의 겨울 추위 속에서 독일군과 싸우고 있는 병사들에게 아이젠하워의 일일 명령Order of the Day은 전선에 있는 병사들에 대한 총사령관의 신뢰를 보여주는 것이었다. 싸워야 하는 이유나 왜 아르덴에서 적을 저지해야 하는지 설명할 필요가 없었다. 병사들은 이미 자신들이 절망적인 상황에 처해 있다는 것을 알고 있었다. 그 대신 그는 젊은 보병들에게 자신감을 심어주는 데 주력했다. 명령서에는 이렇게 적혀 있었다.

"나는 모든 연합군 병사들에게 이제 엄청난 용기와 결심, 그리고 노력을 해주길 요청한다. 모두 땅, 하늘, 어디에서든 적을 괴멸시키겠다는 오직 한 가지 생각만 갖도록 하자."

아이젠하워가 군 생활 초기에 지휘했던 병사들과 마찬가지로, 아르덴에서 지친 미군들도 아이젠하워의 신뢰에 자신들의 능력으로 보답했다. 제101 공수사단은 바스토뉴 부근에 도착하여 접근하던 독일군을 영웅적으로 막아냈다. 12월 23일과 24일에는 하늘이 맑아져 포위된 부대원들에게 절실하게 필요한 탄약, 식량, 그리고 물을 항공기로 투하할 수 있었다. 12월 26일, 패튼의 부대와 다른 미군 부대들은 바스토뉴 전선에 합류하여 포위를 풀었다. 히틀러의 도박은 실패했다. 교전은 1월까지 계속되었지만, 제1군과 제3군이 벨기에에서 합류하여 독일군의 퇴각로를 차단했다. 전투는 12월 말에 종결되었다.

아르덴에서의 미군 병사들의 전과에 감명을 받은 아이젠하워는 1967년 자신의 회고록에 이렇게 썼다. 바스토뉴에서의 용감한 저항은 "많은 작은 집, 촌락, 그리고 다리와 구불구불한 도로에서 계속되었다. 그곳에서 소수의 병력이 나치의 대열을 몇 시간 동안 멈춰 세웠다." 그리고 이어서 그가 명령을 내리고 미군의 대응조치를 조율하는 동안 "최고사령부의 대전략과 큰 기대가 병사들의 전쟁, 불굴의 용기, 생존 본능이 되었다"라고 덧붙였다.

●

몽고메리와의 신경전과 아이젠하워의 극약 처방

연말이 되자 몽고메리에 대한 아이젠하워의 신뢰는 사라졌다. 그는 조화를 유지하기 위해 영국군 지휘관의 비난을 몇 달 동안 무시했었다. 그러나 1944년 12월 말과 1945년 1월의 몽고메리의 행동으로 둘 사이에는 돌이킬 수 없는 큰 골이 생겼다.

몽고메리는 가까워진 독일을 향해 북쪽에서 홀로 돌진하는 유일한 사령관이라는 소리를 듣기 위해 영향력을 행사했다. 자신의 광정면 전략에 대한 이의에 지칠 대로 지친 아이젠하워는 분노한 부모가 아이를 멀리 밀어내는 것처럼 반격했다.

아이젠하워가 날카로워졌다는 것을 느끼고 있던 몽고메리의 참모장 드 권간드 소장은 12월 말 회의를 위해 아이젠하워의 사령부를 방문했다. 아이젠하워는 그에게 몽고메리의 행동으로 불쾌하다는 내용을 담은 편지를 건네면서 마셜에게 막 보내려던 참이었다고 말했다. 연합참모본부Combined Chiefs of Staff에 몽고메리인지 자신인지 결정하라고 요청하는 내용이었다. 전후 드 권간드는 텔레비전 인터뷰에서 다음과 같이 설명했다.

"나는 그 편지를 읽고 망연자실했다. 매우 직설적인 글에서 정말로 심각한 1급 위기가 닥쳤음을 분명히 느낄 수 있었다."

드 권간드는 연합참모본부가 문제에 직면했다는 것을 인식하게 되면, 선택의 여지없이 미군이 주도하는 군사작전에서 미군 지휘관을 지지할 것이라고 생각했다. 그는 몽고메리에게 얘기하겠다고 약속하고 편지 발송을 자제해달라고 아이젠하워에게 간청했다.

아이젠하워의 전술은 통했다. 드 권간드는 몽고메리의 사령부로 돌아와 자신의 상관인 몽고메리에게 비이성적인 요구들을 중단하지 않는다면 해임될 것이라고 설명했다. 망연자실한 그를 보고 드 권간드는 이렇게 썼다.

"나는 그가 그렇게 위축된 것을 본 적이 없다."

몽고메리가 물었다.

"프레디Freddy, 내가 어떻게 해야 되지?"

드 권간드는 자존심을 억누르고 아이젠하워에게 사죄의 편지를 쓰라고 제안했다. 몽고메리의 편지는 상냥하게 "친애하는 아이크"라고 시작되었다. 몽고메리는 총지휘관에게 무례하게 굴지 않겠다고 하면서 "총사령관께서 저를 100퍼센트 신뢰할 수 있도록 임무를 잘 수행하겠다." 자신의 주장이 "총사령관을 화나게 만들까 봐" 걱정을 많이 했다며 아이젠하워에게 자신의 기존 요구를 무시해도 좋다고 하면서 글을 마무리했다.

폭풍은 그렇게 간신히 지나갔다. 그런데 몽고메리가 다시 문제를 복잡하게 만들었다. 1월 7일, 그는 언론에 허풍을 떨었다. 아이젠하워가 아니라 자신이 아르덴에서 첫 번째 작전을 실시했으며, 그 덕분에 무사할 수 있었다고 말했다. 브래들리와 패튼은 그것을 미군에 대한 터무니없는 비방으로 간주하고 폭발했다. 그리고 브래들리는 전쟁의 모든 단계에서 몽고메리의 지휘를 받게 된다면 자신은 그만두겠노라고까지 말했다. 훗날 아이젠하워는 자신의 회고록에 이렇게 썼다.

"이 사건은 전쟁에서 겪은 이와 유사한 어떤 사건들보다도 더 많은 스트레스와 걱정을 나에게 안겨주었다."

영국군 지휘관 몽고메리는 아르덴에서의 아이젠하워의 역할을 무시했을 뿐만 아니라, 그 무엇보다도 미군 보병의 역할을 무시했다.

그 순간 아이젠하워는 몽고메리의 말에 반격하고 싶은 충동을 억눌렀다. 미군 지휘관들은 몽고메리와의 협조를 거부했으나, 아이젠하워는 여전히 까다로운 그 영국인을 다스려야 했다. 그는 어떤 해결책이 나올 때까지 분노가 가라앉기만을 기다렸다.

다행히도 처칠이 아이젠하워를 방문하고 1월 18일에 하원 의사당에서 미군에 경의를 표함으로써 이 사건은 일단락되었다. 처칠은 이렇게 말했다.

"미군 병사들의 활약 덕분에 벌지 전투Battle of the Bulge는 이 전쟁에서 가장 위대한 미군의 전투이자, 가장 유명한 미군의 승리로 기록될 것이라고 믿어 의심치 않는다."

●

병사들을 소중하게 여기고 인정해줘야 한다

미군 전선 안에 형성된 독일 돌출부의 모양을 따서 벌지 전투라고 불렸던 아르덴 전투에서 승리를 거두기까지 60만 명의 미군이 참전했다. 이는 남북전쟁 시 게티즈버그에 투입된 인원의 세 배가 넘는다. 미군은 7만 7,000명의 사상자가 발생한 데 반해, 독일군은 훗날 라인 강을 도하한 미군과 교전하는 데 매우 요긴하게 사용될 수 있었던 병력 8만 2,000명을 잃었다. 벌지 전투의 결과로 연합군은 이후 지그프리트선과 라인 강에서 독일 방어선을 쉽게 통과할 수 있었으며, 연합군이 라인 강에 도착하기 전에 독일군에게 또 다른 패배를 안겨줄 수 있다는 아이젠하워의 믿음을 확인시켜주었다. 서부전선의 전투는 독일군이 동부전선에 집중할 수 없게 만듦으로써 동맹국 소련을 도와주었다. 이로 인해 워싱턴의 고위 지도자들이 유럽 전쟁이 아직 끝나지 않았다고 인식하여 교체 병력을 유럽 전선으로 보내게 되었다.

아르덴 전투의 승리의 두 요인은 보병과 아이젠하워였다. 북아프리카에서 완전하지 않았던 미군 병사들의 전투력은 많이 발전했다. 훗날 비틀 스미스는 이렇게 썼다.

"눈과 진흙 속에서 미군 병사들은 천하무적이었다. 그들의 저항으로 독일의 소중한 예비 자원은 소진되었다. 최종 항복에 이르렀던 나머지 모든 군사작전을 돌아보면 아르덴의 피해로 인해 서부전선의 독일 군사력은 미군 병사들에 대한 아이젠하워의 끝없는 믿음은 아르덴에서 성과를 거두었다. 병사들은 총사령관이 자신들을 신뢰한다는 것을 알고 있었다. 그리고 뛰어난 전투력으로 보답했다. 한국, 베트남, 그리고 이라크 전쟁에서도 마찬가지였다. 자신의 부대원들에 대한 지휘자의 믿음은 예기치 못한 엄청난 결과를 낳는다.

현저히 약화되었다."

미군 병사들에 대한 아이젠하워의 끝없는 믿음은 아르덴에서 성과를 거두었다. 병사들은 총사령관이 자신들을 신뢰한다는 것을 알고 있었다. 그리고 뛰어난 전투력으로 보답했다. 한국, 베트남, 그리고 이라크 전쟁에서도 마찬가지였다. 자신의 부대원들에 대한 지휘자의 믿음은 예기치 못한 엄청난 결과를 낳는다.

스미스는 과장될 정도로 아이젠하워를 칭찬했다. 그는 다음과 같이 썼다. "아이젠하워 장군은 상황을 판단한 후 신속한 결정을 내려 독일군의 성공을 가로막는 중요 지점들로 증원 병력을 재빨리 투입했다. 총사령관은 작전을 실행하기 전에 공격 규모를 판단하기 위해 기다렸다. 그 순간에 우리가 역습을 했다면, 우리는 임무 수행 과정에서 더 많은 인명 피해를 입었을 것이다."

아르덴의 승리는 아이젠하워의 성숙한 지휘 방식이 성공했음을 보여주었다. 그는 패튼을 계속 지지했다. 그리고 장교들의 가장 중요한 무기인 병사들을 소중하게 여기고 인정해줘야 한다고 믿었다. 아르덴에서 위기에 빠졌을 때, 패튼과 미군 병사들은 난관을 뚫고 승리를 거두었다.

아이젠하워는 자신에게 집중되는 스포트라이트를 미군 보병들에게 돌렸다. 전쟁을 치르는 동안 진짜 희생한 것은 자신이나 다른 지휘관이 아니라 병사들이라는 것을 알았던 것이다. 그는 병사들이 추위, 굶주림, 두려움, 그리고 피로를 참아가면서 아르덴 공격을 막아냈다고 썼다.

"그들은 아예 아내와 자녀들을 포기하거나 아내와 자녀들의 바람은 한쪽으로 밀어두었고, 쾌락이나 굶주림을 이겨내고, 지친 몸을 쉴 생각도, 위험을 피하고 싶은 생각도, 숨을 곳을 찾고 싶은 생각도 모두 억눌렀다."

역사를 통해 봐도 자신을 위해 싸운 병사들을 위해 이렇게 감동적인 글을 쓴 지휘관은 거의 없다. 아이젠하워는 독일을 패배시키는 데 자신의 기여한 부분이 있음을 인정했다. 그러나 그는 진흙과 눈, 사막의 모래와 산골짜기에서 고군분투한 병사들을 절대로 잊지 않았다.

CHAPTER 14

"임무는 완수되었다"

●

독일에 최후의 일격을 가하기 위한 계획

1945년 1월 말이 되자 아이젠하워는 독일이 더 이상 저항할 수 없을 것이라는 결론을 내렸다. 아르덴 공세로 독일군의 가용 병력은 심각하게 감소되었다. 그리고 소련군의 대규모 공세가 동쪽에서 히틀러를 강타했다. 훗날 회고록에 썼듯이 아이젠하워는 "광정면에 공격을 가하는 강력한 군사작전을 추가로 실시하면 히틀러의 독일에 치명적 타격을 줄 수 있을 것이라고 믿었다. 아르덴의 기세를 유지하기 위해 아이젠하워는 가능한 한 신속하게 작전을 시작하기로 결정했다. 몽고메리가 북쪽에서, 브래들리 병력 중 일부가 중앙에서 진격하는 동안 다른 미군 부대들은 남쪽 자르Saar 강 유역의 적을 포위해 격멸하려고 했다.

1945년 2월 8일 아이젠하워는 라인 강 서쪽을 점령하기 위한 전투를 시작했다. 한 달 동안 맹공격을 감행해 강 동쪽에 방어선을 설치하고 후퇴를 거부하며 고집스러울 정도로 버티던 독일군에게 패배를 안겼다. 북쪽의 몽고메리부터 남쪽의 패튼까지 신속하게 라인 강으로 전진했다. 3월 말 자르 지역의 최후 방어선이 무너지자, 독일군은 라인 강 서쪽에서의 저항을 포기했다. 히틀러의 철권통치가 베를린에서 영국해협까지 확장되어 의기양양했던 독일군은 1944년 6월 6일 이후 자신들의 영토 안으로 후퇴해야 했다. 독일군은 서쪽의 연합군과, 동쪽 소련군의 강공으로부터 자신들의 조국을 지켜야 했다. 전후 비틀 스미스는 이렇게 썼다.

"독일군은 최후의 순간까지 싸우다가 결국에는 너무 늦어 후퇴할 수도 없을 것이라는 아이젠하워 장군의 생각은 하나를 제외하고는 모든 게 맞았음이 입증되었다. 쾰른의 적은 아무런 피해 없이 온전하게 강을 건너 후퇴했다."

아이젠하워는 팔레즈와 아르덴에서 독일군이 모든 희망이 사라질 때까지 싸우는 것을 목격했기 때문에 기자회견에서 "분별력 있는 독일군이라면 라인 강으로 다시 돌아와서 라인 강을 따라 견고한 방어선을 구축한 후 거기에 서서 '이제 건너와보시지'라고 말했어야 했다"고 말했다. 그 대신 독일군은 자신들의 고집 때문에 25만 명이 포로가 되고, 추가로 수천 명 이상이 죽거나 부상당해 힘겨워했다.

아이젠하워는 몽고메리, 패튼, 그리고 다른 장군들의 요구에도 불구하고 라인 강 서쪽의 공격이 성공해야 그가 고수하는 광정면 전략을 정당화할 수 있다고 생각했다. 3월 26일, 조지 마셜에게 쓴 편지에 따르면, "거의 완벽하게 괴멸될 정도로 라인 강 서쪽의 독일군을 패배시키면 히틀러는 강력한 라인 강 방어선을 지키는 병력의 상당 부분을 잃게 될 것입니다. 이 승리로 제1군과 제3군은 카셀Kassel까지 비교적 손쉽게 진격할 수 있을 것입니다. 이것이 자랑하는 것처럼 들리지 않기를 바랍니다만, 안팎의 반대에도 불구하고 브래들리와 제가 처음부터 믿어왔던 일들을 수행하여 멋지게 마무리한 것에 크게 만족합니다."

그는 이제 라인 강 전선에서 진군을 잠시 멈추고 보급품과 증강 병력을 보충한 뒤 마지막으로 독일에 최후의 일격을 가하기 위한 계획을 준비했다. 하지만 레마겐Remagen에 있는 다리 하나가 그의 계획을 바꿔놓았다.

●

독일군을 괴멸하기 위한 마지막 단계

히틀러는 서쪽에서 독일 국경으로 후퇴하는 자신의 부대들로 라인 강 방어선을 강화하면 연합군의 전진을 늦추고 본토에서 벌어질 마지막 전투를 준비할 수 있는 시간을 벌 수 있을 것이라고 확신했다. 그는 라인 강을 가로지르는 모든 다리를 파괴하라고 명령했고, 연합군이 다리를 온전하게 확보하면 해당 지역 지휘관을 처형하겠다고 위협했다.

아이젠하워 역시 라인 강에서 잠시 진격이 멈출 것으로 예상했다. 그러나 3월 7일 브래들리부터 걸려온 전화는 그에게 이것이 기회의 순간임을 알려주었다. 브래들리가 연합원정군최고사령부의 해럴드 불Harold Bull 소장과 방문해 이야기를 나누고 있을 때, 제1군의 코트니 호지스 장군이 독일 루르 지역의 남쪽 레마겐 시내에 아직 온전한 다리가 남아 있다고 브래들리에게 보고했다. 브래들리는 호지스 장군에게 말했다.

"전력을 다해 다리를 건너게, 코트니. 그리고 교두보를 확실히 확보하게."

불 장군이 그 기동에 반대하며 브래들리에게 조언했다. 그는 미군이 곧바로 독일군의 완강한 저항에 부딪히게 될 것이며, 약한 한 지역을 공략할 것이 아니라 전 전선에 걸쳐 강을 조직적으로 건너는 종합적인 진격 계획이 필요하다고 주장했다. 불의 소심함에 화가 난 브래들리는 자신의 작전을 확인받기 위해 아이젠하워에게 전화를 건 것이었다. 아이젠하워는 소리를 지르듯 말했다.

"다리를 확보하게, 브래드! 모든 것을 동원해 다리를 건너게. 그리고 교두보를 확보해야 하네."

아이젠하워의 지지에 힘을 얻은 브래들리는 다리를 건너 라인 강 동쪽 편에 귀중한 발판을 마련했고, 이는 곧 길이 20마일, 종심 8마일에 달하는 교두보로 확장되었다. 히틀러는 독일 서쪽 국경에서 연합군의 공격을 더 이상 지연시킬 수 없었다. 기쁨에 들뜬 아이젠하워는 메이미에게 보내는 편지에 이렇게 썼다.

"우리 부대가 완벽하게 라인 강을 건넜다는 사실에 나는 매우 만족하고 있소."

그 순간 그는 미래를 생각했다.

"아, 이 모든 것이 끝나면 정말 기쁠텐데. ……… 그것이 얼마나 걸릴지 알고 싶소."

이제 라인 강의 동쪽에 자리 잡은 아이젠하워는 독일군을 괴멸하기 위한 마지막 단계로 넘어갔다. 연합군이 프랑스를 가로질러 진격하는 광정면 전략에 이어서 아이젠하워는 몽고메리에게 자원이 풍부한 루르 지역의 북쪽으로 돌격하라고 했고, 호지스와 패튼의 미군에게는 루르의 남쪽을 공격하라고 했다. 영군군과 미군이 루르의 배후를 봉쇄하고 독일 지역으로 침투한 후, 적이 항복할 때까지 전 군이 조직적으로 내륙 깊숙이 돌진해야 했다. 독일군이 이제는 자국 영토 내에서 사력을 다해 싸울 게 분명했기 때문에 이 작전은 과거의 어느 작전보다도 단순해 보였다.

3월 24일 진격이 시작되었다. 연합군 전 사단은 루르의 북쪽과 남쪽 측면을 따라 돌진했다. 아이젠하워는 독일 국민들에게 가망 없는 독일의 상황을 설명하는 성명서를 발표했다. 그는 독일군에게 항복을 요구했으며, 독일 국민들에게는 농사를 시작하라고 제안했다. 당연히 이 요청은 먹혀들지 않았다. 훗날 아이젠하워는 이렇게 썼다.

"나의 목적은 모든 유혈 사태를 종식시키는 것이었다. 그러나 히틀러의 지지 세력은 여전히 강했고, 게슈타포Gestapo와 나치 친위대SS, Schutzstaffel를 이용해 전국을 매우 효과적으로 통제했기 때문에 전투는 계속 이어졌다.

아이젠하워는 전쟁이 빨리 끝나기를 원했지만, 무엇보다도 결과가 더 이상 불확실하지 않았기 때문에 아이젠하워는 독일이 항복하기 전까지는 마지막 독일군 한 명까지 쓸어버려야 했다. 3월에 아이젠하워는 메이미에게 보내는 편지에 이렇게 썼다.

"우리는 또 다른 전쟁을 치르고 있고 전망은 밝아 보이오. 그러나 나는 포로수용소에 가두거나 죽이기 전까지는 독일군을 절대로 내버려두지 않을 것이오!"

4월 중순, 미 제1군과 제9군은 독일 립슈타트Lippstadt에서 합류했다. 이 작전으로 루르를 포위해 30만 명 이상의 독일군 병사들을 생포했다.

동시에 남쪽의 미군 부대들이 뉘른베르크Nürnberg와 뮌헨München을 점령하는 동안, 몽고메리는 폴란드와 덴마크로 향했다. 히틀러 제국은 예상보다 빨리 무너지고 있었다.

●

전선의 병사들에게 힘과 위안을 주다

순조로운 진격에도 불구하고 그의 최고 지휘관들이 터무니없는 행동을 고집해 아이젠하워의 고민은 계속되었다. 아이젠하워는 몽고메리와 패튼이 라인 강을 처음으로 건너는 명예를 차지하기 위해 자신의 부대를 독려하는 우스꽝스럽고 짜증나는 모습을 보았다. 결국 몽고메리는 자신의 예하 미군 사단의 진격을 정지시키고 자신이 직접 부대를 이끌고 처음으로 강을 건넜다. 아이젠하워는 3월에 마셜에게 털어놓았다.

"가끔 저는 한 침대에 누워 있는 여러 주인공들에게 담요를 골고루 잘 덮어주는 일로 지칠 때, 세상에 이렇게 터무니없는 많은 문제를 가진 사람이 또 있을까 하는 생각을 합니다."

그는 직설적인 명령으로 격한 행동의 종지부를 찍게 했다. 그러나 아이젠하워는 감정적인 지휘관들에게 능력에 맞는 적절한 재량권을 주었다.

업무에서 오는 정상적인 압박감에 더해 말다툼은 아이젠하워를 괴롭혔다. 그로 인해 그의 밝은 미소는 점점 사라지고 참모들은 가끔씩 신랄한 장광설을 들어야 했다. 아이젠하워의 건강이 걱정된 스미스는 아이크에게 짧은 휴가를 건의했다. 그는 총사령관에게 말했다.

"자신을 보세요. 눈 밑에 다크서클이 생기고 혈압은 평소보다 높고 사무실에서 제대로 걸을 수도 없잖아요."

아이젠하워는 심신에 새로운 활기를 불어넣기 위해 3월에 칸Cannes으로 5일간 짧은 휴가를 다녀오는 데 동의했다. 사령부를 화려하게 장식된 베르사유 궁전에서 전선에서 가까운 랭스Reims의 소박한 건물로 옮기고 난 뒤 아이젠하워는 좀 더 편안해졌다. 그는 호화로운 곳에서 일하는 것을 좋아하지 않았다. 이제 그는 자신의 일정에 좋아하는 취미 하나를 더 쉽게 포함시킬 수 있게 되었다. 전쟁이 끝난 뒤 스미스는 이렇게 썼다.

"아이젠하워 장군은 전선에 끊임없이 모습을 드러냈다."

끝없는 불평을 듣는 대신에 아이젠하워가 자신의 사령관들에게 그랬

"느낌이 어떤가, 이병?" 아이젠하워가 강을 건너 공격하는 것에 대해 이병에게 물었다.
"장군님, 엄청 두렵습니다." 이병이 대답했다.
아이젠하워는 말했다. "그래, 그렇다면 자네와 나는 좋은 한 쌍이야. 왜냐하면 나도 두렵거든. 그러나 우리는 이 작전을 오랜 시간 계획했고, 독일군을 부수는 데 사용할 수 있는 많은 항공기와 대포, 그리고 공수부대를 가지고 있어. 아마도 우리가 함께 강을 건기만 해도 서로에게 도움이 될걸세."
이병과 장군은 서로의 존재로부터 힘과 편안함을 이끌어내면서 라인 강변을 거닐었다.

듯이 병사들의 낙관적인 얘기에 귀를 기울였다. 그는 4월 27일 마셜에게 보내는 편지에 이렇게 썼다.

"병사들은 3년 전 미국이 프랑스로 군대를 파병하기 시작했을 당시의 상황을 기억하고 있고, 그때 우리가 전투력이 뛰어난 독일군과 맞서 싸웠다는 것에 대해 경외감까지는 아니더라도 긍지를 갖고 있습니다. 그들은 자신들이 이룬 성취에 대해 자부심을 느끼고 있습니다."

라인 강을 따라 부대를 방문하면서 아이젠하워는 한 병사를 만났다.

"느낌이 어떤가, 이병?"

아이젠하워가 강을 건너 공격하는 것에 대해 이병에게 물었다.

"장군님, 엄청 두렵습니다."

이병이 대답했다.

아이젠하워는 말했다.

"그래, 그렇다면 자네와 나는 좋은 한 쌍이야. 왜냐하면 나도 두렵거든. 그러나 우리는 이 작전을 오랜 시간 계획했고, 독일군을 부수는 데 사용할 수 있는 많은 항공기와 대포, 그리고 공수부대를 가지고 있어. 아마도 우리가 함께 강을 건기만 해도 서로에게 도움이 될걸세."

이병과 장군은 서로의 존재로부터 힘과 위안을 얻으면서 라인 강변을 거닐었다.

●

잔인한 역사의 현장, 유대인수용소를 직접 방문하다

4월 12일, 아이젠하워는 오르트루프-노르트Ohrdruf-Nord 유대인수용소와 다음날인 4월 13일에는 악명 높은 부헨발트Buchenwald 수용소를 시찰했다. 아이젠하워는 죽음과 파괴의 현장을 수없이 보아왔지만, 이 수용소들에서 그가 목격한 시신 더미와 그가 맡은 지독한 악취에 비하면 아무것도 아니었다. 전쟁터에서 잔뼈가 굵은 강인한 패튼조차 히틀러에 의한 희생자들의 모습에 진저리 치며 구토했다. 아이젠하워의 임시 운전병 미키 매코프는 총사령관이 그렇게 분노한 것을 본 적이 없다고 기록했다. 격노한 아이젠하워는 최전선의 병사를 제외한 모든 군인들에게 이 수용소를 둘러보게 하고 그들이 무엇에 대항해 싸우고 있는지 생각하게 했다. 그는 4월 15일 마셜에게 보내는 편지에 다음과 같이 썼다.

"이번 시찰에서 ─비록 끔찍하기는 했지만─ 가장 기억에 남는 곳은 고타Gotha 근처의 독일 강제수용소였습니다. 이곳에서 본 것들은 이루다 말로 표현할 수 없습니다. 굶주림, 학대, 잔인한 행위에 관한 시각 자료 증거와 구두 증언은 너무 심해서 구토가 날 정도였습니다. 굶어죽은 20~30명가량의 남성 시체더미로 가득 차 있는 방에는 조지 패튼조차도 들어가지 못했습니다."

그는 자신이 왜 수용소를 직접 방문했는지 설명했다.

"장래에 이러한 혐의를 단순히 선전이라고 몰아붙이는 일이 생기더라

●●● 아이젠하워가 오르트루프-노르트 유대인수용소에서 나치의 잔혹한 행위로 죽은 희생자들의 모습을 보고 있다.

도 제가 이런 일들을 직접 목격한 증인이 될 수 있기 때문에 일부러 수용소를 방문했습니다."

아이젠하워는 자신이 생각한 것보다 더 선견지명이 있었다. 훗날 소규모 수정주의 역사학자들은 홀로코스트Holocaust는 지어낸 이야기라고 주장했다. 수용소를 해방시킨 수천 명의 미군 병사들과 수용소를 직접 목격한 아이젠하워, 그리고 수용소 생존자들은 유대인과 다른 집단을 몰살시키

그는 자신이 왜 수용소를 직접 방문했는지 설명했다.

"장래에 이러한 혐의를 단순히 선전이라고 몰아붙이는 일이 생기더라도 제가 이런 일들을 직접 목격한 증인이 될 수 있기 때문에 일부러 수용소를 방문했습니다."

아이젠하워는 자신이 생각한 것보다 더 선견지명이 있었다. 훗날 소규모 수정주의 역사학자들은 홀로코스트는 지어낸 이야기라고 주장했다. 수용소를 해방시킨 수천 명의 미군 병사들과 수용소를 직접 목격한 아이젠하워, 그리고 수용소 생존자들은 유대인과 다른 집단을 몰살시키기 위한 히틀러의 추악한 시도에 대한 반박할 수 없는 증거가 되었다.

기 위한 히틀러의 추악한 시도에 대한 반박할 수 없는 증거가 되었다.

그는 메이미에게 보내는 편지에도 이 사건에 대해 썼다. 그러나 같은 날 쓴 그 편지에는 분노의 감정을 표현했지만 끔찍한 세부사항은 생략했다.

"최근에 나는 독일 강제수용소를 방문했소. 나는 그렇게 잔인하고 짐승 같은 야만적 행위가 이 세상에서 자행되었다는 걸 꿈에도 생각하지 못했소. 정말 끔찍했소."

●

아이젠하워가 베를린 점령을 거부한 이유

아이젠하워에게는 체코슬로바키아 국경에 도달한 패튼과 함께 처리해야 할 문제가 기다리고 있었다. 영국군 참모장은 아이젠하워가 즉시 패튼의 부대를 체코 영토로 진격시켜 소련보다 먼저 프라하Praha를 확보해야 한다고 주장했다. 그러나 아이젠하워는 그 주장을 무시했다. 그는 군인이지, 정치인이 아니었다. 그리고 군사적 가치가 없는 한, 프라하 확보 명령을 내리지 않을 작정이었다. 그는 마셜에게 썼다.

"저는 연합참모본부로부터 특별한 명령을 받지 않는 한, 정치적 포상을 얻기 위해 군사적으로 현명하지 않은 어떠한 진군도 시도하지 않을 것입니다."

마셜은 아이젠하워의 생각에 동의했다. 이 사건은 남은 전쟁 기간뿐만 아니라 그의 생애 내내 분열을 초래하는 논쟁의 시발점이 되어 그를 괴롭혔다. 처칠은 베를린에 도착할 때까지 연합군을 유지하기 위해 루스벨트와 마셜에게 영향력을 행사했다. 흑해 연안의 얄타Yalta에서 열린 회담에서 루스벨트, 스탈린, 그리고 처칠은 독일의 분할에 합의했다. 독일 수도 베를린은 소련 점령 구역이 되었다. 처칠은 서쪽의 군사작전이 순조롭게 전개되는 상황에서 미군과 영국군이 베를린 인근에서 진격을 멈추는 것에 대해 이의를 제기했다. 그는 전후 베를린이 소련의 수중에 있는 것보다 서구 진영의 손에 있는 것이 더 낫다고 믿었다.

아이젠하워는 이런 생각을 단호히 거부했다. 그는 군사적 임무를 수행하는 군사 지도자였기 때문에 정치적 이유로 흔들리지 않았다. 4월 15일, 그는 마셜에게 썼다. 베를린을 공격하기보다는 몽고메리가 북쪽에서 덴마크를 향해 진격하고, 패튼이 남쪽에서 오스트리아 알프스를 향해 방향을 전환하는 동안 나머지 병력을 방어태세를 갖춘 독일 중부로 투입하는 것이 낫다고 말했다. 히틀러가 많은 수의 완강한 나치주의자들과 함께 남부 바이에른과 오스트리아 산악지대로 후퇴해서 연합군에 대항하여 게릴라전을 통한 지연전을 시작하려고 한다는 소문이 돌았다. 아이젠하워는 남쪽으로 병력을 보내 이 거점들을 파괴하고 싶어했다.

"저는 베를린을 확보하는 것보다 덴마크와 바이에른 두 곳이 엄청나게 더 중요하다고 생각합니다. 어쨌든 베를린을 즉시 점령하기 위한 계획은 지금 이 순간 우리 자신과 소련의 우호적인 관계를 고려할 때 어리석은 짓입니다. 우리는 결코 일어나지 않을 개연성이 높은 사건에 휘말리게 될 겁니다."

설령 그가 베를린을 확보하더라도 얄타 회담의 결정에 따라 소련에게 넘겨주어야 했다.

아이젠하워는 베를린을 피하고 싶은 다른 이유들을 열거했다. 브래들리 장군은 그 작전으로 최소한 10만 명의 사상자가 발생할 것이라고 추정했다. 아이젠하워 역시 연합군이 무수한 전쟁포로와 민간인, 그리고 난민을 관리해야 된다고 주장했다. 또한 소련군은 베를린에서 35마일 이내 거리에 있었으나, 자신은 200마일 거리에 위치해 있었다. 마지막으로 태평양의 잔인한 전투를 앞둔 상황에서 아이젠하워와 마셜은 독일 수도인 베를린을 확보하기 위한 격렬한 군사작전을 원하지 않았다. 그들은 유럽 전쟁을 가능한 한 빨리 끝내고 태평양으로 미군을 전환시킬 것을 계획하고 있었다. 죽을 각오로 싸우라는 히틀러의 명령을 따르는 독일군이 방어하고 있는 베를린을 향한 진격에서 36만 1,000명의 사상자가 발생했다고 소련 측은 나중에 발표했다. 이로써 이 점을 걱정한 아이젠하워의 우려가 타당했음이 증명되었다.

존 아이젠하워John Eisenhower는 아버지가 베를린 점령을 거절한 이유 중 자주 간과되는 것이 있다고 지적했다. 그는 루스벨트가 일본과의 전투에서 소련의 도움을 얻기를 바랐다고 말했다. 미군이 베를린을 먼저 점령했다면 소련의 도움은 불가능했을 것이다. 1945년 봄, 4개 주요 일본 열도에 대한 공격에서 많은 피해가 불가피할 것으로 보였다. 루스벨트는 소련이라는 강력한 연합군을 전투에 투입하여 최대한 신속하게 태평양 전쟁을 끝내고 싶었다.

그러나 무엇보다도 아이젠하워는 전략적 가치가 없다는 한 가지 이유로 베를린 점령 작전을 거부했다. 전쟁이 끝난 뒤 비틀 스미스는 이렇게 썼다.

"그는 오로지 군 지휘관이었고 항상 자기 자신을 철저하게 군 지휘관으로 생각했다……."

그는 독일의 전쟁수행능력을 파괴하겠다는 목표를 가졌고, 베를린은 그 목표에 부합되지 않았다.

"연합군 지휘의 모든 계획, 결정, 그리고 목적은 항상 '독일군을 신속하고 완벽하게 파괴시킨다'는 변치 않는 하나의 원칙에 의해 결정되었다"라고 스미스는 기록했다. 베를린은 군사적 가치가 없었으며, 독일 내 다른 지역에 대한 아이젠하워의 노력은 "나치를 무력화시킬 무력 수단만을 사용하여 33일 내에 독일군의 모든 저항을 잠재웠다고 주장했다." 스미스는 베를린 근처의 유일한 독일 군대는 수도를 방어하기 위해 구성된 병력이었고 "붉은 군대가 임무를 수행할 것으로 확신했다"라고 덧붙였다. 그는 "전투란 군대를 패배시키고 적의 전투 능력을 파괴하기 위해 싸우는 것이다"라고 설명했다.

베를린을 향한 공격은 독일군 파괴라는 주요 목표로부터 병력을 전환하게 만들 터였다. 아이젠하워는 만약 적군을 전멸시키려 한다면 모든 것이 제자리에 있어야 한다고 주장했다. 야전에 군대가 없었다면 히틀러는 평화협상을 꺼낼 수 없었을 것이다. 존 아이젠하워가 말했다.

"아버지는 독일군을 패배시킨다는 군사적 목표가 자신에게 주어졌다는 것을 진지하게 생각하셨습니다. 웨스트포인트 시절부터 배워온 우리

> 베를린을 회피한 또 다른 이유는 그가 잘난 척하지 않는 겸손한 사령관의 전형이었기 때문이었다. 1952년 대통령 선거운동 기간에 아이젠하워는 베를린을 공산주의자의 손에 넘어가게 했다는 원색적인 비난에 격앙되지 않고 "쓸모없는 목표인 베를린'을 점령하려다가 전사한 아들을 둔 만 명의 어머니를 만들 필요가 없지 않느냐"라며 응수했다.

의 모든 군사적 원칙은 군사작전의 목표는 도시가 아니라 적의 군대라는 것을 강조하고 있습니다."

베를린을 회피한 또 다른 이유는 그가 잘난 척하지 않는 겸손한 사령관의 전형이었기 때문이었다. 1952년 대통령 선거운동 기간에 아이젠하워는 베를린을 공산주의자의 손에 넘어가게 했다는 원색적인 비난에 격앙되지 않고 "쓸모없는 목표인 베를린'을 점령하려다가 전사한 아들을 둔 만 명의 어머니를 만들 필요가 없지 않느냐"라며 응수했다.

4월 11일, 제9군은 막데부르크Magdeburg 부근 엘베Elbe 강에 도착했다. 이곳은 서쪽에서 온 연합군이 독일 내에서의 공격을 중지하고 소련군과 만나기로 약속한 지점이었다. 전쟁은 거의 끝났다. 하지만 히틀러가 살아 있는 한 저항은 계속되었다.

●

루스벨트의 서거, 히틀러의 자살, 그리고 독일의 항복

4월에는 유럽 전쟁의 주요 인물 2명이 사망했다. 4월 12일, 루스벨트 대통령이 조지아에 있는 자신의 휴양지에서 서거했다. 후임 대통령은 해리 트루먼Harry Truman이었다. 아이젠하워가 잘 알지 못하는 트루먼이 전쟁의 마지막을 조율하게 되었다. 그로부터 18일 후 소련군이 베를린에 있는 지하 벙커에 접근하자 히틀러는 자살했다.

독일의 저항이 약화되었다는 증거에도 불구하고 아이젠하워와 다른 연합군 지휘관들은 독일이 무조건 항복을 하기 전까지는 전쟁이 끝난 것이 아니라고 주장했지만, 독일군 지휘관들에게 자신의 부대에게 무기를 내려놓으라는 명령을 내릴 것을 장려하는 입장을 취하지 않았다. 독일에서뿐만 아니라 폴란드, 이탈리아, 그리고 덴마크에서도 항복 직전까지 격렬한 전투가 이어졌다.

히틀러의 자살로 저항세력의 모든 희망이 사라진 1945년 5월 7일 독일군은 무조건 항복했다. 오전 2시 41분, 히틀러의 뒤를 이어 급히 구성된 독일 정부를 대표하는 알프레트 요들Alfred Jodl 장군이 연합국에게 항복하기 위해서 랭스에 있는 아이젠하워의 사령부를 방문했다. 장교들이 한 사무실에서 요들에게 항복 조항을 설명하는 동안 아이젠하워는 자신의 사무실에 있었다. 그는 모든 사항에 동의하기 전까지 독일 장군을 보고 싶지 않았다.

비틀 스미스와 다른 사람들이 요들 장군을 아이젠하워의 사무실로 안내했다. 아이젠하워는 요들에게 모든 조항들을 다 이해하냐고 물었다. 그리고 어떠한 위반에 대해서도 개인적인 책임을 지게 될 것이라고 경고했다. 요들 장군은 동의했고, 고개를 숙여 인사하고는 떠났다.

안도한 아이젠하워는 자신의 사무실로 사진사를 들여보내라고 했다. 그는 요들이 항복 문서에 서명할 때 사용한 펜 2개를 손에 쥐고 그것을 교차하여 전쟁 초기에 윈스턴 처칠이 사용해 인기를 끌었던 "V"자를 만들었다. 그와 참모들은 기념행사에서 샴페인으로 건배를 했다. 그리고 그

●●● 1945년 5월 7일 프랑스 랭스에 있는 자신의 사령부에서 아이젠하워가 독일 알프페트 요들 장군이 항복 문서에 서명할 때 사용한 펜 2개를 손에 쥐고 "V"자를 만들어 보이고 있다.

들이 그렇게 오랫동안 기다려 마지않던 그 순간을 즐겼다.

아이젠하워는 적대행위의 종결을 알리는 메시지의 초안을 작성했다. 자신의 말이 역사에 남으리라는 것을 알고 있는 다른 전쟁 지휘관들은 형용사와 부사들로 넘치는 자극적인 선언문을 작성했다. 그러나 아이젠하워는 자신의 스타일에 충실했다.

"연합군의 임무는 현지 시간 1945년 5월 7일 오전 02시 41분에 완수되었습니다."

이 간단한 말로 애빌린에서 온 남자는 유럽 전쟁을 마무리했다. 그는 자존심이 강한 사람들의 엄청난 비난과 반대에도 불구라고 연합군을 하나로 묶었다. 그는 총을 들고 직접 전선으로 가기를 간절히 원하는 마음

> "연합군의 임무는 현지 시간 1945년 5월 7일 오전 02시 41분에 완수되었습니다."
> 이 간단한 말로 애빌린에서 온 남자는 유럽 전쟁을 마무리했다. 아이젠하워는 자존심
> 이 강한 사람들의 엄청난 비난과 반대에도 불구라고 연합군을 하나로 묶었다. 그는
> 총을 들고 직접 전선으로 가기를 간절히 원하는 마음을 억제하고 강력한 리더십으로
> 여러 나라에서 온 수백만 명의 병사들이 총을 들고 승리하도록 만들었다.

을 억제하고 강력한 리더십으로 여러 나라에서 온 수백만 명의 병사들이
총을 들고 승리하도록 만들었다.

●

경계를 뛰어넘는 통합과
공동의 목표를 향한 노력은 성공의 가능성을 높여준다

비틀 스미스는 이 전쟁에 기여한 아이젠하워의 가치 있는 업적 중에서
연합군의 통합을 위한 노력과 광정면 전략이 가장 위대한 업적이라고 평
가했다. 히틀러에 맞서 싸운 11개월 동안 일반적인 전략 계획에는 변화
가 거의 없었다. 그는 쓰라린 비판에도 불구하고 전략 계획에 대한 믿음
이 있었기에 연합군의 진격을 계획대로 진행할 수 있었다. 1956년에 스
미스는 이렇게 기록했다.

"1944년 2월 12일 런던에 우리 사령부가 설립된 이후로 연합군 통합
의 목표가 깨진 적은 한 번도 없었다. 우리 미군과 영국군 장교들은 매일
고군분투하는 현장의 일원이 아닌 사람은 결코 엄두도 낼 수 없을 정도
로 국적을 잊고 한 팀이 되었다."

현대의 전쟁에서든 비즈니스의 세계에서든 경계를 뛰어넘는 통합과
공동의 목표를 향한 노력은 성공의 가능성을 높여준다.

1956년에 스미스는 이렇게 기록했다.

"1944년 2월 12일 런던에 우리 사령부가 설립된 이후로 연합군 통합의 목표가 깨진 적은 한 번도 없었다. 우리 미군과 영국군 장교들은 매일 고군분투하는 현장의 일원이 아닌 사람은 결코 엄두도 낼 수 없을 정도로 국적을 잊고 한 팀이 되었다."

현대의 전쟁에서든 비즈니스의 세계에서든 경계를 뛰어넘는 통합과 공동의 목표를 향한 노력은 성공의 가능성을 높여준다.

"영국과 미국의 참모들은 총사령관 아래에서 완벽한 구성체로서 제 역할을 했다. 가끔은 영국인이나 미국인의 입장에서가 아니라 개인적인 입장에서 동의할 수 없는 일도 당연히 있었다"라고 스미스는 덧붙였다. 그리고 "아이젠하워가 모든 결정에 책임을 졌다. ······ 그렇게 함으로써 아이젠하워는 승리에 크게 기여했다"라고 자신의 견해를 밝혔다.

전쟁이 끝나자 아이젠하워는 메이미에게로 돌아가서 농장에 정착해 독서와 낚시, 그리고 손자, 손녀들과 놀기를 고대했다. 역사상 가장 극악무도한 독재 정권을 해체시킨 후 지금 그의 앞에는 어떤 더 큰 도전이 기다리고 있을까?

PART 5

미국
제34대 대통령

나는 모든 주요 문제를 시험하는 하나의 척도를 가지고 있다.

그 척도는 "이것이 미국을 위해 좋은가"이다.

– 드와이트 D. 아이젠하워 –

CHAPTER 15

"나는 아이크를 좋아해"

●

개선장군의 귀환

독일 점령 지휘관으로서 당면한 문제들을 다루기 전, 아이젠하워는 영국과 미국을 방문했다. 두 나라의 군중들은 개선장군에게 애정이 듬뿍 담긴 성대한 환영행사를 열어주었다.

1945년 6월 12일, 아이젠하워는 600년 역사를 가진 런던 길드홀 Guildhall에서 연설했다. 그곳에서 그는 런던 명예시민으로 선정되었다. 사람들은 그가 거리를 걸으면서 사인을 해줄 때면 "아이크, 굿 올드good old(싹싹한 남부인이라는 뜻-옮긴이) 아이크!"라고 소리쳤고, 처칠 홀hall Churchill 안에서는 총사령관에게 건배하며 "끔찍한 전쟁의 대재앙 속에서 우리 연합국에게 승리를 안겨주었듯이, 그가 앞으로 모든 국가들에게 평화를 안겨주는 훨씬 더 어려운 일에도 기여할 것"이라고 말했다. 행사 뒤 아이젠하워는 조지 6세George VI 국왕으로부터 공로훈장Order of Merit을 수여받기 위해 버킹엄 궁전으로 향했다.

그달 하순 미국으로 돌아간 아이젠하워는 훨씬 더 많은 환호를 받았다. 워싱턴 공항에서 환영 인파는 "아이크, 아이크"를 외쳤다. 메이미와의 짧

●●● 1945년 6월 19일 뉴욕시에서 열린 승리 퍼레이드에서 아이젠하워가 환호하는 군중에게 손을 흔들고 있다.

은 재회를 뒤로하고, 아이젠하워는 의회 합동 연설을 하기 위해 의회의사당으로 향했다. 6월 19일, 영웅의 귀국을 환영하기 위해 400만 명의 뉴욕 시민이 맨해튼Manhattan의 거리를 가득 메웠다. 그 뒤, 가족 모임을 위해 고향 애빌린으로 간 그는 요란한 귀향 환영을 받았다. 몇 년 동안 세계적인 인물들과 저명한 장성들과 함께한 아이젠하워는 캔자스의 시민들에게 겸손하게 말했다.

"오늘 말할 수 있는 가장 자랑스러운 것은 제가 애빌린 출신이라는 것입니다.”

●

전후 독일에서 처리해야 했던 골치 아픈 문제들

짧은 미국 방문을 뒤로하고 아이젠하워는 패전국에 대한 연합군 점령을
감독하기 위해 독일로 돌아왔다. 6개월 동안 그는 주로 어떻게 병사들을
본국으로 수송할 것인지, 기존 나치는 어떻게 처리할 것인지에 관련된 일
련의 문제들과 씨름해야 했다. 아이젠하워는 고향으로 가는 병사들의 수
많은 요청들을 자세히 기록해 매일 아침 자신의 책상에 놓아두라고 지시
했다. 그는 병사들의 요청을 가능한 한 많이 수용하려고 노력했다. 하지
만 미군의 역할과 병사들의 소망 사이에서 균형을 맞춰야 했다. 그는 이
제 적대국이 될 가능성이 큰 공산주의 소련을 고려해 엄청난 미군의 전
시 조직을 너무 성급하게 해체하고 싶지 않았다.

미군 전쟁포로들을 수용한 구舊 독일군 캠프를 방문했을 때, 아이젠하
워는 미군 병사들로부터 본국 귀환이 너무 늦다는 많은 불평을 들었다.
이제 전쟁이 끝났다. 미군을 수송할 수 있는 추가적 방법은 없는 것인가?
아이젠하워에게는 선박이 부족했다. 그러나 캠프를 떠나기 전 해결책을
찾았다. 병사들이 교대로 먹고 잔다면 각각의 수송선에 두 배로 탑승이
가능했다. 그는 병사들과 대화를 나누면서 좀 늦더라도 상대적으로 좀 더
편안하고 여유롭게 고향으로 가고 싶은지, 아니면 탑승 인원이 두 배로
증가해 불편하더라도 빨리 귀국하고 싶은지 물어보았다.

“자네들은 편안하게 집으로 돌아가고 싶은가? 아니면 두 배로 탑승하
여 불편하더라도 빨리 집에 가고 싶은가?”

병사들은 만장일치로 후자라고 큰 소리로 대답했다. 아이젠하워는 시행을 명령했다.

더 골치 아픈 문제가 아이젠하워를 기다리고 있었다. 그것은 바로 지금 연합군의 보호 아래 있는 수백만 명의 난민, 특히 강제수용소에 갇혔던 유대인을 어떻게 처리해야 하는가 하는 문제였다. 연합군의 숙소 환경은 독일 수용소보다는 훨씬 나았지만, 여전히 집의 안락함과는 거리가 멀었다. 독일 시민들은 자신의 집에서 따뜻한 잠자리를 누리는 반면, 몇몇 지역의 유대인과 난민들은 임시 막사에서 몸을 웅크린 채 간단한 식사만 제공받았다.

전쟁으로 파괴된 유럽에서 수용 대상이 점점 늘어나는 상황에서 아이젠하워는 예상했던 300만 명보다 훨씬 더 많은 550만 명을 돌볼 책임이 있었다. 한 연구는 그 550만 명의 약 1퍼센트에 해당하는 5만 6,000명이 사망했다고 밝혔다. 그와 같은 가혹한 상황 하에서 이 사망자 수치가 최악이라고는 할 수 없었다.

조지 패튼 장군이 기존 나치 장교들을 전부 해임시키라는 사령부의 명령을 무시하면서 또 다른 문제가 발생했다. 패튼은 질서를 유지하기 위해서는 나치 장교들의 협조가 필요하다고 주장했다. 아주 노골적으로 명령을 무시한 패튼의 행동에 당황한 아이젠하워는 직설적으로 그를 꾸짖었다.

"나는 자네가 멍청한 짓을 중단하고 망할 놈의 나치를 과잉보호하는 대신 자네가 말한 대로 비非나치화 프로그램을 수행하기를 바라네."

하지만 패튼은 얘기 도중에 아이젠하워의 손을 뿌리치며 나치는 공화당원이나 민주당원과 다를 바 없다고 말했다. 아이젠하워는 패튼을 사령부로 불러 다른 방에 있는 참모들도 그의 말을 정확하게 들을 수 있을 정도로 패튼에게 크게 소리쳤다. 아이젠하워는 마침내 친구 패튼을 제3군사령관직에서 해임했다. 그리고 패튼을 세상의 이목으로부터 멀어지게 만들기 위해 패튼에게 미군의 유럽 군사작전 사례를 수집하는 일의 책임을 맡겼다.

●

육군 참모총장, 컬럼비아 대학 총장, 나토 최고사령관이 되다

아이젠하워는 1945년부터 1952년까지 3개의 다른 직업을 가졌다. 1945년 가을, 조지 마셜이 육군 참모총장에서 물러났다. 워싱턴 D. C. 정치에 반감을 갖고 있던 아이젠하워였지만, 마치 명령에 복종하는 좋은 군인처럼 해리 트루먼 대통령의 뜻을 받아들여 11월 19일 차기 육군 참모총장이 되었다.

미국 역사상 가장 큰 군사 조직을 감독했던 그는 이제 해체를 수행해야 했다. 18개월 만에 육군은 1,200만 명에서 150만 명으로 줄었다. 아이젠하워는 군에서 전역한 뒤 교육계에 몸담고 싶다는 자신의 오랜 바람을 이렇게 피력했다.

"나는 어느 작은 대학 부근에 정착하여 젊은이들과 소통할 수 있는 가교 역할을 하고 싶었다."

뉴욕 컬럼비아 대학Columbia University in the City of New York에서 그에게 신임 대학총장이 되고픈 의향이 있는지 물었다. 처음에는 자신이 아니라 유명한 교육자인 형 밀튼Milton에게 연락한 것이 아닌지 의심했다. 대학 관계자는 자신들이 선택한 사람은 아이젠하워이고, 그의 방대한 경험과 인맥이 컬럼비아 대학에 큰 도움이 될 것이라고 설명했다. 컬럼비아 대학은 작은 대학과는 거리가 멀었지만, 아이젠하워는 큰 대학교를 책임지는 도전을 기꺼이 받아들였다. 1948년 5월, 그는 컬럼비아 대학교 총장에 취임했다.

아이젠하워가 처음 한 일은 학생들이 좀 더 쉽게 다가올 수 있도록 자신의 사무실 위치를 옮기는 것이었다. 전임 총장은 개인 엘리베이터로만 접근할 수 있는 장서가 가득한 사무실에서 업무를 보았다. 그러나 아이젠하워는 앞이 잘 보이는 1층으로 사무실을 옮겼다. 그는 회고록에 이렇게 썼다.

"대학의 중요한 존재 이유이자 나에게는 캠퍼스 생활에서 무엇보다 중요한 매력적인 존재인 학생들은 서류상의 수치에 불과한 존재로 치부되고 캠퍼스에서 모르는 얼굴들로 지나쳐버릴 위험이 있었다."

이 기간 대학총장이 그의 유일한 직업은 아니었다. 아이젠하워는 제2차 세계대전 당시 자신의 군 생활을 되돌아본 회고록인 베스트셀러『유럽의 십자군 전쟁Crusade in Europe』을 썼다. 그리고 1951년 1월 7일, 17개월 동안 북대서양조약기구NATO, North Atlantic Treaty Organization 최고사령관으로 복무하기 위해 컬럼비아 대학을 떠났다.

●

공화당이냐, 민주당이냐

1951년과 1952년, 아이젠하워는 두 가지 중요한 문제에 대해 생각했다. 하나는 자신이 공화당을 지지하는지 민주당을 지지하는지의 문제였고, 다른 하나는 대통령 선거 출마에 동의할 것인가 하는 문제였다. 유명한 장군의 크나큰 인기를 수백만의 표로 바꿀 수 있다는 것을 인식한 양쪽 정당은 아이젠하워에게 간절히 구애했다. 처음에 그는 조심스럽게 거절했다. 그에게 정치는 여전히 후보자들이 자신의 이익을 위해 사용하는 "안 좋은 소문의 조합, 빈정거림, 교활한 인신 공격과 명백한 거짓말"에 불과하다고 말했다. 솔직히 그가 대통령 선거전에 관여하고 싶지 않았는지, 아니면 자신에 대한 관심을 높이기 위해 영리하게 거리를 둔 것이었는지는 확실하지 않다.

1952년 1월, 아이젠하워는 공화당을 지지한다고 표명했다. 두 달 뒤, 아직 출마 선언을 하지 않았는데도 뉴햄프셔New Hampshire 예비선거 투표용지에 자신의 이름이 오르는 것을 허락했다. 그는 선두주자인 오하이오의 로버트 A. 태프트Robert A. Taft 상원의원을 쉽게 물리쳤고, 대선 후보로 지명되어 NATO를 떠났다.

회의적인 언론사들의 계속된 문제 제기에 아이젠하워가 대답했다. 정치를 혐오하면서 왜 경선 출마를 결심했는지 묻자, 만약 국가가 자신을 필요로 한다면 의무의 부름에 또다시 답할 것이라고 대답했다. 신뢰할 수 있는 후보자가 되기 위해 어떤 정치적 훈련을 했는지 궁금해하는 기자에게 그는 다음과 같이 말했다.

"도대체 무슨 소리를 하는 겁니까? 나는 인생의 대부분을 가장 활발한 정치 조직 속에서 보냈습니다. 미국 육군보다 더 활발한 정치 조직은 세계 어디에도 없습니다."

그는 국제 문제에 관한 한 그 누구보다 더 많은 경험을 했고, 그 누구보다도 더 많은 세계 주요 지도자들을 상대했다고 주장했다.

아이젠하워는 자신을 간단하면서도 직접적으로 표현한 "나는 아이크를 좋아해! Like Ike"라는 슬로건을 사용해 공화당원들의 지지를 이끌어내는 성공적인 선거운동을 펼쳤다. 후보 지명에서 승리한 아이젠하워는 기존 전통을 깨고 자신의 경쟁자였던 태프트 상원의원을 찾아갔다.

"나는 우리가 함께 일할 수 있기를 바랍니다."

그는 태프트에게 자신이 군 경력 동안 매달렸던 주제에 천착하면서 정치를 하겠다고 말했다.

●

유권자들의 압도적 지지로 제34대 대통령에 선출되다

대통령 선거운동을 지배한 단 하나의 문제는 바로 한국전쟁이었다. 1950

년 6월 25일 공산주의 북한이 민주주의 남한을 침공했다. 미국은 이에 개입하여 병력과 자금 등 대부분의 전쟁 부담을 짊어졌고, 나머지는 유엔이 부담했다. 남한을 지원하기 위해 개전 초기부터 파병한 52만 명의 병력 중 90퍼센트가 미군이었다. 미국인들은 나머지 국가들이 고작 5만 명의 병력을 지원하는데 왜 미국이 그 많은 병사들을 위험에 빠뜨리면서 그렇게 막대한 자금을 부담하는지 궁금해했다.

아이젠하워는 재빨리 한국전쟁에 대한 대중의 환멸을 기회로 활용했다. 1952년 10월 24일 미시간 주 디트로이트Detroit에서 전국으로 방송되는 TV 연설을 통해 자신이 대통령에 당선된다면 전쟁을 끝내기 위해 한국으로 갈 것이라고 말했다.

"대통령이라면 직접 한국을 방문할 필요가 있습니다. 저는 한국을 방문할 것입니다. 그것만이 평화를 위해 미국 국민들에게 도움이 되는 최선의 방법을 알 수 있는 유일한 길입니다. 저는 한국으로 가겠습니다."

아이젠하워는 한국전쟁을 군사적인 방법으로 끝낼 것인지, 아니면 외교적인 방법으로 끝낼 것인지 분명하게 밝히지는 않았다. 그러나 존경받는 전사戰士가 상황을 해결할지도 모른다는 전망은 전 국민의 관심을 끌었다. 1952년 대통령선거일에 유권자들은 압도적인 지지로 아이젠하워를 제34대 대통령으로 선출했다.

아이젠하워는 자신의 약속을 지켰다. 1952년 11월 29일, 대통령 취임 전 아이젠하워는 비밀리에 한국을 방문했다. 차기 정부 고위직 인선을 준비하는 동안, 아이젠하워는 비어 있는 뉴욕의 아파트에 들러 자신이 여전히 거기에 있는 것처럼 보이게 했다. 대통령 당선자는 상황을 직접 점검하기 위해 3일간 최전선의 전투부대를 방문했다. 전장에 있는 병사들과

● ● ● 1954년 5월 27일 백악관에서 아이젠하워 대통령과 메이미

지휘관들로부터 의견을 들은 뒤, 아이젠하워는 전쟁을 끝내기 위해서는 미국에게 오직 두 가지 선택만이 있다는 결론을 내렸다. 그가 거부했던 원자폭탄을 사용하거나, 남북한 양측이 전쟁 이전의 영토로 복귀하기 위한 회담을 시도하는 것이었다. 그는 불가피한 희생자를 내면서 전쟁을 질질 끄는 것을 거부했다. 그리고 평화협상을 위해 노력하기로 결정했다.

대통령 취임 뒤, 아이젠하워는 신속하게 움직였다. 그가 한국 정부에 군 병력을 50만 명 이상으로 확대하도록 촉구함으로써 미국은 전쟁 수행의 부담에서 점차 벗어날 수 있었다. 또한 한국에 있는 협상단에게 가급적 빠른 시간 내에 적과 합의점을 찾을 것을 지시했다.

몇 개월 뒤, 아이젠하워의 희망은 이루어졌다. 전쟁 발발 3년이 조금 지난 1953년 7월 27일, 휴전협정이 체결되었다.

적대행위의 중단을 축하하는 사람들은 결과에 안도했다. 미국은 분명한 승리를 선언할 수 없었다. 휴전선 이북으로 국한되었지만 북한은 여전히 공산주의를 유지하면서 민주주의 세계를 위협했다. 미국인들은 단지 전쟁이 끝났다는 것에 위안을 얻었다. 미 육군 제7사단장 아서 트뤼도 Arthur Trudeau 장군은 분명하게 말했다.

"나는 전쟁이 끝나 행복했다. 우리가 할 수 있는 것은 위치를 사수하는 것뿐이었다. 승리는 가능하지 않았다. 우리가 할 수 있는 유일한 것은 더 많은 생명을 잃는 것뿐이었다."

실제 사상자 수는 놀라웠다. 미국은 3만 3,629명이 전사하고 10만 5,785명이 부상을 당했다. 전쟁 직후 실시된 설문조사에 따르면, 미국 시민의 62퍼센트가 한국전쟁은 싸울 가치가 없었다고 믿고 있었다. 훗날 아이젠하워는 자신의 가장 자랑스러운 성취 중 하나로 한국전쟁 종료를 위한 자신의 노력을 꼽았다.

●

매카시즘 광풍과 아이젠하워의 침묵, 그리고 후회

한국전쟁은 공산주의를 둘러싸고 국내외에서 벌어진 최초의 충돌이었다. 아이젠하워가 대통령이 되기 전이었지만, 위스콘신 주 상원의원 조지프 R. 매카시Joseph R. McCarthy는 연방정부 내부에서 공산주의자로 의심되는 사람들을 조사하기 시작했다. 매카시 상원의원의 목표 중에는 조지 마셜도 포함되어 있었다. 매카시는 마셜이 1940년대 말에서 1950년대 초까지 국무장관과 국방장관으로 재직하는 동안 공산주의의 영향을 받았다고 비난했다.

아이젠하워는 정치인 매카시의 전술을 개인적으로는 욕했지만, 공개적으로는 그를 비난하지 않았다. 그는 매카시의 불신임이 상원 안에서 비롯된 것이라고 믿었다. 1954년 4월 그는 한 친구에게 다음과 같은 편지를 보냈다.

"이렇게 매우 골치 아픈 일을 해결하는 데 아주 효과적인 방법은 그를 무시하는 것이다. 그는 무시를 참을 수 없을 것이다."

패튼과 몽고메리에 대한 지휘권을 가지고 있었기 때문에 아이젠하워는 그들의 폭발을 무시할 수 있었다. 하지만 상원의원에 대한 지휘권은 갖고 있지 않았다. 아이젠하워가 대통령이 된 후에도 계속 정치인을 무시했기 때문에 매카시는 조사를 계속할 수 있는 독자적인 무대를 갖게 되었다. 공산주의자로 의심된다는 매카시상원의원의 단순한 주장만으로도 많은 사람들이 명성을 잃었다.

아이젠하워가 확고한 입장을 취했다면 매카시가 제기한 몇 가지 혐의를 피할 수도 있었을 것이다. 전쟁 기간 동안에는 자신만의 주장을 고집하는 의지가 강한 개인들을 상대하면서도 히틀러를 물리치겠다는 공통의 목표가 그들을 하나로 묶었기 때문에 그의 불간섭 접근 방식은 유효했다. 그러나 대통령으로서 아이젠하워는 의지가 강한 정치인들과는 그와 같은 연대의식이 부족했다. 그는 더 중요한 이유를 들어 매카시 상원의원에게 그 같은 행동을 중단하라고 요구할 수 없었다. 그래서 아이젠하워의 침묵은 국가 이익에 반한 행동이 되었다.

아이젠하워는 1952년 조시 마셜에게 쓴 편지에서 많은 말을 했다.

"이곳의 전체적인 분위기는 매우 달라서 군인으로 오래 복무한 사람들이 적응하기가 참으로 어렵습니다."

아들 존에 따르면, 아이젠하워는 마셜을 좀 더 적극적으로 방어하지 못한 것을 나중에 후회했다고 한다. 아이젠하워는 그의 군 생활에 많은 영향을 미쳤고 국가를 위해 많은 일을 한 군 동료를 배신한 것으로 비춰질 수도 있다는 것을 인식하지 못했다.

●

군비경쟁의 소용돌이 속에서 협력과 군비감축을 외치다

아이젠하워의 대소련 외교정책은 시어도어 루스벨트의 "Speak softly and carry a big stick(부드럽게 말하되 큰 몽둥이를 들고 다녀라)"(1901년 시어도어 루스벨트Theodore Roosevelt가 미네소타 연설에서 서아프리카 속담을 인용하며 한 말로 강한 외교정책을 상징한다–옮긴이) 정책을 정교하게 다듬은 것이었다. 그는 소련 권역 주변에 지상군을 주둔시켜 공산주의를 누르겠다는 해리 트루먼 대통령의 주장에서 탈피했다. 그 대신 미국은 핵무기를 포함한 어떤 무기도 배제하지 않겠다고 알림으로써 공산주의의 확산을 억제하겠다는 목표를 세웠다.

이와 동시에 아이젠하워는 평화와 협력의 추구를 주장했다. 대통령으로서 행한 연설 중 가장 훌륭하다고 평가되는 1953년 4월 16일의 연설에서 아이젠하워는 군비경쟁의 비용에 대해 이렇게 설명했다.

"제작된 모든 총, 진수된 모든 군함, 발사된 모든 로켓은 결국 굶주린 사람들에게서 음식을, 추위에 떠는 사람들에게서 의복을 빼앗은 것입니다. 중重폭격기 1대 생산비는 30개의 도시에 새로운 학교를 건설하는 비용과 맞먹으며, 신형 구축함 1척 건조비는 8,000명을 위한 집을 짓는 비용과 비슷합니다. 위협적인 전쟁의 먹구름 아래 인간애는 철십자가에 매달려 있습니다."

군비경쟁의 소용돌이 속에서 협력과 군비감축에 대한 그의 간청은 소련에게 무시당했다. 하지만 이것으로 아이젠하워는 전 세계의 지지를 얻었다.

아이젠하워는 군비경쟁의 억제를 희망했지만, 세계의 일원으로서 공산주의에 맞선 전쟁에 대해서는 미국의 지원을 약속하는 첫 걸음을 내디뎠고, 또 다른 곳에서는 CIA Central Intelligence Agency (중앙정보국)가 비밀리에 활동하도록 승인했다. 프랑스가 공산주의 지원 세력에게 과거 식민지 베트남에 대한 통제권을 잃어가던 1954년, 아이젠하워는 민주주의 남베트남이 공산주의의 수중에 떨어지면 베트남에 대한 미국의 지원이 중지되며 그 와중에 인접 국가들이 하나씩 차례로 공산주의자의 손에 전복된다는 도미노 이론 domino theory을 제시했다. 이 도미노 이론이 틀렸다는 것이 나중에 입증되었지만, 극동에 대한 아이젠하워의 초기 입장은 차기 대통령에게까지 미쳐 동남아시아 국가에서 전쟁이 본격화될 때까지 유지되었다.

또 다른 교전의 무대가 미국 국경으로부터 겨우 90마일 떨어진 곳에 펼쳐졌다. 1959년 쿠바 정권을 장악한 피델 카스트로 Fidel Castro는 소련과 공동전선을 펼쳤다. 아이젠하워는 플로리다에서 아주 가까운 카스트로의 공산 정권을 전복시키려는 쿠바 망명자를 지원하려는 CIA의 계획을 승인했다. 피그스 만 Bay of Pigs이라고 불리는 이 작전은 존 F. 케네디 John F. Kennedy 대통령 때에 진행되었지만, 아이젠하워의 재임 기간에 시작되었다.

1957년 10월 3일 소련이 세계 최초의 위성 스푸트니크 Sputnik를 성공적으로 쏘아 올리자, 긴장감이 고조되었다. 우주에서 공산주의자들이 미국을 이기자 많은 미국인들이 공황상태에 빠졌다. 그리고 유명한 과학자 에드워드 텔러 Edward Teller는 이 사건을 진주만 공격보다 더 큰 비극이라고 주장했다. TV로 방영된 일련의 연설에서 아이젠하워는 인내심을 가지라고 조언했다. 그의 침착한 태도와 미국의 과학기술에 대한 활발한 지원은 국가를 휩쓸고 있던 공포감을 멈추게 만들었다.

1960년 5월, 소련의 영토 깊숙이 비행하던 미국 정찰기 U-2기가 격추되자 소련과의 긴장 수위가 높아졌다. 처음에 아이젠하워는 그 정찰기가 뜻하지 않게 추락했다고 생각하고 자신의 국가를 정찰했다는 소련의 비난을 부정했다. 그는 그 정찰기가 터키 너머로 단순히 경로를 벗어난 기상관측 비행기였고, 우연히 소련의 공역으로 들어갔다고 주장했다. 5월 7일, 소련이 조종사와 정찰기의 잔해들을 공개하자 아이젠하워는 이 사건이 잊혀지기를 바라는 것 외에는 달리 할 것이 없었다. 그는 "빌어먹을 U-2"라고 말했다. 아이젠하워는 위신을 잃었고, 소련의 지도자 니키타 후르시초프Nikita Khrushchev와의 정상회담에 대한 기대도 산산조각이 나버렸다.

●

행정부 수반으로서 헌법 준수 의무를 다하다

아이젠하워는 중요한 국내 문제에 있어서는 국제 문제에 비해 눈에 띄는 공개적인 입장을 덜 표명했다. 1954년 5월 17일 내려진 브라운 대 토피카 교육위원회 사건 판결에서 미 연방 대법원은 흑인과 백인에 대한 '분리 평등'("분리하되 평등하면 된다"는 원칙으로, 1896년 플레시 대 퍼거슨 사건Plessy v. Ferguson에 대한 연방 대법원의 판결, 즉 "동등한 시설을 제공한다면 인종 분리를 허용할 수 있다"는 판결에서 비롯되었다-옮긴이) 체제를 따르는 학교가 일부 남부 주에 존재하는 것은 위헌이라고 선고했다. 이후로 공립학교는 인종에 관계없이 모든 학생들에게 개방되었다.

아이젠하워는 이 문제에 있어서 연방 대법원이 너무 멀리 나아갔으며,

본격적인 통합보다는 동등한 기회를 요구했어야 한다고 생각했으나, 연방 대법원이 이미 판결을 내렸기 때문에 그 법을 집행하려고 했다. 그는 기자회견에서 말했다.

"연방 대법원이 이미 판결을 내렸습니다. 그리고 나는 맹세코 …… 헌법적 절차에 …… 따를 것입니다."

1957년, 첫 번째 시험이 닥쳤다. 아칸소 주지사 오발 포버스Orval Faubus는 흑인 학생 9명이 리틀 록 센트럴 고등학교Little Rock's Central High School에 입학하는 것을 막기 위해 국방경비대를 동원했다. 며칠 뒤 백인 군중이 학교 주위를 둘러싸자 이 도시의 시장은 아이젠하워 대통령에게 지원을 요청했다. 대통령은 질서를 복구하고 연방 대법원의 판결을 수호하기 위해 제101공수부대의 일부를 급파했다.

아이젠하워는 시민평등권에 정부가 그렇게 깊게 개입하고 싶지 않았을 수도 있다. 그러나 포버스는 대통령을 과소평가했다. 헌법은 법 준수를 요구했고, 행정부 수반으로서 아이젠하워는 그렇게 했다. 그가 법에 동의하지 않았을 수도 있었다. 하지만 그는 대통령으로서의 자신의 의무를 거역하지 않았다.

국가 지도자로서 아이젠하워는 쟁점에 대해 공개적으로 발언할 의무가 있었다. 그런데 그는 그렇게 하지 않음으로써 상대에게 자유 재량권을 주고 대통령이 자신들에게 동조한다고 생각하게 만들었다. 리틀 록 센트럴 고등학교에 군대를 보냄으로써 아이젠하워는 국가의 법을 수호하고 연방 정부의 권한을 확고히 했다고 칭찬을 받았다. 그러나 그가 침묵함으로써 자신의 의도와 상관없이 시민평등권 반대론자에게 힘을 실어주게 되었다. 아이젠하워는 자신이 히틀러를 물리칠 때 그랬던 것처럼 쟁점에 헌신적이었을 때는 온 힘을 다해 지원했다. 이 경우 그는 시민평등권에 대한 의무보다는 행정부 수반으로서의 책임 때문에 그랬을 것이다.

하지만 국가 고속도로 상태에 관한 문제에서는 달랐다. 1919년 원정까지 거슬러 올라가보면, 아이젠하워는 적절한 고속도로망의 필요성을 이해하고 있었다. 이 믿음은 독일의 유명한 아우토반autobahn을 관찰할 수 있었던 제2차 세계대전 당시 더욱 확고해졌다. 1956년 그는 국가의 모든 분야를 연결하는 콘크리트로 된 정교한 네트워크이자, 여행의 증가를 촉발시키고 여행객들에게 편의를 제공하는 레스토랑과 모텔의 성장에 박차를 가할 수 있는 주州와 주 사이에 고속도로망 건설을 제안했다. 이 뜻하지 않은 성과에 영향을 받지 않은 사람은 거의 없었다. 아이젠하워의 계획으로 미국 전역에서 사람과 제품의 이동은 비약적으로 증가했다.

●

대통령 재선과 군산복합체의 부당한 영향력에 대한 경고

아이젠하워는 1956년 대통령선거에서 다시 한 번 민주당 애들라이 스티븐슨Adlai Stevenson 후보를 쉽게 물리치고 재선에 성공했다. 그렇게 대통령 집무실에서 보낸 8년은 1961년 1월에 끝이 났다. 그는 마지막으로 자신이 새로운 위험으로 생각한 것을 경고하면서 대통령직에서 물러났다. 1월 17일의 고별연설에서 그는 미군과 산업의 결합으로 만들어진 위협적인 힘에 대해 얘기했다. 민주주의 국가에서 한 분야에 너무 막대한 권력이 주어지면 되면 해로울 수 있다고 우려했다. 그는 이렇게 주장했다.

"원하든 원하지 않든 간에 군산복합체가 가진 부당한 영향력을 우리는 감시해야 합니다. 부적절한 권력이 엄청나게 증가할 가능성은 존재하며

1월 17일의 고별연설에서 그는 미군과 산업의 결합으로 만들어진 위협적인 힘에 대해 얘기했다. 민주주의 국가에서 한 분야에 너무 막대한 권력이 주어지면 되면 해로울 수 있다고 우려했다. 그는 이렇게 주장했다.

"원하든 원하지 않든 간에 군산복합체가 가진 부당한 영향력을 우리는 감시해야 합니다. 부적절한 권력이 엄청나게 증가할 가능성은 존재하며 앞으로 계속될 것입니다."

1961년 아이젠하워의 경고는 그의 시대뿐 아니라 오늘날에도 상당히 의미가 있다.

앞으로 계속될 것입니다."

21세기 들어 이와 유사한 상황이 늘어났다. 책과 할리우드 영화에서는 중동의 큰 사건에 영향을 미치는 주요 석유회사들의 모습이 등장했다. 그리고 강력한 산업체들은 하드웨어와 서비스 분야에서 수익이 많은 군사 계약을 위해 경쟁했다. 1961년 아이젠하워의 경고는 그의 시대뿐 아니라 오늘날에도 상당히 의미가 있다.

●

"신이시여, 저를 거두어주옵소서"

1961년 1월, 사무실을 떠난 아이젠하워와 아내는 게티즈버그에 있는 가족농장으로 돌아왔다. 그는 두 권의 대통령 회고록뿐 아니라, 『쉬어: 친구들에게 전하는 이야기At Ease: Stories I tell to Friends』를 저술했다. 그리고 디데이 20주년 기념일에는 방송인 월터 크롱카이트와 함께 노르망디를 방문했다.

아이젠하워를 특별한 사람으로 만든 큰 심장이 사망의 원인이 되었다. 백악관에서 근무하는 동안 심근경색(1955년)과 뇌출혈(1957년)로 고통받지만, 그때마다 회복했다. 1965년 시작된 연속된 심근경색으로 그는

●●● 원칙보다 특권을 더 중시하는 사람은 곧 둘 다 잃게 된다.
— 드와이트 D. 아이젠하워 —

매우 허약해져서 인생의 말년을 워싱턴 D. C.에 있는 월터 리드 육군병원Walter Reed Army Hospital에서 보냈다.

　1969년 3월 28일, 장군이자 대통령이었던 그는 가장 사랑하는 사람들인 아내 메이미와 아들 존이 지켜보는 가운데 생을 마감했다. 죽기 몇 시간 전 그는 아들 존에게 낮은 목소리로 말했다.

　"나는 이제 간다. 신이시여, 저를 거두어주옵소서."

CHAPTER 16

"없어서는 안 될 사람은 없다"

●

아이젠하워를 뛰어난 리더로 만든 다섯 가지 자질

드와이트 아이젠하워는 히틀러에 맞서 군사작전을 지휘하기 오래전부터 뛰어난 리더였다. 웨스트포인트를 졸업한 뒤 초기 직책에서 그가 보여준 자질은 화려한 경력으로 이어져 결국에는 나치 독일의 패배와 대통령직 수행이라는 두 가지 역사적인 업적을 남겼다.

아이젠하워는 자신의 지휘 원칙을 바꾼 적이 거의 없었기 때문에 엄청난 성공을 누렸다. 그는 이러한 원칙의 일부를 폭스 코너를 비롯해 자신과 함께 일했던 인물들로부터 받아들였다. 그리고 중위와 소령 시절 시행착오를 통해 지휘 원칙을 발전시켰다.

아이젠하워의 삶과 경력을 살펴본 뒤 나는 아이젠하워가 군대를 지휘하고 조지 패튼, 프랭클린 D. 루스벨트, 윈스턴 처칠과 같은 어마어마한 인물들과 교류하는 총사령관에 오를 때까지 다섯 가지 자질이 그의 행동을 이끌었다는 결론에 도달하게 되었다. 아이젠하워가 군과 정치계에서 발휘했던 이 다섯 가지 자질은 비즈니스, 과학, 교육을 포함한 다른 분야에서도 리더십 교훈으로 받아들여 활용할 만하다.

아이젠하워의 경력 전반에 걸쳐 나타난 이러한 자질들은 상황에 반응하는 그의 방식에 영향을 주었고, 그를 독특한 지휘관으로 만들었으며, 가장 직접적으로는 지도자로서 성공하도록 이끌었다.

1. 목표를 향해 매진하는 집중력

"그가 가진 가장 탁월한 점은 목표를 추구하는 힘이 강력했다는 것이다."

아이젠하워의 아들 존은 아버지를 설명하며 이렇게 썼다. 아이젠하워는 일찍부터 불굴의 투지를 보여주었다. 이러한 경향이 처음으로 완성된 것이 육군 지휘참모대학의 한 과정에서였는지, 아니면 히틀러를 파괴할 때였는지는 확실치 않다. 비즈니스와 스포츠의 세계는 먼저 목표를 설정하고, 그 뒤 적극적으로 그 목표를 추구하는 두 부분으로 나누어질 수 있다. 이 자질은 아이젠하워의 경력의 처음부터 끝까지 나타났다.

그의 집중력은 제2차 세계대전에서 가장 분명하게 나타났다. 그는 유럽을 횡단하여 전진하면서 몽고메리와 패튼의 강한 압박에도 불구하고 자신의 광정면 전략을 바꾸지 않았다. 아이젠하워는 여러 번 자신이 지휘관들에게 동의했다고 생각하게 만들어서 너무 쉽게 흔들린다는 비판을 받기도 했으며, 용납할 수 없는 행동이라고 생각되는 행동들을 참아냈다. 그러나 그것은 최초의 계획을 유지하려는 그의 전략이었다. 존 아이젠하워는 아버지의 사령부를 방문하는 동안 이것을 주의 깊게 관찰했다.

"주요한 결정들을 수행하는 동안 몇 번이고 되풀이해서 아이크는 예하 장교(이 경우는 몽고메리)의 약점, 무례, 오만을 참아냈다."

또한 아이젠하워는 히틀러를 패배시키겠다는 전쟁의 주요 목표를 변화시키는 어떤 사람도, 어떤 것도 단호히 거부했다. 훗날 벌어진 베트남

아이젠하워는 시작하기 전에 자신이 원하는 것이 무엇인지를 명확히 규정했다. 그런 뒤 그 목표를 자신의 행동을 안내하는 도덕적·군사적 나침반으로 활용하여 혼란을 뚫고 승리로 나아갔다. 그는 목표에 도달하는 세부적인 과정보다 결과가 더 중요하다는 것을 이해했다.

전쟁이나 이라크 전쟁과는 다르게, 아이젠하워는 파괴해야지만 적대행위를 끝낼 수 있는 명백한 악으로 정의되는 적과 맞닥뜨렸다. 정치적 이유로 자신의 계획을 변경하도록 강요하는 강한 압력을 받으면서도 그의 임무를 결코 단념하지 않았다. 그에게는 히틀러를 패배시키고 독일의 전쟁 수행 능력을 파괴해야 하는 임무가 주어졌고, 그는 15개월 만에 그 기념비적인 임무를 완수해냈다.

아이젠하워는 시작하기 전에 자신이 원하는 것이 무엇인지를 명확히 규정했다. 그런 뒤 그 목표를 자신의 행동을 안내하는 도덕적·군사적 나침반으로 활용하여 혼란을 뚫고 승리로 나아갔다. 그는 목표에 도달하는 세부적인 과정보다 결과가 더 중요하다는 것을 이해했다.

조지 마셜은 북아프리카 전역 기간에 아이젠하워에게 쏟아졌던 비난을 인용하면서 헨리 부처 대령에게 말했다.

"만약 그가 롬멜과 독일군을 바닷속으로 던져버렸다면, 정치적 시빗거리를 비롯한 모든 시빗거리들이 대승리의 함성 속에 사라졌을 것이다."

아이젠하워는 영국해협 횡단 작전을 위한 정교한 전략을 발전시키고, 프랑스 해안에 군대를 상륙시키고, 서유럽을 횡단해 진격하고, 가장 강한 군대를 전멸시킨 팀을 3년 동안 지휘했다.

최근 미국은 전쟁에서 두 가지 문제로 어려움을 겪고 있다. 하나는 명확한 목적의식의 부족이고, 다른 하나는 악으로 규정된 적과 상대하여 거둔 확실한 승리로부터 아무런 이익을 얻지 못하고 있다는 것이다. 아이젠하워는 전자를 가졌기 때문에 후자까지도 달성했다.

2. 팀워크

"나는 조직의 틀 안에서 나의 참모들과 가능한 한 가족 같은 분위기를 만들기 위해 항상 노력했다."

아이젠하워는 회고록에서 말했다. 그는 전 경력을 통해 개인적인 명예나 영광보다는 단결과 팀워크teamwork에 가치를 두었다. 1920년대 초, 전차의 혁신적인 사용을 옹호하는 그와 패튼을 상급자들이 비난했을 때, 그는 상급자들의 지시를 따랐고, 불평하기보다는 자신의 다음 임무를 수행했다. 그는 맥아더의 과장된 애정을 혐오했고, 맥아더가 필리핀 퍼레이드의 낭패를 아이젠하워의 탓으로 돌리자 격하게 반응했다.

지휘관으로서 아이젠하워는 동료 장교들과 참모들이 그의 생각에 어떤 문제가 있는지 자신들의 생각을 표현하기를 기대했다. 실례로, 루이지애나 대규모 군사훈련 중 전날 작전의 긍정적인 면과 부정적인 면을 토론해 개선점을 찾기 위해 매일 장교들과 회의했다. 디데이 전 긴장감이 감돌던 날에도 그는 모든 고급 지휘관들을 세인트 폴 스쿨에 불러모아 임박한 공격에 대한 솔직한 의견을 듣기를 원했다. 그는 작전에 부대를 투입하게 되면, 자신의 명성을 추구하기보다는 부하들이 언론의 조명을 받을 수 있도록 했다.

아이젠하워의 팀 정신은 전선의 병사들에게까지 그 영향력이 확대되었다. 제15보병연대를 지휘했을 때 그는 자신의 명령을 정확하게 설명해

병사들에게 그들이 무엇을 하고 있으며 왜 해야 하는지 이해시켰다. 아이젠하워는 이 과정이 좀 더 나은 성과를 가져온다고 믿었으며, 민주주의에서는 그런 개방성이 필수적이라고 주장했다. 영국에서 그는 전쟁의 본질을 더 완전히 파악할 수 있도록 모든 미군 병사들에게 영국의 형제들이 인내했던 희생에 대한 교육을 받도록 지시했다.

1945년 길드홀 연설에서 아이젠하워는 1942년 미군이 런던에 도착했을 당시의 상황을 언급했다.

"우리 대부분은 전쟁의 현실, 특히 나치가 벌인 전쟁을 정신적으로 받아들일 준비가 되어 있지 않았습니다. 영국의 희생이 과장되었다고 믿었고, 여전히 앞에 놓인 임무의 어려움을 잘 알지도 못했습니다."

아이젠하워는 동맹국인 영국이 받은 고난에 대해 교육받은 후 양국군의 관계가 크게 좋아졌다고 설명했다.

"모든 이러한 의심, 의문, 그리고 무사안일주의는 움푹 파인 거리와 도로를 한 바퀴 돌고 나자 싹 사라졌습니다. 결국 우리는 전쟁에서 진정한 파트너가 될 정도로 점차 가까워졌습니다."

팀을 최우선시하는 그의 고집은 제2차 세계대전에서 독일을 상대로 승리를 이끌어냈다. 여러 국가의 정치 지도자들과 지휘관들의 갈등에도 불구하고 그는 연합군을 온전하게 유지했다. 조지 마셜은 전쟁 결과를 언급하며 다음과 같이 아이젠하워를 평가했다.

"자네는 다양한 국가의 이익과 전례 없는 국제 정치 문제로 인한 어려운 일들을 성공적으로 처리했네."

심지어 전쟁 후에도 아이젠하워의 행보의 근원에는 팀워크가 있었다. 컬럼비아 대학 총장으로서 그는 학교가 다른 교육 조직으로부터 고립되

"이 진귀한 사례의 교훈은
당신이 할 수 있는 최선을 다하라는 것입니다.
자신을 자랑스러워하십시오. 그러나 기억하십시오.
없어서는 안 될 사람은 없습니다."

기보다 "좀 더 효율적이고 생산적인 미국 국가대표팀의 멤버"가 될 것을 촉구했다. 그리고 공화당 대통령 후보 경선에서 승리한 뒤에는 자신의 경쟁자였던 로버트 태프트에게 함께 일하자고 제안했다.

아이젠하워는 최선을 다하자고 말한 것이었을지도 모른다. 그가 메이미와 다른 고위 인사들과 함께 디데이 20주년 기념행사에 참석하기 위해 '퀸 메리Queen Mary'호에 탑승하여 대서양을 건널 때, 저녁 만찬에 모인 이들을 위해 지갑에서 종이 한 장을 꺼내 읽었다. 장군을 요약하는 말이었다.

"이 진귀한 사례의 교훈은

당신이 할 수 있는 최선을 다하라는 것입니다.

자신을 자랑스러워하십시오. 그러나 기억하십시오.

없어서는 안 될 사람은 없습니다."

3. 공감 능력

"나는 육군에서 회의, 의전, 서류 작업에 질릴 때마다 부대를 방문하여 나 자신을 회복시킬 수 있었다. 병사들과 개인적인 대화를 나누고 서로의 이야기를 들으면서 나는 생기를 되찾았고, 군대는 행정의 복잡함 뒤에 숨겨진, 인간이 운영하는 조직임을 확신하며 사령부로 돌아올 수 있었다."

전선에 있는 병사들은 아이젠하워에게 끊임없이 힘과 격려의 근원이었다. 웨스트포인트에서 신입 생도를 당황하게 만든 뒤, 아이젠하워는 계급과 상관없이 자신의 지휘를 받는 어떤 사람도 가볍게 여기지 않을 것을 맹세했다. 그와 메이미가 휴가 중인 2명의 장군에게 숙소를 내주어야 했던 파나마행 수송선에서의 사건으로 이런 생각은 더욱 굳어졌다.

아이젠하워는 자신의 보호 아래 있던 보병을 잊지 않았다. 왜냐하면 그도 그들 중 한 명이었기 때문이다. 그는 공식적인 모임에서도 편안하게 얘기하는 것을 선호했다. 그는 훌륭한 미국식 취미인 야구와 미식축구, 폴로를 좋아했다. 그는 엄격함과 공정함, 규율을 잘 조합하여 자신의 병사들을 대했다. 그리고 일시적인 분노를 불러일으키게 하는 사람에게도 원한을 품지 않았다.

아들 존이 군 생활을 시작하면서 그에게 조언을 부탁했다. 아이젠하워는 영향력 있는 사람의 호의를 얻기 위해 노력하거나, 전투에서 겁먹지 않기 위해서 열심히 연구하라고 하지 않았다. 그 대신 그는 아들에게 병사들을 잘 돌봐야 한다고 말했다.

비틀 스미스가 아이젠하워에 대해 이렇게 썼다.

"그는 예하 지휘관들을 방문하고 병사들과 이야기를 나누기 위해 끊임없이 움직였다."

아이젠하워는 미군 병사 한 명 한 명을 결코 잊지 않았다. 그리고 이것이 병사들이 아이젠하워를 그렇게 사랑했던 주된 이유였다.

아이젠하워는 자신의 의사 결정이 병사들에게 미치는 영향에 대해 골똘히 생각했다. 일부 지휘관들은 외부와 단절된 상태에서 결정을 했고, 병사들과 부대를 마치 게임판 위의 말처럼 이동시켰다. 다른 지휘관들은 사단과 군단을 전장으로 보냈지만, 아이젠하워는 사람을 보냈다. 그는 비교적 안전한 지휘소에서 명령을 내리지만, 자신이 내린 그 명령의 결과로 전선의 젊은 병사의 생명이 위태로울 수도 있다는 것을 알고 있었다. 전쟁에서 인간적인 요소는 결코 그의 마음에서 멀리 떨어져 있지 않았다. 아마도 아이키에 대한 비통함을 결코 잊지 못했기 때문이었을 것이다.

1945년 길드홀 연설에서 아이젠하워는 이렇게 말했다.

"유능한 지휘관은 다양한 재주를 가지고 있고, 그의 제복은 광채가 나는 훈장으로 장식되어 빛날지 모릅니다. 그러나 그는 그의 훈장으로도 죽은 자들의 자리를 표시하는 십자가들을 자신의 기억 속에 숨길 수 없다는 슬픈 사실을 받아들여야 할 것입니다. 그것은 남편이나 아버지가 돌아오지 못하는 미망인이나 고아의 분노를 달랠 수 없습니다. 부하들의 피와 동료들의 희생으로 칭송을 받는 사람은 항상 겸손해야 합니다."

대통령으로서 아이젠하워는 수소폭탄 1발을 만드는 비용으로 학교나 집을 얼마나 지을 수 있는지를 예로 들어 설명함으로써 군비경쟁을 좀 더 넓은 시각에서 보려고 했고, 무제한적인 핵개발의 위험을 경고했다. 그는 대통령으로서 첫 번째 연설에서 이렇게 말했다.

"과학은 이 행성에서 인간의 생명을 없애기 위한 힘을 마지막 선물로 우리에게 줄 준비가 된 것처럼 보입니다."

1944년 10월, 그는 메이미에게 쓴 편지에서 자신이 받아든 사망자 명단에 대해 언급했다.

"나는 군 지휘관인 친한 친구의 아들(제7군 지휘관인 알렉산더 M. 패치 Alexander M. Patch 중장의 아들)이 전사했다는 전보를 지금 막 받았소. 즉시 그에게 알려야 하오. 오, 이런, 얼마나 힘든지……."

전쟁으로 인한 고통은 아이젠하워의 머릿속에서 결코 떠나지 않았다.

4. 언론에 정통하고 그것을 잘 활용할 줄 아는 능력

이는 과거 베트남 전쟁과 이라크 전쟁 상황에 비추어볼 때 특별히 고려해야 할 사항이다. 제2차 세계대전 당시 언론은 오늘날 특정 기자들이 하는 것만큼 충격적인 헤드라인을 적극적으로 찾지 않았지만, 아이젠하워는 비협조적인 집단인 언론을 능숙하게 다루는 능력을 보여주었다.

1940년대 아이젠하워의 언론 정책을 오늘의 시각에서 보면, 그는 언론을 적이 아닌 동료로 대했기 때문에 언론 보도의 부정적인 면을 개선할 수 있었다. 아이젠하워는 기자단을 환영했고, 기자들과 가능한 한 많은 일을 했다. 그는 기자들이 자신의 관점과 정보를 필요로 한다는 것을 알고 있었다. 그는 언론이 그에게 제공할 수 있는 정보가 필요했고, 미국 대중에게 중요한 메시지를 전달하는 데 그들의 도움이 필요했다.

그는 회고록에 이렇게 썼다.

"나는 비밀을 철저하게 지킨다는 조건 하에 계획의 전체 내용을 그들에게 말해주었고, 비밀 유지 요구가 끝날 때까지 그 어떤 것도 말하거나 쓰지 말라고 요청할 정도로 기자들에게 속마음을 털어놓을 수 있었다. 그리고 정보의 소통은 쌍방향으로 이루어졌다. 왜냐하면 기자들은 군 참모들이 본국에 있는 시민들과 심지어는 전투 중인 군인들에게 할 수 있는 것보다 훨씬 더 많은 영향력을 갖고 있기 때문이다. 나는 그들에게서 많은 것을 배웠다."

그래서 루이지애나 대규모 군사훈련 동안 언론 미팅에서 그는 심각한 장비 부족에 대한 정보를 전달했다. 그는 그 정보가 신문에 바로 보도되 아이젠하워는 비협조적인 집단인 언론을 능숙하게 다루는 능력을 보여주었다. 그는 언론을 적이 아닌 동료로 대했기 때문에 언론 보도의 부정적인 면을 개선할 수 있었다. "나는 비밀을 철저하게 지킨다는 조건 하에 계획의 전체 내용을 그들에게 말해주었고, 비밀 유지 요구가 끝날 때까지 그 어떤 것도 말하거나 쓰지 말라고 요청할 정도로 기자들에게 속마음을 털어놓을 수 있었다. 그리고 정보의 소통은 쌍방향으로 이루어졌다. 왜냐하면 기자들은 군 참모들이 본국에 있는 시민들과 심지어는 전투 중인 군인들에게 할 수 있는 것보다 훨씬 더 많은 영향력을 갖고 있기 때문이다. 나는 그들에게서 많은 것을 배웠다."

리라는 것을 알고 있었다. 그것은 대중들에게 경각심을 심어주었고, 선거구민들의 압력은 정치인을 움직여 적절한 조치를 취하게 만들었다. 전쟁기간 동안 그는 기자 3명에게 애국심을 호소하며 패튼의 구타 사건에 대한 뉴스 보도 자제를 요청했다. 그는 패튼이 미국의 어느 훈련소에서 빈둥거리기보다는 현지에서 부대를 지휘하는 편이 국가에 더 도움이 될 것이라고 기자들을 설득했다.

5. 의무에 대한 헌신

일부 사람들에게는 이것이 불필요한 자질처럼 보일지도 모른다. 의무에 대한 헌신이 모든 장교들이 군을 선택한 이유가 될 수는 없지 않은가? 그러나 항상 그렇지는 않더라도 그래야만 한다. 인생에서 여러 번 아이젠하워는 명예를 얻기 위해서가 아니라 의무의 부름에 따라 행동했다. 군 생활 초기 그는 야전에서 병사들을 지휘하기를 갈망했지만 참모직을 맡게 되었다. 그는 불평하지 않고 자신의 야망을 제쳐놓고 어떤 임무가 주어지든 최선을 다해 그것에 매진했다. 많은 웨스트포인트 동기들이 제

인생에서 여러 번 아이젠하워는 명예를 얻기 위해서가 아니라 의무의 부름에 따라 행동했다. 군 생활 초기 그는 야전에서 병사들을 지휘하기를 갈망했지만 참모직을 맡게 되었다. 그는 불평하지 않고 자신의 야망을 제쳐놓고 어떤 임무가 주어지든 최선을 다해 그것에 매진했다. 많은 웨스트포인트 동기들이 제1차 세계대전 프랑스 전장에서 전투를 경험했던 반면, 그는 계속해서 교육훈련 기관에서 근무했다. 그는 거듭 실망했다. 하지만 많은 돈을 벌수 있는 두 번의 제안을 거절하고 군대에 남았다. 전쟁이 다가오고 있음을 알았고 국가가 자신을 필요로 한다는 것을 알고 있었기 때문이었다.

1차 세계대전 프랑스 전장에서 전투를 경험했던 반면, 그는 계속해서 교육훈련 기관에서 근무했다. 그는 거듭 실망했다. 하지만 많은 돈을 벌수 있는 두 번의 제안을 거절하고 군대에 남았다. 전쟁이 다가오고 있음을 알았고 국가가 자신을 필요로 한다는 것을 알고 있었기 때문이었다고 그는 말했다.

아이젠하워는 필리핀에서의 맥아더나 유럽에서의 몽고메리와 패튼처럼 자신의 이익을 위해 행동하는 사람이 아니었다. 자신이 원하는 일을 항상 할 수 있었던 것은 아니지만, 육군 장교로서 자신에게 주어진 일에 최선을 다했다. 이처럼 그는 모든 사람에게 훌륭한 본보기를 보여주고 있다.

이 다섯 가지 자질은 아이젠하워의 인생을 설명하고 정의할 수 있게 해준다. 그러나 그 무엇보다도 우리가 그를 기억해야만 하는 가장 큰 이유는 메이미가 말했듯이 "그의 정직함, 진실성, 그리고 인류에 대한 존중" 때문이다.

한국국방안보포럼(KODEF)은 21세기 국방정론을 발전시키고 국가안보에 대한 미래 전략적 대안을 제시하기 위해 뜻있는 군·정치·언론·법조·경제·문화 마니아 집단이 만든 사단법인입니다. 온·오프라인을 통해 국방정책을 논의하고, 국방정책에 관한 조사·연구·자문·지원 활동을 하고 있으며, 국방 관련 단체 및 기관과 공조하여 국방 교육 자료를 개발하고 안보의식을 고양하는 사업을 하고 있습니다. http://www.kodef.net

아이젠하워
EISENHOWER

초판 1쇄 인쇄 | 2017년 3월 07일
초판 1쇄 발행 | 2017년 3월 14일

지은이 | 존 우코비츠
옮긴이 | 박희성
펴낸이 | 김세영

펴낸곳 | 도서출판 플래닛미디어
주소 | 04035 서울시 마포구 월드컵로 8길 40-9 3층
전화 | 02-3143-3366
팩스 | 02-3143-3360
블로그 | http://blog.naver.com/planetmedia7
이메일 | webmaster@planetmedia.co.kr
출판등록 | 2005년 9월 12일 제313-2005-000197호

ISBN | 979-11-87822-03-5 03990